Jasna Barešic

Dobro došli

Gramatika i rješenja zadataka
za učenje hrvatskoga jezika za strance

Set *consists of textbook with dictionary*
Komplet „DOBRO DOŠLI 1" sastoji se od udžbenika s rječnikom
translated
(prevedenim na engleski, francuski, njemački, talijanski i španjolski
this grammar Croatian language
jezik), te gramatike hrvatskoga jezika (prevedene na engleski, francuski,
with solutions tasks
njemački, talijanski i španjolski jezik) s rješenjima zadataka i audio CD-a.

Approved by the Ministry of Culture & Education RH   decision class
Odobrilo Ministarstvo kulture i prosvjete RH rješenjem klasa
602-09/93-01-47, ur. broj 532-02-2/93-01 od 30. lipnja 1993.

Publisher
Izdavač
ŠKOLSKA KNJIGA, d.d.
Zagreb, Masarykova 28
Publisher
Za izdavača
dr. sc. Ante Žužul

Editor
Urednica (Ž)
Tihana Pavičić
Reviewers
Recenzenti
Ivo Pranjković
Sanja Potočki

cover page
Layout i naslovnica
Studio 2M
Translation
Prijevod gramatike
engleski: Vera Andrassy
francuski: Blaženka Bubanj
njemački: Irena Kuzele
talijanski: Silvio Vlakančić
španjolski: Dorica Perak

Jasna Barešić

Dobro došli 1

Gramatika i rješenja zadataka
za učenje hrvatskoga jezika za strance

3. izdanje

školska knjiga

Zagreb, 2011.

SADRŽAJ

CONTENTS

TABLE DES MATIÈRES

INHALTSVERZEICHNIS

GRAMMATICA INDICE

CONTENIDO

I. Gramatika

INTRODUCTION
AVANT – PROPOS
VORWORT
INTRODUZIONE
INTRODUCCIÓN

Introduction

Uvod

GLASOVI
SOUNDS

Hrvatski jezik pripada skupini indoeuropskih jezika. Ima 30 glasova:
belongs group
5 samoglasnika (vokala) i 25 suglasnika (konsonanata).
vowels   vowels   consonants
Pismo hrvatskoga jezika je **latinica**, a slova se navode ustaljenim redom
koji se po prvim slovima naziva **abeceda:**

Aa, Bb, Cc, Čč, Ćć, Dd, DŽdž, Đd, Ee, Ff, Gg, Hh, Ii, Jj, Kk, Ll,

LJ lj, Mm, Nn, NJ nj, Oo, Pp, Rr, Ss, Šš, Tt, Uu, Vv, Zz, Žž.

Samoglasnici (vokali) su: A a, E e, I i, O o, U u

Suglasnici (konsonanti) mogu biti zvučni i bezvučni.

Zvučni su glasovi: B D G Z DŽ Đ Ž

Bezvučni su glasovi: P T K S Č Ć Š F C H

Napomena

Glas **r** u nekim riječima ima ulogu samoglasnika: vrt, vrh, prst, čvrst.

Glasovi J, L, LJ, M, N, NJ, R, V su zvonki, ali nemaju bezvučnog parnjaka.

E THE SOUND SYSTEM

The Croatian language belongs to the group of Indo-European languages. It has 30 phonemes:
5 vowels and 25 consonants.

The system of writing of the Croatian language uses the Latin script and is called **abeceda** after the
first four letters in the fixed order in which the characters are listed:

Aa, Bb, Cc, Čč, Ćć, Dd, DŽdž, Đd, Ee, Ff, Gg, Hh, Ii, Jj, Kk, Ll,

LJ lj, Mm, Nn, NJ nj, Oo, Pp, Rr, Ss, Šš, Tt, Uu, Vv, Zz, Žž.

Vowels: A a, E e, I i, O o, U u

Consonants may be voiced and voiceless.

Voiced consonants: B D G Z DŽ Đ Ž

Voiceless consonants: P T K S Č Ć Š F C H

Note

In some words the phoneme **r** functions as a vowel: vrt, vrh, prst, čvrst.

The sounds J, L, LJ, M, N, NJ, R are voiced but do not have a voiceless counterpart.

F SONS

La langue croate appartient à la famille des langues indo-européennes. Elle a 30 sons:
5 voyelles et 25 consonnes.

La langue croate compte l'alphabet latin; les lettres se suivent conformément à un ordre établi, appelé **abeceda**, faisant référence à l'appellation des quatre premières lettres.

Aa, Bb, Ce, Čč, Ćć, Dd, DŽ dž, Dd, Ee, Ff, Gg, Hh, Ii, Jj, Kk, Ll,

LJlj, Mm, Nn, NJnj, Oo, Pp, Rr, Ss, Šš, Tt, Uu, Vv, Zz, Žž.

Voyelles: A a, E e, I i, O o, U u

Les consonnes peuvent être sonores ou sourdes.

Consonnes sonores: B D G Z DŽ Đ Ž

Consonnes sourdes: P T K S Č Ć Š F C H

Remarque

Dans certains mots le son **r** se comporte comme une voyelle: vrt, vrh, prst, čvrst.

Les consonnes J, L, LJ, M, N, NJ, R sont sonores mais n'ont pas leur correspondant sourd.

D LAUTE

Die kroatische Sprache gehört zu der Gruppe der indoeuropäischen Sprachen. Sie hat 30 Laute:
5 Vokale und 25 Konsonanten.

Die Schrift der kroatischen Sprache ist lateinisch. Die Buchstaben werden in gebräuchlicher Reihenfolge angeführt und nach den Anfangsbuchstaben **abeceda** genannt:

Aa, Bb, Cc, Čč, Ćć, Dd, DŽdž, Dd, Ee, Ff, Gg, Hh, Ii, Jj, Kk, Ll,

LJlj, Mm, Nn, NJnj, Oo, Pp, Rr, Ss, Šš, Tt, Uu, Vv, Zz, Žž.

Die Vokale sind: A a, E e, I i, O o, U u

Die Konsonanten können stimmhaft und stimmlos sein.

Stimmhafte Laute sind: B D G Z DŽ Đ Ž

Stimmlose Laute sind: P T K S Č Ć Š F C H

Anmerkung

Der Laut **r** kann in manchen Wörtern die Rolle des Vokals übernehmen: vrt, vrh, prst, čvrst.

Die Laute J, L, LJ, M, N, NJ, R, V sind stimmhaft ohne stimmlose Entsprechung.

I SUONI

La lingua croata appartiene al gruppo delle lingue indoeuropee. Ha 30 fonemi: 5 vocali e 25 consonanti.

Nella lingua croata sono in uso i caratteri latini. Le lettere sono disposte in un ordine stabilito e dalle prime lettere deriva il nome **abeceda**:

Aa, Bb, Cc, Čč, Ćć, Dd, DŽ dž, Dd, Ee, Ff, Gg, Hh, Ii, Jj, Kk, Ll,

LJlj, Mm, Nn, NJnj, Oo, Pp, Rr, Ss, Šš, Tt, Uu, Vv, Zz, Zz.

Le vocali sono: A a, E e, I i, O o, U u
Le consonanti possono essere sonore o sorde.
Le consonanti sonore sono: B D G Z DŽ Đ Ž
Le consonanti sorde sono: P T K S Č Ć Š F C H

Nota

La consonante **r** in certe parole serve da vocale: vrt, vrh, prst, čvrst.

I fonemi J, L, LJ, M, N, NJ, R sono sonori e non hanno un corrispondente sordo.

E SONIDOS

El idioma croata pertenece al grupo de lenguas indoeuropeas. Tiene 30 fonemas: 5 vocales y 25 consonantes.

Se escribe en letras latinas y éstas se presentan en un orden establecido que se llama abeceda por las primeras letras de éste:

Aa, Bb, Cc, Čč, Ćć, Dd, DŽ dž, Dd, Ee, Ff, Gg, Hh, Ii, Jj, Kk, Ll,

LJlj, Mm, Nn, NJnj, Oo, Pp, Rr, Ss, Šš, Tt, Uu, Vv, Zz, Žž.

Las vocales son: A a, E e, I i, O o, U u
Las consonantes pueden ser sonoras o sordas.
Las consonantes sonoras son: B D G Z DŽ Đ Ž
Las consonantes sordas son: P T K S Č Ć Š F C H

Nota

La consonante **r** puede hacer de vocal en algunas palabras: vrt, vrh, prst, čvrst.

J, L, LJ, M, N, NJ, R son consonantes sonoras que no tienen consonante sorda correspondiente.

OVERVIEW
PREGLED SAMOGLASNIKA

D ÜBERSICHT ÜBER DIE VOKALE

E THE VOWEL CHART

I QUADRO DELLE VOCALI

F TABLEAU DES VOYELLES

E CUADRO DE VOCALES

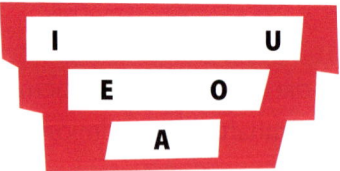

I	E	A	O	U
i**ć**i	**s**elo village	**o**na	**o**n	ho**ć**u
slika	**e**vo	**a**li	**p**od under	**u**ho
zna**ti**	**pr**ed before	**s**ad	vi**n**o	**p**uno
novi	**p**et	**s**oba	s**t**ol	d**u**g noun debt adj long
pivo	vid**e** see	**A**lma	**o**no	**u**vijek

PREGLED SUGLASNIKA

E CONSONANTS

F TABLEAU DES CONSONNES

D ÜBERSICHT ÜBER DIE KONSONANTEN

I QUADRO DELLE CONSONANTI

E CUADRO DE CONSONANTES

B – **b**rat, zu**b**, **b**ro**d**, **b**o**b**   *broad bean*

P – **p**jesma, lije**p**, us**p**jeti, o**p**et   *succeed*

D – **d**an, **d**ug, ra**d**, ve**d**ro   *brightly*

T – **t**akav, **t**ek, sa**t**, si**t**no   *such / finely / tip / window* → *(noun appetite) (adv only)*

G – **g**dje, **g**uma, du**g**me, izlo**g**   *tire / floor*

K – **k**at, o**k**o, po**k**lon, vla**k**   *train / floor*

V – **v**oda, **v**ino, u**v**ijek, mra**v**   *ant*

F – **f**ino, gra**f**ika, **f**ilozo**f**, **f**ratar, Kr**f**   *philosopher brother / bush*

M – **m**ama, **m**alo, s**m**ijeh, gr**m**

N – **n**išta, **n**ula, **n**iša**n**, ra**n**o, male**n**   *hindsight early / drug trunk*

L – **l**ijek, deb**l**o, **l**ubenica, va**l**   *wave / clear splendidly end*

J – **j**a**j**e, **j**asno, s**j**a**j**no, kra**j**

Suglasnici koji se dosta ili sasvim razlikuju od suglasnika u neslavenskim europskim jezicima su:

E The following consonants differ considerably or completely from consonants in non-Slavic European languages:

F Certaines consonnes diffèrent considérablement ou complètement de celles des languages non slaves indoeuropéennes:

D Folgende Konsonanten unterscheiden sich zum Teil oder ganz von den Konsonanten in nicht--slawischen europäischen Sprachen:

I Le consonanti, molto o completamente differenti dalle consonanti delle lingue europee non slave sono:

E Las siguientes consonantes difieren de forma parcial o total de las consonantes en los idiomas europeos no-eslavos:

C	(ts) –	**c**ar, bo**c**a, ota**c**, ko**c**ka
Č	(tč) –	**č**udno, **č**ežnja, ma**č**ka, kova**č**
Ć	(ć) –	**ć**ud, ku**ć**a, mladi**ć**, vo**ć**ka
DŽ	(dž) –	**dž**ep, **dž**em, svje**dž**ba, naru**dž**ba
Đ	(đ) –	**đ**ak, vo**đ**a, gro**žđ**e, vje**đ**a
LJ	(lj) –	**lj**ubav, **lj**eto, kap**lj**a, kra**lj**
NJ	(nj) –	**nj**ezin, k**nj**iga, mu**nj**a, ko**nj**

S	(s) –	**s**am, **s**ada, o**s**tati, no**s**
Š	(š) –	**š**uma, du**š**a, da**š**ak, na**š**
Z	(z) –	**z**id, **z**a, pro**z**or, kro**z**
Ž	(ž) –	**ž**ena, mo**žd**a, va**ž**no, no**ž**
H	(h) –	**h**tjeti, **h**aljina, du**h**an, kru**h**
R	(r) –	**r**ad, **r**iba, u**r**ed, da**r**

OSOBITOSTI HRVATSKOGA JEZIKA

Hrvatski jezik ima tri narječja: **štokavsko**, **čakavsko** i **kajkavsko**. Njihovi nazivi potječu od upitno--odnosnih zamjenica **što, ča, kaj**. Službeno narječje hrvatskoga jezika je **štokavsko**. Osim narječja, hrvatski jezik ima još i tri **govora** (po tome kako se u govoru odrazio stari slavenski glas **jat**). To su:

ijekavski (jekavski)	(mlijeko, vrijeme, dijete)
ikavski	(mliko, vrime, dite)
ekavski	(mleko, vreme, dete).

Hrvatski jezik ima deset vrsta riječi. To su:

1. **imenice**   (čovjek, voda, pjesma, kiša)
2. **pridjevi**   (lijep, velik, drven, majčin)
3. **zamjenice**   (mi, oni, tko, moj, njihov)
4. **brojevi**   (jedan, pet, prvi, deseti)
5. **glagoli**   (čitati, spavati, sjediti)
6. **prilozi**   (danas, tamo, odmah, dobro)
7. **prijedlozi**   (u, na, za, kod, ispred)
8. **veznici**   (i, a, ali, ako, da)
9. **uzvici**   (oj, ah, jao, oh)
10. **čestice**   (zar, li, ne)

Riječi mogu biti:

1. promjenjive: imenice, zamjenice, pridjevi, brojevi, glagoli;
2. nepromjenjive: prilozi, prijedlozi, veznici, uzvici, čestice.

E CHARACTERISTICS OF THE CROATIAN LANGUAGE

The Croatian language has three dialects: **Štokavian**, **Čakavian** and **Kajkavian**.

Their names derive from the interrogative-relative pronouns **što, ča, kaj**. The standard form of Croatian is Štokavian. In addition, Croatian has three pronunciation variants, which reflect the shifts of the Old Slavic sound **jat**. They are:

ijekavski (jekavski)   (mlijeko, vrijeme, dijete)
ikavski   (mliko, vrime, dite)
ekavski   (mleko, vreme, dete).

There are ten parts of speech in Croatian:

1. **Nouns**   (čovjek, voda, pjesma, kiša)
2. **Adjectives**   (lijep, velik, drven, majčin)
3. **Pronouns**   (mi, oni, tko, moj, njihov)
4. **Numerals**   (jedan, pet, prvi, deseti)
5. **Verbs**   (čitati, spavati, sjediti)
6. **Adverbs**   (danas, tamo, odmah, dobro)
7. **Prepositions** (u, na, za, kod, ispred)
8. **Conjunctions** (i, a, ali, ako, da)
9. **Interjections** (oj, ah, jao, oh)
10. **Particles**   (zar, li, ne).

Parts of speech may be:

1. inflected: nouns, pronouns, adjectives, numbers and verbs;
2. uninflected: adverbs, prepositions, conjunctions, interjections and particles.

F PARTICULARITÉS DE LA LANGUE CROATE

La langue croate comporte trois dialectes: **štokavien**, **tchakavien** et **kaikavien**, ainsi désignés d'après leurs pronoms interrogatifs/relatifs respectifs: **što, ča, kaj**. Le dialecte officiel de la langue croate est le **štokavien**. En dehors de ces dialectes on distingue dans la langue croate trois **reflets** suivant la prononciation différente du son paléoslave **jat**. Ce sont les reflets:

ijekavski (jekavski)	(mlijeko, vrijeme, dijete)
ikavski	(mliko, vrime, dite)
ekavski	(mleko, vreme, dete).

La langue croate possède dix espèces de mots:

1. **noms** (čovjek, voda, pjesma, kiša)
2. **adjectifs** (lijep, velik, drven, majčin)
3. **pronoms** (mi, oni, tko, moj, njihov)
4. **nombres** (jedan, pet, prvi, deseti)
5. **verbes** (čitati, spavati, sjediti)
6. **adverbes** (danas, tamo, odmah, dobro)
7. **prépositions** (u, na, za, kod, ispred)
8. **conjonctions** (i, a, ali, ako, da)
9. **interjections** (oj, ah, jao, oh)
10. **particules** (zar, li, ne).

Les mots peuvent être:

1. variables: noms, pronoms, adjectifs, nombres, verbes;
2. invariables: adverbes, prépositions, conjonctions, interjections, particules.

D EIGENTÜMLICHKEITEN DER KROATISCHEN SPRACHE

Die kroatische Sprache weist 3 Mundarten auf: **schtokawisch**, **tschakawisch** und **kajkawisch**. Sie werden nach den Frage-Relativpronomen **što, ča** und **kaj** genannt. Die Amtsmundart der kroatischen Sprache ist **schtokawisch**. Ausser Mundarten hat die kroatische Sprache auch drei Aussprachen (je nachdem wie sich in der Sprechweise der altslawische Laut **jat** entwickelt hat). Das sind:

ijekavski (jekavski)	(mlijeko, vrijeme, dijete)
ikavski	(mliko, vrime, dite)
ekavski	(mleko, vreme, dete).

Die kroatische Sprache besitzt zehn Wortarten. Das sind:

1. **Substantive** (čovjek, voda, pjesma, kiša)
2. **Adjektive** (lijep, velik, drven, majčin)
3. **Pronomina** (mi, oni, tko, moj, njihov)
4. **Zahlwörter** (jedan, pet, prvi, deseti)
5. **Verben** (čitati, spavati, sjediti)
6. **Adverbien** (danas, tamo, odmah, dobro)

7. **Präpositionen**   (u, na, za, kod, ispred)
8. **Konjunktionen**   (i, a, ali, ako, da)
9. **Interjektionen**   (oj, ah, jao, oh)
10. **Partikeln**   (zar, li, ne).

Die Wörter sind:

1. veränderlich: Substantive, Pronomina, Adjektive, Zahlwörter, Verben;
2. unveränderlich: Adverbien, Präpositionen, Konjunktionen, Interjektionen, Partikeln.

◧ PARTICOLARITA DELLA LINGUA CROATA

La lingua croata ha tre dialetti: **stòcavo, ciàcavo, calcavo**. I loro appellativi provengono dai pronomi relativi interrogativi **što, ča, kaj**. Nella lingua croata il dialetto ufficiale è lo **stòcavo.** La lingua croata ha pure tre pronunzie (provenienti dal suono veterslavo **jat**). Queste sono:

ijekavski (jekavski)   (mlijeko, vrijeme, dijete)

ikavski   (mliko, vrime, dite)

ekavski   (mleko, vreme, dete).

In croato le classi di parole sono dieci:

1. **nomi o sostantivi**   (čovjek, voda, pjesma, kiša)
2. **aggettivi**   (lijep, velik, drven, majčin)
3. **pronomi**   (mi, oni, tko, moj, njihov)
4. **numerali**   (jedan, pet, prvi, deseti)
5. **verbi**   (čitati, spavati, sjediti)
6. **avverbi**   (danas, tamo, odmah, dobro)
7. **preposizioni**   (u, na, za, kod, ispred)
8. **congiunzioni**   (i, a, ali, ako, da)
9. **interiezioni**   (oj, ah, jao, oh)
10. **particelle**   (zar, li, ne).

Le parole possono essere:

1. variabili: nomi, pronomi, aggettivi, numerali, verbi;
2. invariabili: avverbi, preposizioni, congiunzioni, interiezioni, particelle.

Ⓔ CARACTERÍSTICAS DEL IDIOMA CROATA

El idioma croata posee tres dialectos regionales: **stòcavo, chacavo** y **caicaviano** (štokavski, čakavski i kajkavski). Sus nombres derivan a partir de los pronombres interrogativo-relativos **što, ča, kaj**. El dialecto oficial del idioma croata es: **stòcavo** (štokavski). Además del dialecto regional, el idioma croata tiene tres variantes de **pronunciación** (según cómo se reflejó en el idioma hablado el sonido **jat** del antiguo idioma eslavo). Estos son:

ijekavski (jekavski)   (mlijeko, vrijeme, dijete)

ikavski   (mliko, vrime, dite)

ekavski   (mleko, vreme, dete).

El idioma croata posee diez clases de palabras. Estas son:

1. **sustantivos**   (čovjek, voda, pjesma, kiša)
2. **adjetivos**   (lijep, velik, drven, majčin)
3. **pronombres**   (mi, oni, tko, moj, njihov)
4. **numerales**   (jedan, pet, prvi, deseti)
5. **verbos**   (čitati, spavati, sjediti)
6. **adverbios**   (danas, tamo, odmah, dobro)
7. **preposiciones**   (u, na, za, kod, ispred)
8. **conjunciones**   (i, a, ali, ako, da)
9. **interjecciones** (oj, ah, jao, oh)
10. **partículas**   (zar, li, ne).

Las palabras pueden ser:

1. variables: sustantivos, pronombres, adjetivos, numerales, verbos;
2. invariables: adverbios, preposiciones, conjunciones, interjecciones, partículas.

IMENSKE RIJEČI

Osobitost hrvatskoga jezika je promjena riječi po padežima. Ta se promjena zove **deklinacija** ili **sklonidba**. Po padežima se mijenjaju imenice, zamjenice, pridjevi i redni brojevi (od glavnih samo neki).

U hrvatskom jeziku ima sedam padeža. Oni imaju latinska imena i odgovaraju na određena pitanja (osim vokativa koji je padež dozivanja i obraćanja).

Padeži se razlikuju po nastavcima i po ulogama (funkcijama) što ih obavljaju u rečenici. Zbog toga je u učenju hrvatskoga jezika važno svladati sintaksu padeža.

Imenske riječi (većinom) imaju **tri gramatička roda**: **muški (m)**, **ženski (ž)** i **srednji (s)**, te **jedninu** (singular) i **množinu** (plural).

Postoje dva tipa pitanja za svaki padež (osim za vokativ) s obzirom na to da li se odnose na nešto živo (čovjek, životinja) ili neživo (stol, knjiga, kiša).

PADEŽI	PITANJA	
	(za živo)	(za neživo)
1. NOMINATIV	Tko?	Što?
2. GENITIV	Koga?	Čega?
3. DATIV	Komu?	Čemu?
4. AKUZATIV	Koga?	Što?
5. VOKATIV	(Oj, ej!)	
6. LOKATIV	(O, na) komu?	(O, na) čemu?
7. INSTRUMENTAL	(S) kim?	(S) čim(e)?

E NOMINAIS

One of the characteristics of the Croatian language are **declensions** (the inflection of some parts of speech by cases). The following parts of speech have declensions: nouns, pronouns, adjectives, ordinal numbers and some cardinal numbers.

There are seven cases. They have Latin names and imply questions (except the vocative, which is the case of calling and address).

Since the cases differ in their endings and function in the sentence, it is very important to master case syntax.

Most nomináis have **three genders**: **masculine (m)**, **feminine (f)** and **neuter (n)**, and **two numbers** – **singular** and **plural**.

There are two questions for each case (except the vocative) depending on whether they are used for animate (čovjek, životinja) or inanimate nouns (stol, knjiga, kiša).

CASES	QUESTIONS	
	(animate)	(inanimate)
1. NOMINATIVE	Tko?	Što?
2. GENITIVE	Koga?	Čega?
3. DATIVE	Komu?	Čemu?
4. ACCUSATIVE	Koga?	Što?
5. VOKATIV	(Oj, ej!)	
6. LOKATIV	(O, na) komu?	(O, na) čemu?
7. INSTRUMENTAL	(S) kim?	(S) čim(e)?

F MOTS NOMINAUX

Une des particularités de la langue croate est la **déclinaison**, modification des mots en fonction des cas. Seuls les noms, les pronoms, les adjectifs, les nombres ordinaux et certains nombres cardinaux sont soumis à la déclinaison.

Sept cas existent dans la langue croate. Ils ont des noms latins et répondent à des questions bien définies (mis à part le vocatif qui sert à interpeller ou à s'adresser à quelqu'un).

On distingue les cas selon leurs désinences et leur fonction dans la phrase. C'est pourquoi il est important, lors de l'apprentissage de la langue croate, d'acquérir la syntaxe des cas.

La plupart des mots nominaux ont **trois genres** – **masculin (m)**, **féminin (f)** et **neutre (n)** – et **deux nombres grammaticaux** – **singulier (sg)** et **pluriel (pl)**.

Il existe deux types de questions pour chaque cas (sauf pour le vocatif) suivant qu'il s'agit d'un être animé (čovjek, životinja) ou d'un être inanimé (stol, knjiga, kiša).

CAS	QUESTIONS	
	(animé)	(inammé)
1. NOMINATIF	**Tko?**	**Što?**
2. GÉNITIF	**Koga?**	**Čega?**
3. DATIF	**Komu?**	**Čemu?**
4. ACCUSATIF	**Koga?**	**Što?**
5. VOKATIF	**(Oj, ej!)**	
6. LOKATIF	**(O, na) komu?**	**(O, na) čemu?**
7. INSTRUMENTAL	**(S) kim?**	**(S) čim(e)?**

D NOMINA

Charakteristisch für die kroatische Sprache ist die den Fällen entsprechende Veränderung der Endsilben. Diese Veränderung heißt **Deklination** (Beugung der Substantive). Substantive, Pronomina und Ordnungszahlen (auch einige Grundzahlen) werden nach Fällen dekliniert.

In der kroatischen Sprache gibt es sieben Fälle. Sie haben lateinische Namen und beantworten bestimmte Fragen (ausgenommen Vokativ, der zum Zurufen und zur Anrede dient).

Die Fälle werden nach den Endungen und nach der Funktion unterschieden, die sie in den Sätzen einnehmen. Darum ist es beim Erlernen der kroatischen Sprache wichtig, die Syntax der Fälle zu beherrschen.

Nomina (überwiegende Mehrzahl) haben **drei grammatische Geschlechter**: **männlich** (Maskulinum) – **m**, **weiblich** (Femininum) – **f**, und **sächlich** (Neutrum) – **n**, sowie **zwei Zahlen** (Numeri): **Einzahl** (Singular) und **Mehrzahl** (Plural).

Für jeden der Fälle (außer dem Vokativ) bestehen zwei Fragetypen, wobei es darauf ankommt, ob es sich um ein Lebewesen (Mensch oder Tier) oder um eine Sache bzw. eine Erscheinung handelt (stol, knjiga, kiša).

FÄLLE	FRAGEN	
	(für Lebe wesen)	(für Sachen)
1. NOMINATIV	**Tko?**	**Što?**
2. GENITIV	**Koga?**	**Čega?**
3. DATIV	**Komu?**	**Čemu?**
4. AKKUSATIV	**Koga?**	**Što?**
5. VOKATIV	**(Oj, ej!)**	
6. LOKATIV	**(O, na) komu?**	**(O, na) čemu?**
7. INSTRUMENTAL	**(S) kim?**	**(S) čim(e)?**

❶ I NOMINALI

I nominali sono tutte le parole che si possono declinare. La **declinazione** è una delle particolarità della lingua croata, cioè la flessione delle parole secondo i casi. Vengono declinati i nomi, i pronomi, gli aggettivi, i numeri ordinali e solo alcuni cardinali.

I casi sono sette, hanno la denominazione latina e rispondono a certe domande (il vocativo esprime l'invocazione, la chiamata).

I casi si distinguono per le desinenze e per le funzioni che hanno nella proposizione, perciò è importante conoscere la sintassi dei casi.

La maggior parte dei nominali! ha **tre generi grammaticali**: **maschile (m)**, **femminile (f)**, **neutro (n)**, e **due numeri**: **singolare** e **plurale**.

Per ogni caso (ad eccezione del vocativo) esistono due specie di domande, ciò dipende se si tratta di un essere animato (persona o animale) o inanimato (stol, knjiga, kiša).

CASO	DOMANDA	
	(per animati)	(per inanimati)
1. NOMINATIVO	**Tko?**	**Što?**
2. GENITIVO	**Koga?**	**Čega?**
3. DATIVO	**Komu?**	**Čemu?**
4. ACCUSATIVO	**Koga?**	**Što?**
5. VOKATIVO	**(Oj, ej!)**	
6. LOKATIVO	**(O, na) komu?**	**(O, na) čemu?**
7. INSTRUMENTALE	**(S) kim?**	**(S) čim(e)?**

❷ PALABRAS NOMINALES

Una de las características del idioma croata es el cambio que sufren las palabras según los casos. Este cambio se llama **declinación**. Los sustantivos, los pronombres, los adjetivos, los numerales ordinales y sólo algunos de los numerales cardinales se declinan.

En el idioma croata existen siete casos. Llevan nombres latinos y responden a preguntas definidas (excepto el vocativo utilizado para llamar a alguien o dirigírsele).

Los casos se diferencian según las desinencias y las funciones que efectúan en la frase. Por lo tanto en el aprendizaje del idioma croata es importante dominar la sintaxis de los casos.

Las palabras nominales (la gran mayoría) tienen **tres géneros gramaticales**: **masculino (m)**, **femenino (f)** y **neutro (n)**, además de **los números**: **singular** y **plural**.

Existen dos tipos de preguntas para cada caso (excepto el vocativo) según se trate de algo animado (čovjek, životinja) o algo inanimado (stol, knjiga, kiša).

CASOS	PREGINTAS	
	(para lo animai do)	(para lo inanimado)
1. NOMINATIVE	Tko?	Što?
2. GENITIVE	Koga?	Čega?
3. DATIVE	Komu?	Čemu?
4. ACCUSATIVE	Koga?	Što?
5. VOKATIV	(Oj, ej!)	
6. LOKATIV	(O, na) komu?	(O, na) čemu?
7. INSTRUMENTAL	(S) kim?	(S) čim(e)?

GLAGOLI

Glagoli su također promjenjive vrste riječi. Promjenom oblika glagola može se označiti lice koje vrši radnju i vrijeme kada se vrši radnja. Glagoli mogu imati tri lica jednine i tri lica množine. Za oznaku lica mogu se upotrijebiti osobne zamjenice (naročito isticanje lica), ali i bez osobne zamjenice jer nastavak označava pojedino lice.

Glagoli se, dakle, mijenjaju po licima, vremenima i načinima. Promjena glagola po licima zove se **konjugacija** ili sprezanje.

U hrvatskom jeziku glagoli, po trajanju radnje ili stanja, mogu biti nesvršeni (pisati, gledati, sjediti) i svršeni (napisati, vidjeti, sjesti).

Prezent se tvori nastavcima **-am, -em, -im, -jem**.

Jednina

1.	-am	-em	-im	-jem
2.	-aš	-eš	-iš	-ješ
3.	-a	-e	-i	-je

Množina

1.	-amo	-emo	-imo	-jemo
2.	-ate	-ete	-ite	-jete
3.	-aju	-u	-e	-ju

Po infinitivu glagola nije uvijek uočljivo o kojem se tipu prezentskih nastavaka radi.

stajati	(stojim)	stanovati	(stanujem)
pisati	(pišem)	reći	(rečem)
pasti	(padnem)	glodati	(glođem)

U osnovi glagola događaju se glasovne promjene, a najčešće su palatalizacija, sibilarizacija, jotacija, jednačenje suglasnika po zvučnosti. Tijekom učenja hrvatskoga jezika u prvom stupnju bilo bi potrebno svladati prezent, perfekt, futur i zapovjedni način. Također je potrebno naučiti deklinacije imenica, zamjenica, pridjeva i brojeva u jednini i množini. Deklinacija imenica se razlikuje od deklinacije ostalih imenskih riječi. Zbog toga je potrebno mnogo napora (rada) kako bi se usvojile i pravilno upotrijebile sintagme:

zamjenica + pridjev + imenica
zamjenica + broj + pridjev + imenica.

Primjeri

- **E** Examples
- **F** Exemples
- **D** Beispiele
- **I** Esempi
- **E** Ejemplos

Vidim **tvojeg novog znanca.**

Zadovoljni smo **vašim prvim velikim ispitom.**

E VERBS

Verbs are also inflected. Inflection in verbs, called **conjugation**, indicates the doer of the action and the time of the action. Verbs have three persons in the singular and three persons in the plural. The person may be denoted by a personal pronoun (especially when the person is emphasized), but most often the pronoun is omitted because the ending of the verb indicates the person.

Depending on the duration of the action or state, verbs can be non-finite (pisati, gledati, sjediti) and finite (napisati, vidjeti, sjesti).

The present tense is formed with the endings **-am, -em, -im, -jem**.

Singular

1.	-am	-em	-im	-jem
2.	-aš	-eš	-iš	-ješ
3.	-a	-e	-i	-je

Plural

1.	-amo	-emo	-imo	-jemo
2.	-ate	-ete	-ite	-jete
3.	-aju	-u	-e	-ju

The infinitive of the verb does not always show which type of present tense endings are involved.

stajati	(stojim)		stanovati	(stanujem)
pisati	(pišem)		reći	(rečem)
pasti	(padnem)		glodati	(glođem)

The base of the verb is subject to changes, the most frequent of them being palatalization, sibilarization, jotation and assimilation by voice. The following forms should be mastered at the first stage of learning Croatian: the present, perfect and future tenses, the imperative mood and the singular and plural declensions of nouns, pronouns, adjectives and numerals. The declension of nouns differs from that of other nomináis. A great deal of effort and practice is therefore needed to master the following phrases:

pronoun + adjective + noun
pronoun + numeral + adjective + noun.

Primjeri

E Examples
F Exemples
D Beispiele
I Esempi
E Ejemplos

Vidim **tvojeg novog znanca.**
Zadovoljni smo **vašim prvim velikim ispitom.**

F VERBES

Les verbes sont également des mots variables. La modification de la forme du verbe désigne la personne qui exerce une action ainsi que le temps où l'action se déroule. Les verbes ont trois personnes au singulier et trois personnes au pluriel. Pour désigner la personne on peut (surtout si l'on veut insister sur la personne) employer un pronom personnel, mais ce n'est pas nécessaire car la désinence du verbe indique de quelle personne il s'agit.

Il y a donc une modification des verbes suivant les personnes, les temps et les modes.

La modification des verbes selon les personnes s'appelle la **conjugaison**.

Selon la durée de l'action, les verbes peuvent être imperfectifs (pisati, gledati, sjediti) ou perfectifs (napisati, vidjeti, sjesti).

On forme le présent avec les désinences **-am, -em, -im, -jem**.

Singuller

1.	-am	-em	-im	-jem
2.	-aš	-eš	-iš	-ješ
3.	-a	-e	-i	-je

Pluriel

1.	-amo	-emo	-imo	-jemo
2.	-ate	-ete	-ite	-jete
3.	-aju	-u	-e	-ju

L'infinitif ne nous dit pas toujours quel type de désinence il faut employer.

stajati	(stojim)	stanovati	(stanujem)
pisati	(pišem)	reći	(rečem)
pasti	(padnem)	glodati	(glođem)

Le radical du verbe subit des alternances consonantiques ou vocaliques; le plus souvent il s'agit de palatalisation, sibilarisation, iotacisation et assimilation des consonnes selon la sonorité.

Lors de l'apprentissage de la langue croate au niveau débutant, il serait souhaitable d'acquérir le présent, le passé composé, le futur et l'impératif. Il faut également apprendre la déclinaison des noms, des pronoms, des adjectifs et des nombres au singulier et au pluriel. La déclinaison des noms diffère de celle des autres mots nominaux. C'est pourquoi il faut beaucoup de travail et d'entraînement pour se familiariser avec les syntagmes:

pronom + adjectif + nom

pronom + nombre + adjectif + nom.

Primjeri

E Examples
F Exemples
D Beispiele
I Esempi
E Ejemplos

Vidim **tvojeg novog znanca.**

Zadovoljni smo **vašim prvim velikim ispitom.**

D   VERBEN

Verben gehören auch zu den veränderlichen Wortarten. Durch Veränderung der Verbform können sowohl die Person, die die Handlung ausführt, als auch die Zeit, in der die Handlung stattfindet, bezeichnet werden. Die Verben haben 3 Personen im Singular und 3 Personen im Plural. Zur Bezeichnung der Personen können Personalpronomen gebraucht werden, um die Person hervorzuheben. Die Verben können jedoch auch ohne Personalpronomen gebraucht werden, weil die Person aus der Endung deutlich ersichtlich ist.

Die Verben werden, also, nach Person, Tempus und Modus flektiert.

Die Flexion des Verbs nach Personen heißt **Konjugation** (Beugung des Verbs).

Die Dauer der Handlung, bzw. des Zustand, bestimmt, ob die Verben in der kroatischen Sprache imperfektiv (pisati, gledati, sjediti) oder perfektiv (napisati, vidjeti, sjesti) sind.

Das Präsens wird mit folgenden Endungen gebildet: **-am, -em, -im, -jem**.

Singular

1.	-am	-em	-im	-jem
2.	-aš	-eš	-iš	-ješ
3.	-a	-e	-i	-je

Plural

1.	-amo	-emo	-imo	-jemo
2.	-ate	-ete	-ite	-jete
3.	-aju	-u	-e	-ju

An der Infinitivform des Verbs kann man nicht immer sehen, um welchen Typ der Präsensendungen es sich handelt.

stajati	(stojim)	stanovati	(stanujem)
pisati	(pišem)	reći	(rečem)
pasti	(padnem)	glodati	(glođem)

Im Verbalstamm kommt es zu Lautveränderungen. Am häufigsten sind es die Palatalisierung, die Sibilarisierung, die Jotation und der Zusammenfall der Konsonanten nach ihrer Stimmhaftigkeit, bzw. Stimmlosigkeit.

Bei der Aneignung der kroatischen Sprache sollten auf der ersten Lernstufe Präsens, Perfekt, Futur I und Imperativ erlernt werden. Ebenso sollten alle Deklinationen im Singular und Plural beherrscht werden, also die Deklination von Substantiven, Pronomen, Adjektiven und Zahlen. Ein Problem für den Lernenden stellt die Tatsache dar, daß die Deklination der Substantive sich von Deklinationen anderer Nomen unterscheidet. Daher ist intensives Einüben nötig, um sich die folgenden Syntagmen anzueignen, und um sie richtig zu verwenden:

| Pronomen + Adjektiv + Substantiv |
| Pronomen + Numerale + Adjektiv + Substantiv. |

Primjeri
- **E** Examples
- **F** Exemples
- **D** Beispiele
- **I** Esempi
- **E** Ejemplos

Vidim **tvojeg novog znanca.**

Zadovoljni smo **vašim prvim velikim ispitom.**

I VERBI

I verbi sono pure parole variabili. Con la flessione della forma del verbo possiamo esprimere la persona che agisce e il tempo in cui si agisce. I verbi hanno tre persone al singolare e tre al plurale. Per indicare la persona si usano i pronomi personali (specialmente le forme toniche), i pronomi personali non solo obbligatori, perché la desinenza del verbo indica la persona.

I verbi si flettono secondo le persone, i tempi e i modi.

La flessione del verbo secondo le persone si chiama **coniugazione**.

Nella lingua croata i verbi possono avere un aspetto durativo (pisati, gledati, sjediti) o un aspetto momentaneo (napisati, vidjeti, sjesti).

Il presente si forma con le desinenze **-am, -em, -im, -jem**.

Singulare

1.	-am	-em	-im	-jem
2.	-aš	-eš	-iš	-ješ
3.	-a	-e	-i	-je

Plurale

1.	-amo	-emo	-imo	-jemo
2.	-ate	-ete	-ite	-jete
3.	-aju	-u	-e	-ju

Dall'infinito del verbo non possiamo sempre conoscere di che tipo di desinenze del presente si tratti.

stajati	(stojim)	stanovati	(stanujem)
pisati	(pišem)	reći	(rečem)
pasti	(padnem)	glodati	(glođem)

Nella radice del verbo accadono delle trasformazioni di suoni, cioè la palatalizzazione, la sibilarizzazione, la iotazione, l'assimilazione delle consonanti secondo la sonorità.

Nel primo corso di studio della lingua croata è necessario imparare il presente, il perfetto (passato prossimo), il futuro e l'imperativo, come pure la declinazione dei nomi, dei pronomi, degli aggettivi e dei numerali, al singolare e al plurale. La declinazione dei nomi è differente dalla declinazione degli altri nominali. È necessario dunque fare molti esercizi per imparare e per usare correttamente i sintagmi:

pronome + aggettivo + nome
pronome + numero + aggettivo + nome.

Primjeri

E Examples
F Exemples
D Beispiele
I Esempi
E Ejemplos

Vidim **tvojeg novog znanca**.

Zadovoljni smo **vašim prvim velikim ispitom**.

E LOS VERBOS

Los verbos son también palabras variables. Cambiando la forma del verbo distinguimos la persona que ejecuta la acción y el tiempo de la acción. Los verbos tienen tres personas del singular y tres personas del plural. Pueden utilizarse los pronombres personales (especialmente para acentuar la persona) pero no es siempre necesario puesto que las terminaciones de los verbos designan cada persona.

Los verbos cambian según las personas, los tiempos y los modos. El cambio según las personas se llama **conjugación**.

En el idioma croata, los verbos según la duración de la acción o el estado del mismo pueden ser imperfectivos (acción no acabada, durativa) (pisati, gledati, sjediti) o perfectivos (acción acabada, momentánea) (napisati, vidjeti, sjesti).

El presente se forma con las terminaciones **-am, -em, -im, -jem**.

Singular

1.	-am	-em	-im	-jem
2.	-aš	-eš	-iš	-ješ
3.	-a	-e	-i	-je

Plural

1.	-amo	-emo	-imo	-jemo
2.	-ate	-ete	-ite	-jete
3.	-aju	-u	-e	-ju

El infinitivo no indica siempre claramente de qué tipo de terminación del presente se trata.

stajati	(stojim)	stanovati	(stanujem)
pisati	(pišem)	reći	(rečem)
pasti	(padnem)	glodati	(glođem)

En la raíz del verbo ocurren cambios de sonidos, por lo general se trata de palatalización, sibilización, yotación y asimilación de las consonantes en la sonorización. A este nivel del aprendizaje no se recomienda explicar los diversos cambios fonéticos en la raíz y en las desinencias verbales.

En el primer grado o primera fase del aprendizaje del idioma croata, será preciso dominar: el presente, el pretérito perfecto, el futuro y el imperativo. Asimismo es menester aprender las declinaciones de los sustantivos, los pronombres, los adjetivos y los numerales en singular y plural.

La declinación de los sustantivos es diferente a la declinación de las demás palabras nominales. Por lo tanto es nec-cesario invertir mucho esfuerzo y hacer muchos ejercicios para poder dominar las respectivas declinaciones y utilizar correctamente los sintagmas:

> pronombre + adjetivo + sustantivo
>
> pronombre + numeral + adjetivo + sustantivo.

Primjeri

E Examples
F Exemples
D Beispiele
I Esempi
E Ejemplos

Vidim **tvojeg novog znanca**.

Zadovoljni smo **vašim prvim velikim ispitom**.

NAGLASCI

U hrvatskom se jeziku po dužini i intonaciji razlikuju četiri naglaska.

kratkosilazni	(\\ ):	sȉla, ȍko
kratkouzlazni	(\ ):	nòga, pòtok
dugosilazni	(⌒):	môre, pâmtiti
dugouzlazni	(/):	rúka, počétak

Riječi koje nemaju svog naglaska su nenaglasnice: nenaglašeni oblici pomoćnih glagola **biti** i **htjeti** (sam, si, je..., ću, ćeš, će...), osobnih zamjenica (me, te, ga, ih, im...) riječca **li**, te prijedlozi (u, na, o...), neki veznici (i, a, ni...) i riječca **ne**.

U nekim slučajevima naglasak s naglašene riječi prelazi na nenaglasnicu.

nè znām	u grâd
nè vidīm	u škôlu
čùjēš li	dâj mi ga
hòćeš li	pòznāš li je
ȉdēš li	vȉdjet ću
na môre	bȉt ćeš

U hrvatskom jeziku postoje riječi koje se jednako pišu, ali imaju različit naglasak, a time dobivaju i drugo značenje.

pàs	(životinja)	–	pâs	(pojas)
kùpiti	(sabirati)	–	kúpiti	(pribaviti novcem)
grȁd	(tuča)	–	grâd	(naselje)
tèk	(istom)	–	têk	(apetit)
drȁga	(uvala)	–	drâgā	(mila)

Neki samoglasnici imaju nenaglašenu dužinu, a na ovom stupnju učenja hrvatskoga jezika to je najvažnije razlikovati u genitivu množine imenica svih rodova.

Primjeri

🇬🇧 Examples
🇫🇷 Exemples
🇩🇪 Beispiele
🇮🇹 Esempi
🇪🇸 Ejemplos

Imam prȉjatelja (jednog).   Imam mnogo prijatéljā.

Ona je dobra žèna.   U gradu ima dosta žénā.

🇬🇧 STRESS

There are four stresses in Croatian, which differ in length and intonation.

short-falling	(\\\\ ):	sȉla, ȍko
short-rising	(\\ ):	nòga, pòtok
long-falling	(⌒):	môre, pâmtiti
long-rising	(/):	rúka, počétak

There are also unstressed words: the unstressed forms of the auxiliaries **biti** and **htjeti** (sam, si, je…, ću, ćeš, će…), unstressed personal pronouns (me, te, ga, ih, im…), the particle **li**, prepositions (u, na, o…), some conjunctions (i, a, ni…) and the particle **ne**.

In some cases the stress shifts from the stressed to the unstressed word.

nè znām	u grâd
nè vidīm	u škôlu
čȕjēš li	dâj mi ga
hȍćeš li	pòznāš li je
ȉdēš li	vȉdjet ću
na môre	bȉt ćeš

There are pairs of words with the same spelling but different stress and meaning.

pàs	(životinja)	–	pâs	(pojas)
kȕpiti	(sabirati)	–	kúpiti	(pribaviti novcem)
grȁd	(tuča)	–	grâd	(naselje)
tȅk	(istom)	–	têk	(apetit)
drȁga	(uvala)	–	drâgā	(mila)

Some vowels are long when unstressed; at this stage of learning Croatian, the most important distinction is in the genitive plural of nouns of all genders.

Primjeri

🇬🇧 Examples
🇫🇷 Exemples
🇩🇪 Beispiele
🇮🇹 Esempi
🇪🇸 Ejemplos

Imam prȉjatelja (jednog).   Imam mnogo prijatéljā.

Ona je dobra žèna.   U gradu ima dosta žénā.

F ACCENTS

La langue croate distinque quatre accents selon leur durée el leur intonation.

accent descendant bref	(\\ ):	sȉla, ȍko
accent montant bref	(\ ):	nòga, pòtok
accent descendant long	(⌢):	môre, pâmtiti
accent montant long	(/):	rúka, počétak

IL existe aussi des mots ne possédant pas leur propre accent; ce sont les formes inaccentuées des auxiliaires **biti** et **htjeti** (sam, si, je…, ću, ćeš, će…), des pronoms personnels (me, te, ga, ih, im…), la particule **li**, les prépositions (u, na, o…), certaines conjonctions (i, a, ni…) et la particule négative **ne**. Dans certains cas l'accent peut glisser sur un mot inaccentué.

nè znām	u grâd
nè vidīm	u škôlu
čȕjēš li	dâj mi ga
hȍćeš li	pòznāš li je
ȉdēš li	vȉdjet ću
na môre	bȉt ćeš

IL existe des mots qui s'écrivent de façon identique mais n'ont pas le même accent et, possèdent, par conséquent, des sens différents.

pȁs	(životinja)	–	pâs	(pojas)
kȕpiti	(sabirati)	–	kúpiti	(pribaviti novcem)
grȁd	(tuča)	–	grâd	(naselje)
tȅk	(istom)	–	têk	(apetit)
drȁga	(uvala)	–	drâgā	(mila)

Certaines voyelles ont une durée non accentuée; à ce niveau de l'apprentissage de la langue croate il est très important de les distinguer au génitif pluriel de tous les noms.

Primjeri

- E Examples
- F Exemples
- D Beispiele
- I Esempi
- E Ejemplos

Imam prȉjatelja (jednog). Imam mnogo prijatéljā.

Ona je dobra žèna. U gradu ima dosta žénā.

D AKZENTE

In der kroatischen Sprache werden nach Länge und Intonation vier Akzente unterschieden.

kurzfallender	(\\ ):	sȉla, ȍko
kurzsteigender	(\ ):	nòga, pòtok
langfallender	(⌢):	môre, pâmtiti
langsteigender	(/):	rúka, počétak

Wörter ohne eigenen Akzent sind unbetonte Wörter: die unbetonten Formen der Hilfsverben **biti** und **htjeti** (sam, si, je..., ću, ćeš, će...), der Personalpronomen (me, te, ga, ih, im...), die Partikel **li** sowie Präpositionen (u, na, o...), einige Konjunktionen (i, a, ni...) und die Partikel **ne**.

In manchen Fällen steigt der Akzent vom betonten Wort auf das unbetonte über.

nè znām	u grâd
nè vidīm	u škôlu
čùjēš li	dâj mi ga
hòćeš li	pòznāš li je
ìdēš li	vìdjet ću
na môre	bìt ćeš

In der kroatischen Sprache gibt es Wörter, die bei gleicher Schreibweise doch einen unterschiedlichen Akzent aufweisen, womit sie auch eine andere Bedeutung haben.

pàs	(životinja)	–	pâs	(pojas)
kùpiti	(sabirati)	–	kúpiti	(pribaviti novcem)
gràd	(tuča)	–	grâd	(naselje)
tèk	(istom)	–	têk	(apetit)
dràga	(uvala)	–	drâgā	(mila)

Einige Vokale haben unbetonte Länge, wobei auf dieser Stufe der Aneignung der kroatischen Sprache, dies vor allem im Genitiv Plural der Substantive aller drei Geschlechter zu unterscheiden ist.

Primjeri

E Examples
F Exemples
D Beispiele
I Esempi
E Ejemplos

Imam prìjatelja (jednog).   Imam mnogo prijatéljā.

Ona je dobra žèna.   U gradu ima dosta žénā.

I L'ACCENTO

Nella lingua croata per lunghezza e per intonazione distinguiamo quattro accenti.

breve discendente	(\\ ):	sȉla, ȍko
breve ascendente	(\ ):	nòga, pòtok
lungo discendente	(⌒):	môre, pâmtiti
lungo ascendente	(/):	rúka, počétak

Esistono parole che non hanno il proprio accento: la forma non accentata del verbo **biti** e **htjeti** (sam, si, je..., ću, ćeš, će...), dei pronomi personali (me, te ga, ih, im...), la particella **li**, le preposizioni (u, na, o...), alcune congiunzioni (i, a, ni...) e la particella **ne**.

In alcuni casi l'accento passa dalla parola accentata a quella non accentata.

nè znām	u grâd
nè vidīm	u škôlu
čùjēš li	dâj mi ga
hòćeš li	pòznāš li je
ìdēš li	vìdjet ću
na môre	bìt ćeš

In croato ci sono parole che si scrivono allo stesso modo e, avendo un accento differente, hanno un altro significato.

pàs	(životinja)	–	pâs	(pojas)
kùpiti	(sabirati)	–	kúpiti	(pribaviti novcem)
gràd	(tuča)	–	grâd	(naselje)
tèk	(istom)	–	têk	(apetit)
dràga	(uvala)	–	drâgā	(mila)

Alcune vocali hanno una lunghezza non accentata e perciò è molto importante conoscere la differenza del genitivo plurale dei nomi di tutti i generi.

Primjeri

E Examples
F Exemples
D Beispiele
I Esempi
E Ejemplos

Imam prȉjatelja (jednog).   Imam mnogo prijatéljā.

Ona je dobra žèna.   U gradu ima dosta žénā.

E LOS ACENTOS

En el idioma croata podemos distinguir cuatro acentos según la duración y la entonación de la palabra o frase.

coito-descendente	(\\ ):	sȉla, òko
coito-ascendente	(\ ):	nòga, pòtok
largo-descendente	(⌢):	môre, pâmtiti
largo-ascendente	(/):	rúka, počétak

Las palabras que no poseen acento propio son átonas: por ejemplo, las formas no acentuadas del verbo auxiliar **biti** y **htjeti** (sam, si, je…, ću, ćeš, će…), los pronombres personales (me, te, ga, ih, im…), la partícula interrogativa **li**, las preposiciones (u, na, o…), algunas conjunciones (i, a, ni…) y la partícula **ne**.

En algunos casos el acento de la palabra acentuada pasa sobre la átona.

nè znām	ìdēš li	dâj mi ga
nè vidīm	na môre	pòznāš li je
čùjēš li	u grâd	vìdjet ću
hòćeš li	u škôlu	bìt ćeš

En el idioma croata existen palabras que se escriben igual, pero al poseer acentos diferentes tienen diferente significado.

pàs	(životinja)	–	pâs	(pojas)
kùpiti	(sabirati)	–	kúpiti	(pribaviti novcem)
grȁd	(tuča)	–	grâd	(naselje)
tȅk	(istom)	–	têk	(apetit)
drȁga	(uvala)	–	drâgā	(mila)

Algunas vocales poseen asimismo una duración no acentuada. En esta fase del aprendizaje del idioma croata será muy importante hacer la diferencia de este fenómeno en el genitivo plural de los sustantivos de todos los géneros.

Primjeri

- **E** Examples
- **F** Exemples
- **D** Beispiele
- **I** Esempi
- **E** Ejemplos

Imam prȉjatelja (jednog).   Imam mnogo prijatéljā.

Ona je dobra žèna.   U gradu ima dosta žénā.

1. cjelina

OSOBNE ZAMJENICE

E PERSONAL PRONOUNS

F PRONOMS PERSONNELS

D PERSONALPRONOMEN

I PRONOMI PERSONALI

E PRONOMBRES PERSONALES

Jednina / sg

1.	ja	Ja sam profesorica.
2.	ti	Ti si student.
3.	on	On je liječnik. *doctor*
	ona	Ona je studentica.
	ono	Ono je dijete (n) *infant/child*

Množina / pl

1.	mi	Mi smo studenti.
2.	vi	Vi ste studenti.
3.	oni	Oni su studenti.
	one	One su studentice.
	ona	Ona su djeca (n) *children*

PREZENT GLAGOLA BITI *tense verb*

E THE PRESENT TENSE OF THE VERB BITI

F PRÉSENT DU VERBE BITI

D PRÄSENS DES VERBS BITI

I PRESENTE DEL VERBO BITI

E PRESENTE DEL VERBO BITI

Nenaglašeni oblici

E Unstressed forms F Formes inaccentuées D Unbetonte Formen I Forma non accentata
E Forma átona

Jednina / sg

1.	Ja	sam	profesor.
2.	Ti	si	student.
3.	On	je	student.
	Ona	je	studentica.
	Ono	je	dijete.

Množina / pl

1.	Mi	smo	studenti.
2.	Vi	ste	studenti.
3.	Oni	su	studenti.
	One	su	studentice.
	Ona	su	djeca.

Naglašeni oblici

E Stressed forms F Formes accentuées D Betonte Formen I Forma accentata E Forma tónica

Jednina / sg

1.	jesam
2.	jesi
3.	jest
	jest
	jest

Množina / pl

1.	jesmo
2.	jeste
3.	jesu
	jesu
	jesu

also, oblici = forms
↑
forms

Glagol **biti** ima naglašene i nenaglašene oblike prezenta.

E   The verb **biti** has stressed and unstressed present tense forms.

F   Au présent le verbe **biti** a des formes accentuées et inaccentuées.

D   Das Verb **biti** hat betonte und unbetonte Präsensformen.

I   Il verbo **biti** al presente ha la forma accentata e non accentata.

E   El verbo **biti** tiene dos formas de presente: la átona y la tónica.

RODOVI

E GENDERS   **D** DAS GESCHLECHT (GENUS)

F GENRES   **I** IL GENERE

                                   E LOS GENEROS

gender

	MUŠKI ROD / m	ŽENSKI ROD / f	SREDNJI ROD / n
E	MASCULINE / m	FEMININE / f	NEUTER / n
F	MASCULIN / m	FÉMININ / f	NEUTRE / n
D	MASCULINUM / m	FEMININUM / f	NEUTRUM / n
I	MASCHILE / m	FEMMINILE / f	NEUTRO / n
E	MASCULINO / m	FEMENINO / f	NEUTRO / n
	on	**ona**	**ono**
	student (ø)	studenti**ca**	dijet**e** / vin**o**

Upamtite

E   Remember   Dobar dan.   Hvala, dobro.

F   Retenez   Hvala.   Drago mi je.

D   Merken Sie sich!   Doviđenja.   Tko ste Vi?

I   Nota!   Kako ste?   Tko je to?

E   Para recordar!   Kako si?   Što je ovo?

2. cjelina

PREZENT GLAGOLA BITI
Tense Verb

E THE PRESENT *TENSE* OF THE VERB **BITI**

F PRÉSENT DU VERBE **BITI**

D PRÄSENS DES VERBS **BITI**

I PRESENTE DEL VERBO **BITI**

E PRESENTE DEL VERBO **BITI**

Niječni oblici

E Negative forms **F** Forme négative **D** Verneinte Form **I** Forma negativa **E** Forma negativa

Jednina / sg		
1.	**nisam**	Ja **nisam** liječnik.
2.	**nisi**	Ti **nisi** inženjer.
3.	**nije**	On **nije** profesor.
	nije	Ona **nije** studentica.
	nije	Ono **nije** učenik. (m) *school boy*

Množina / pl		
1.	**nismo**	Mi **nismo** profesori.
2.	**niste**	Vi **niste** inženjeri.
3.	**nisu**	Oni **nisu** studenti.
	nisu	One **nisu** studentice.
	nisu	Ona **nisu** više djeca.

NOMINATIV

E THE NOMINATIVE CASE

F NOMINATIF

D NOMINATIV

I NOMINATIVO

E NOMINATIVO

Tko je to?

To je momak.

To je djevojka.

To je dijete.

Što je to?

To je stol.

To je olovka.

To je mlijeko.

	MUŠKI ROD / m		ŽENSKI ROD / f		SREDNJI ROD / n	
Tko?	student	ø	studentic**a**	**-a**	dijet**e**	**-e**
	momak		sestr**a**			
Što?	stol	ø	knjig**a**	**-a**	polj**e** *field*	**-e**
	papir		olovk**a**		sel**o** *village*	**-o**
	prozor		bilježnic**a**		vin**o**	

Jednina / sg

	MUŠKI ROD / m		ŽENSKI ROD / f		SREDNJI ROD / n	
Tko?	prijatelj	ø	žen**a**	**-a**	stabl**o** _trunk_	**-o**
	student		studentic**a**		mlijek**o**	
Što?	prozor		kuć**a**		sunc**e**	**-e**
	zid _wall_		ploč**a**		polj**e**	

Množina / pl

	MUŠKI ROD / m		ŽENSKI ROD / f		SREDNJI ROD / n	
Tko?	prijatelj**i**	**-i**	žen**e**	**-e**	stabl**a**	**-a**
	student**i**		studentic**e**		mlijek**a**	
Što?	prozor**i**		kuć**e**		sunc**a**	
	zid(ov)**i**		ploč**e**		polj**a**	

Upamtite

E Remember

F Retenez

D Merken Sie sich!

I Nota!

E Para recordar!

Odakle ste?

Odakle si?

Ja sam **iz** ...

Napomena

Second person

Pronoun is used to indicate plural face address individual respect

Zamjenica **vi** upotrebljava se za oznaku množine (2. lice) i u obraćanju pojedincu iz poštovanja i pristojnosti:

politenesses

Vi ste studenti?

Vi ste gospodin Winer?

E Note

to indicate

The pronoun **vi** is used for the second person plural and in respectful or polite address for the second person singular:

Vi ste studenti?

Vi ste gospodin Winer?

F Remarque

Le pronom **vi** s'emploie à la 2e personne du pluriel; il s'emploie également au lieu de **ti** pour marquer la déférence ou la politesse:

Vi ste studenti?

Vi ste gospodin Winer?

D Anmerkung

Das Personalpronomen **vi** wird gebraucht zur Bezeichnung des Plurals (2. Person) und bei der Anrede einer Person als Zeichen der Achtung bzw. der Höflichkeit:

> Vi ste studenti?
> Vi ste gospodin Winer?

I Nota

Il pronome personale **vi** si usa per la 2ª persona del plurale e per indicare una sola persona come forma di cortesia (in italiano LEI):

> Vi ste studenti?
> Vi ste gospodin Winer?

E Nota

El pronombre personal **vi** se emplea para designar la segunda persona del plural así como la segunda persona del singular denotando respeto o distancia (usted):

> Vi ste studenti?
> Vi ste gospodin Winer?

GENITIV

E THE GENITIVE CASE
F GÉNITIF

D GENITIV
I GENITIVO
E GENITIVO

Koga? Čega?

plan Zagreb**a** *map*
noga stol**a** *leg table*
šalica kav**e** *cup coffee*

šalica mlijek**a**

	MUŠKI ROD / m		ŽENSKI ROD / f		SREDNJI ROD / n	
Koga?	student**a**	**-a**	An**e**	**-e**	djetet**a**	**-a**
	Ivan**a**		studentic**e**			
Čega?	Zagreb**a**	**-a**	Rijek**e**	**-e**	mlijek**a**	**-a**
	stol**a**		knjig**e**			

Genitiv s prijedlozima iz, od, blizu, kraj, pokraj, oko, izvan

E The genitive with prepositions **F** Génitif avec les prépositions **D** Genitiv mit den präpositionen
I Genitivo con le preposizioni **E** Genitivo con las preposiciones

Primjeri

E Examples
F Exemples
D Beispiele
I Esempi
E Ejemplos

Ja sam **iz** Splita.
Moj stan je **blizu** hotela.
Od Zagreba **do** Rijeke ima 180 km.
Moj prijatelj je **pokraj** stola.
Oko škole je velik park.
Stol je **kraj** prozora. Moj stan je **izvan** grada.

POSVOJNI GENITIV

E POSSESSIVE GENITIVE
F GÉNITIF POSSESSIF
D POSSESSIVER GENITIV
I GENITIVO POSSESSIVO
E GENITIVO POSESIVO

MUŠKI ROD / m	ŽENSKI ROD / f	SREDNJI ROD / n
Čiji?	Čija?	Čije?

Primjeri

E Examples
F Exemples
D Beispiele
I Esempi
E Ejemplos

Ona je žena gospodina Marića.
To je muž profesorice Marić.
To je dijete moje prijateljice.

I. Gramatika 3.

UNIT
UNITÉ
UNTERRICHTSEINHEIT
UNITÀ
UNIDAD

3. cjelina

POSVOJNE ZAMJENICE
E POSSESSIVE PRONOUNS
F LES PRONOMS POSSESSIFS

D DIE POSSESSIVPRONOMEN
I I PRONOMI POSSESSIVI
E PRONOMBRES POSESIVOS

Posvojne zamjenice odgovaraju na sljedeća pitanja:

E Possessive pronouns answer the following questions:

F Les pronoms possessifs répondent aux questions:

D Die possessivpronomen Antworten auf die Fragen:

I I pronomi possessivi rispondono alle domande:

E Pronombres posesivos responden a las preguntas:

Čiji?		Čija?		Čije?	
MUŠKI ROD / m		**ŽENSKI ROD / f**		**SREDNJI ROD / n**	
moj	muž	moja	žena	moje	dijete
tvoj	muž	tvoja	žena	tvoje	dijete
njezin	muž	njezina	sestra	njezino	dijete
njegov	brat	njegova	sestra	njegovo	dijete
naš	razred	naša	knjiga	naše	dijete
vaš	stan	vaša	soba	vaše	dijete
njihov	stan	njihova	knjiga	njihovo	dijete

GENITIV
E THE GENITIVE CASE
F GÉNITIF

D GENITIV
I GENITIVO
E GENITIVO

Koga? Čega?

Jednina / sg

MUŠKI ROD / m		ŽENSKI ROD / f		SREDNJI ROD / n	
prijatelja	-a	žene	-e	stabla	-a
zubara		studentice		vina	
prozora		kuće		polja	
zida		ploče		sunca	

41

Množina / pl

MUŠKI ROD / m		ŽENSKI ROD / f		SREDNJI ROD / n	
prijatelj**a**	**-a**	žen**a**	**-a**	stabal**a**	**-a**
zubar**a**		studentic**a**		vin**a**	
prozor**a**		kuć**a**		polj**a**	
zid(ov)**a**		ploč**a**		sunac**a**	

4. cjelina

AKUZATIV
E THE ACCUSATIVE CASE
F ACCUSATIF

D AKKUSATIV
I ACCUSATIVO
E ACUSATIVO

Koga? Što?

Imam prijatelj**a**
Imaš sin**a**.
Ona ima muž**a**.
Imam sta**n**.
On ima automobi**l**.

Oni imaju bro**d**.
Ja imam olovk**u**.
Vi imate sob**u**.
Ana ima prijateljic**u**.
Imam piv**o**.
On ima dijet**e**.

	MUŠKI ROD / m		ŽENSKI ROD / f		SREDNJI ROD / n	
Koga?	prijatelj**a**	-a	prijateljic**u**	-u	dijet**e**	-e
Što?	stan	ø	olovk**u**	-u	piv**o**	-o

Akuzativ s prijedlogom za

E The accusative case with the preposition **za** **F** Accusatif avec la préposition **za** **D** Akkusativ mit der Präposition **za** **I** Accusativo con la preposizione **za** **E** Acusativo con la preposición **za**

Kava je **za** Ivan**a**.
Ova cigareta je **za** prijatelj**a**.
Ovo je knjiga **za** An**u**.

LOKATIV
E THE LOCATIVE CASE
F LOCATIF

D LOKATIV
I LOCATIVO
E LOCATIVO

Gdje? (Na / u) komu? (Na / u) čemu?

Imam stan **u** Zagreb**u**.
Studenti su **u** restoran**u**.
Pivo je **na** stol**u**.

Auto je **na** ulic**i**.
Bicikl je **u** garaž**i**.
Ana je **na** ulic**i**.
Ivan je **u** kin**u**.

AKUZATIV
E THE ACCUSATIVE CASE
F ACCUSATIF

D AKKUSATIV
I ACCUSATIVO
E ACUSATIVO

Koga? Što?

Jednina / sg

MUŠKI ROD / m		ŽENSKI ROD / f		SREDNJI ROD / n	
mu**ža**	**-a**	žen**u**	**-u**	vin**o**	**-o**
prijatelj**a**		sob**u**		kin**o**	
razred**a**		torb**u**		sunc**e**	**-e**
stan**a**		kuć**u**		src**e**	

Množina / pl

MUŠKI ROD / m		ŽENSKI ROD / f		SREDNJI ROD / n	
muž(ev)**e**	**-e**	žen**e**	**-e**	vin**a**	**-a**
prijatelj**e**		sob**e**		kin**a**	
razred**e**		torb**e**		sunc**a**	
stan(ov)**e**		kuć**e**		src**a**	

GLAGOL IMATI
E THE VERB **IMATI**
F LE VERBE **IMATI**

D DAS VERB **IMATI**
I IL VERBO **IMATI**
E EL VERBO **IMATI**

Potvrdni oblici

E Affirmative forms **F** Forme affermative **D** Affirmative Formen **I** Forma affermativa **E** Forma afirmativa

Jednina / sg

1.	Ja	**imam** brata.
2.	Ti	**imaš** prijatelja.
3.	On	**ima** dijete.
	Ona	**ima** prijateljicu.
	Ono	**ima** loptu.

Množina / pl

1.	Mi	**imamo** profesoricu.
2.	Vi	**imate** stan.
3.	Oni	**imaju** kuću.
	One	**imaju** vremena.
	Ona	**imaju** loptu.

Uz glagol **imati** dolazi najčešće objekt u akuzativu (izravni objekt), ali i u genitivu.

E The verb **imati** is usually followed by an object in the accusative (direct object) but it may be followed by an object in the genitive.

F Le verbe **imati** est suivi le plus souvent d'un complément d'objet à l'accusatif, mais il peut également avoir un complément au génitif.

D Das Verb **imati** regiert meistens ein Akkusativobjekt (direktes Objekt), aber manchmal auch ein Genitivobjekt.

I Il verbo **imati** è molto spesso seguito dall'accusativo, caso del complemento oggetto diretto, ma anche dal genitivo.

E El verbo **imati** es seguido generalmente de un objeto en acusativo (complemento directo) pero también es seguido de un complemento en genitivo.

Primjeri

E Examples
F Exemples
D Beispiele
I Esempi
E Ejemplos

Imam **stan**. (Što?)	Imam **dijete**. (Koga?)
Imam **kuću**. (Što?)	Imam **prijatelja**. (Koga?)
Imam **sina**. (Koga?)	Imam **vremena**. (Čega?)
Imam **pivo**. (Što?)	Imam **novaca**. (Čega?)

5. cjelina

PREZENT
E THE PRESENT TENSE
F PRÉSENT

D PRÄSENS
I PRESENT
E PRESENT

Glagoli s prezentskim nastavcima:
E The present tense with endings:
F Verbes avec les désinences du présent:
D Präsens mit den Endungen:
I Presente dei verbi con le desinenze:
E Verbos con las desinencias de presente:

Jednina / sg		Množina / pl	
1.	-am	1.	-amo
2.	-aš	2.	-ate
3.	-a	3.	-aju

Jednina / sg
znati

1.	Ja	zn**am**	dobro hrvatski.
2.	Ti	zn**aš**	samo engleski.
3.	On	zn**a**	matematiku.
	Ona		
	Ono		

Množina / pl

1.	Mi	zn**amo**	hrvatski.
2.	Vi	zn**ate**	svirati.
3.	Oni	zn**aju**	pjevati.
	One		
	Ona		

gledati

1.	Ja	gled**am**	film.
2.	Ti	gled**aš**	na ulicu.
3.	On	gled**a**	slike.
	Ona		
	Ono		

1.	Mi	gled**amo**	fotografije.
2.	Vi	gled**ate**	djevojke.
3.	Oni	gled**aju**	film.
	One		
	Ona		

Jednina / sg

1.	Ja	gled**am**	park.
2.	Ti	sluš**aš**	glazbu.
3.	On	prič**a**	lekciju.

Množina / pl

1.	Mi	razgov**aramo**	hrvatski.
2.	Vi	sprem**ate**	ručak.
3.	One	ponavlj**aju**	tekst.

Koliko je sati?
Sada **je** jedan sat.
Sada **su** dva (tri / četiri) sata.

Sada **je** pet (šest / osam / dvanaest) sati.
Sada **je** pola deset.
Sada **je** pet i četvrt.

UPITNE REČENICE

E QUESTIONS

F PROPOSITIONS INTERROGATIVES

D FRAGESÄTZE

I DOMANDE INTERROGATIVE

E ORACIONES INTERROGATIVAS

1. U govornom jeziku pitanje može biti isto kao izrična rečenica, ali je pritom intonacija uzlazna:

Vi ste nova studentica?

2. Najčešće pitanje postavljamo tako da na početku rečenice stavimo glagol, a iza njega upitnu česticu **li**. U takvom se pitanju mijenja red riječi što se zove **inverzija**.

Jeste li (vi) kod kuće?

Napomena

U hrvatskom jeziku obrnuti red riječi (**inverzija**) je:

– kad iza glagola stoji čestica **li**

– kad iza glagola stoji nenaglašeni oblik pomoćnog glagola

– kad je u rečenici imenski predikat, a rečenica počinje imenskom riječi.

3. Upitna rečenica započinje upitnom riječi.

Gdje su studenti? **Kako** ste danas?

E

1. In the spoken language, a question may have the form of a statement but with a rising intonation:

Vi ste nova studentica?

2. Questions are usually formed by placing the verb in the initial position, followed by the interrogative particle **li**. In such a question the word order changes, which is called **inversion**.

Jeste li kod kuće?

Note

In Croatian, inversion means the following word order:

– the verb followed by the particle **li**

– the verb followed by the unstressed form of the auxiliary verb

– the sentence includes a nominal predicate and a nominal in the initial position.

3. A question may start with an interrogative word.

Gdje su studenti? **Kako** ste danas?

F

1. Dans la langue parlée la question peut avoir la forme d'une proposition déclarative mais l'intonation en est alors montante.

Vi ste nova studentica?

2. Mais on marque une interrogation le plus souvent en début de proposition le verbe, suivi da la particule interrogative **li**. L'ordre des mots dans la proposition est alors changé: il y a **inversion** du sujet.

Jeste li kod kuće?

Remarque

On utilise l'inversion dans la langue croate
   – lorsque le verbe est suivi de la particule **li**
   – lorsque le verbe est suivi de la forme inaccentuée du verbe auxiliaire
   – lorsque le sujet est accompagné d'attribut du sujet et que la phrase commence par un mot nominal.

3. La proposition interrogative commence par un mot interrogatif.

Gdje su studenti? Kako ste danas?

D

1. In der Umgangssprache kann der Fragesatz dem Aussagesatz gleichen, doch ist die Intonation dabei steigend.

Vi ste nova studentica?

2. Meistens wird die Frage gestellt, indem wir am Anfang des Satzes das Verb benutzen und danach die Partikel **li**. Im derartigen Fragesatz wird die Wortfolge geändert, was **Inversion** genannt wird.

Jeste li kod kuće?

Anmerkung

In der kroatischen Sprache liegt die Inversion vor, wenn:
   – hinter dem Verb die Fragepartikel **li** folgt
   – hinter dem Verb die unbetonte (kurze) Form des Hilfsverbs folgt
   – ein Satz, der ein Nominalprädikat besitzt, mit dem Nomen beginnt.

3. Der Fragesatz beginnt mit einem Fragewort.

Gdje su studenti? Kako ste danas?

I

1. Nella lingua parlata possiamo porre la domanda utilizzando o costruendo una proposizione dichiarativa con intonazione ascendente.

Vi ste nova studentica?

2. Per lo più la domanda può essere fatta con 1' inversione. Il verbo si trova ali' inizio della proposizione ed è seguito dalla particella **li**.

Jeste li kod kuće?

Nota

Nella lingua croata il verbo è in inversione (costruzione inversa)
   – quando è seguito dalla particella **li**

– quando è seguito dalla forma non accentata del verbo ausiliare

– quando nella proposizione abbiamo il predicato nominale e la proposizione comincia con una parola nominale.

3. La proposizione interrogativa comincia con una parola interrogativa.

Gdje su studenti? **Kako** ste danas?

E

1. En el lenguaje hablado, la pregunta puede tener la misma forma que la frase afirmativa pero con entonación ascendente.

Vi ste nova studentica?

2. En la mayoría de los casos las preguntas se hacen poniendo el verbo al principio de la frase, seguido de la partícula **li**. En este tipo de preguntas se cambia el orden de las palabras, lo que se llama la **inversión.**

Jeste li (vi) kod kuće?

Nota

En el idioma croata el orden se encuentra invertido:

– cuando el verbo es seguido de la partícula **li**

– cuando el verbo es seguido del verbo auxiliar átono

– cuando la frase en hay un predicado nominal, y la frase empieza con la palabra nominal.

3. La frase interrogativa empieza por una palabra interrogativa.

Gdje su studenti? **Kako** ste danas?

Primjeri

E Examples
F Exemples
D Beispiele
I Esempi
E Ejemplos

Vi ste novi profesor?
Imaš li brata ili sestru?
Je li on bolestan?
Gdje je vaš automobil?

6. cjelina

DATIV

E THE DATIVE CASE

F DATIF

D DATIV

I DATIVO

E DATIVO

Komu? Čemu?

Maja daje knjigu brat**u**.

Dođite **k** stol**u**.

Maja priča mam**i**.

Davor daje loptu Maj**i**.

Hajdemo večeras **k** prijateljic**i**.

	MUŠKI ROD / m		ŽENSKI ROD / f		SREDNJI ROD / n	
Komu?	brat**u**	**-u**	mam**i**	**-i**	djetet**u**	**-u**
Čemu?	stol**u**	**-u**	škol**i**	**-i**	sel**u**	**-i**

Dativ može imati ulogu objekta (nepravi objekt) uz neke glagole bez prijedloga ili označavati smjer (**kamo?**) s prijedlogom **k** (**ka**).

E   The dative may function as an indirect object with some verbs without a preposition or indicate direction (**kamo?**) with the preposition **k** (**ka**).

F   Le datif peut avoir la fonction du complément d'objet indirect avec certains verbes employés sans préposition; il peut également indiquer la direction d'un mouvement (**kamo?**) avec la préposition **k** (**ka**).

D   Der Dativ kann die Rolle des Objekts übernehmen (indirektes Objekt) regiert von einigen Verben ohne Präpositionen, oder er bezeichnet die Richtung (**kamo?** = wohin?) mit der Präpositiion **k** (**ka**).

I   U dativo può avere la funzione di complemento oggetto indiretto retto da alcuni verbi usati senza preposizione, oppure indica la direzione di un movimento (**kamo?**) (moto a luogo) con la preposizione **k** (**ka**).

E   El dativo tiene valor de complemento indirecto con algunos verbos empleados sin preposición; igualmente indica dirección de movimiento (**kamo?**) con la preposición **k** (**ka**).

LOKATIV
E THE LOCATIVE CASE
F LOCATIF

D LOKATIV
I LOCATIVO
E LOCATIVO

(U / na / po) komu? Čemu?

Davor je **u** park**u**.

Maja je **u** sob**i**.

Studenti su **u** škol**i**.

Knjige su **na** stol**u**.

Mi pričamo **u** stan**u**.

Branka i Marko su **u** grad**u**.

Kruh je **u** košaric**i**.

MUŠKI ROD / m		ŽENSKI ROD / f		SREDNJI ROD / n	
(u) park**u**	**-u**	(u) škol**i**	**-i**	(na) djetet**u**	**-u**

Lokativ označava mjesto i odgovara na pitanje **gdje**? Stoji uz prijedloge **na, u, pri, po**.
S prijedlogom **o** označava **o komu** (**o čemu**) govorimo.

E The locative case indicates place (**gdje?**). It is used with the prepositions **na, u, pri, po**.
With the preposition **o**, it always indicates **about whom** (**or what**) we are talking.

F Le locatif indique le lieu de l'action et répond à la question **gdje**? Il est employé avec les prépositions: **na, u, pri, po**.
Employé avec la préposition **o**, il indique de qui ou de quoi on parle.

D Der Lokativ bezeichnet den Ort und antwortet auf die Frage **gdje**? Er wird gebildet mit den Präpositionen **na, u, pri, po**.
Bei der Präposition **o** bezeichnet er, **über wen** (**worüber**) wir sprechen.

I Il locativo indica il luogo dell'azione e risponde alla domanda **gdje**? Si usa con le preposizioni **na, u, pri, po**.
Con la preposizione **o** indica **di chi** (**di che cosa**) si parla.

E El locativo indica lugar y responde a la pregunta **gdje**? Se emplea con las preposiciones: **na, u, pri, po**.
Con la preposición **o** define **de quién** (**o de qué**) hablamos.

GLAGOL IMATI
E THE VERB **IMATI**
F LE VERBE **IMATI**

D DAS VERB **IMATI**
I IL VERBO **IMATI**
E EL VERBO **IMATI**

Niječni oblici

E Negative forms **F** Forme négative **D** Verneinte Form **I** Forma negativa **E** Forma negativa

Jednina / sg

1.	Ja	**nemam**	vremena.
2.	Ti	**nemaš**	sestru.
3.	On	**nema**	brata.

Množina / pl

1.	Mi	**nemamo**	automobil.
2.	Vi	**nemate**	posla.
3.	One	**nemaju**	kuću.

PADEŽI KOJI OZNAČAVAJU MJESTO I SMJER (KRETANJE)

E THE CASES OF PLACE AND DIRECTION (MOVEMENT)
F CAS INDIQUANT LE LIEU ET LA DIRECTION DU MOVEMENT
D FÄLLE DES ORTES UND DER RICHTUNG (BEWEGUNG)
I CASI CHE INDICANO LO STATO IN LUOGO E IL MOTO A LUOGO
E CASOS QUE INDICAN LUGAR Y DIRECCIÓN DE MOVIMIENTO

Mjesto

E Place **F** Le lieu **D** Ort **I** Stato in luogo **E** Lugar

lokativ – gdje?	**genitiv – gdje?**
Gdje je Davor?	**Gdje** je Maja?
Davor je **u školi**.	Maja je **kod prijateljice**.
Gdje su studenti?	**Gdje** je sada Davor?
Studenti su sada **u restoranu**.	Davor je sada **kod kuće**?

Smjer

E Direction **F** La direction **D** Richtung **I** Moto a luogo **E** Dirección

akuzativ – kamo?	**dativ – kamo?**
Kamo Davor ide?	**Kamo** Maja ide?
Davor ide **u školu**.	Maja ide **k prijateljici**.
Kamo idemo večeras?	**Kamo** Davor ide poslije škole?
Večeras idemo **u kino**, a poslije **u restoran**.	Poslije škole on ide **kući**.

Lokativ (gdje?) – uz njega je uvijek prijedlog **na, pri, po, u** i označava mjesto.

Akuzativ (kamo?) – s prijedlozima **na, u,** označava smjer, uz glagole kretanja.

Genitiv (gdje?) – s prijedlozima **kod, ispod,** označava mjesto.

Dativ (kamo?) – bez ili s prijedlogom **k (ka)** označava smjer.

E The locative case (gdje?) – always takes a preposition: **na, pri, po,** u and indicates place.
The accusative case (kamo?) – with the prepositions **na, u,** it indicates direction with verbs of movement.
The genitive case (gdje?) – with the prepositions **kod, ispod,** it indicates place.
The dative case (kamo?) – with or without the preposition **k (ka)** indicates direction.

F Locatif (gdje?) – est toujours employé avec les prépositions **na, pri, po, u** et indique le lieu.
Accusatif (kamo?) – est employé avec les prépositions **na, u** et indique la direction avec les verbes du mouvement.
Genitif (gdje?) – est employé avec les prépositions **kod, ispod** et indique le lieu.
Datif (kamo?) – sans ou avec la prépositions **k (ka)** indique la direction.

D Lokativ (gdje?) – Er steht immer nach den Präpositionen **na, pri, po, u** und bezeichnet den Ort.
Akkusativ (kamo?) – Bei Verben der Bewegung und nach den Präpositionen **na, u** bezeichnet er die Richtung.
Genitiv (gdje?) – Nach den Präpositionen **kod, ispod** bezeichnet er den Ort.
Dativ (kamo?) – Er bezeichnet die Richtung ohne oder mit der Präpositionen **k (ka)**.

■ **Locativo (gdje?)** – si usa sempre con una preposizione: **na, pri, po, u** e indica lo stato in luogo.
Accusativo (kamo?) – con le preposizioni **na, u** e con i verbi di movimento indica il moto a luogo.
Genitivo (gdje?) – con le preposizioni **kod, ispod** indica lo stato in luogo.
Dativo (kamo?) – senza o con la preposizione **k (ka)** indica il moto a luogo.

E **El locativo (gdje?)** – se emplea siempre con preposiciones; **na, pri, po, u,** e indica el lugar de la acción.
El acusativo (kamo?) – con las preposiciones **na, u** indica dirección, con verbos de movimiento.
El genitivo (gdje?) – con las preposiciones **kod, ispod** indica lugar.
El dativo (kamo?) – con o sin la preposición **k (ka)** indica dirección.

DATIV

E THE DATIVE CASE	D DATIV
F DATIF	I DATIVO
	E DATIVO

Komu? Čemu?

Jednina / sg

MUŠKI ROD / m		ŽENSKI ROD / f		SREDNJI ROD / n	
prijatelj**u**	**-u**	sestr**i**	**-i**	stabl**u**	**-u**
zubar**u**		studentic**i**		sunc**u**	
prozor**u**		kuć**i**		src**u**	
zid**u**		ploč**i**		vin**u**	

Množina / pl

MUŠKI ROD / m		ŽENSKI ROD / ž		SREDNJI ROD / n	
prijatelj**ima**	**-ima**	sestr**ama**	**-ama**	stabl**ima**	**-ima**
zubar**ima**		studentic**ama**		sunc**ima**	
prozor**ima**		kuć**ama**		src**ima**	
zid(ov)**ima**		ploč**ama**		vin**ima**	

LOKATIV

E THE LOCATIVE CASE	D LOKATIV
F LOCATIF	I LOCATIVO
	E LOCATIVO

(O / na / u / po / pri / prema) komu? (O / na / u / po / pri / prema) čemu?

Jednina / sg

MUŠKI ROD / m		ŽENSKI ROD / f		SREDNJI ROD / n	
muž**u**	**-u**	žen**i**	**-i**	vin**u**	**-u**
student**u**		sob**i**		kin**u**	
razred**u**		torb**i**		sunc**u**	
stan**u**		studentic**i**		src**u**	

Množina / pl

MUŠKI ROD / m		ŽENSKI ROD / f		SREDNJI ROD / n	
muž(ev)**ima**	**-ima**	žen**ama**	**-ama**	vin**ima**	**-ima**
student**ima**		sob**ama**		kin**ima**	
razred**ima**		torb**ama**		sunc**ima**	
stan(ov)**ima**		studentic**ama**		src**ima**	

POSVOJNA ZAMJENICA

E THE POSSESSIVE PRONOUN
F PRONOM POSSESSIF

D POSSESSIV PRONOMEN
I IL PRONOME POSSESSIVO
E EL POSESIVO

Jednina / sg

	MUŠKI ROD / m	ŽENSKI ROD / f	SREDNJI ROD / n
on	njegov	njegova	njegovo
ona	njezin	njezina	njezino
ono	njegov	njegova	njegovo

Množina / pl

	MUŠKI ROD / m	ŽENSKI ROD / f	SREDNJI ROD / n
oni / one / ona	njihov	njihova	njihovo

Primjeri

E Examples
F Exemples
D Beispiele
I Esempi
E Ejemplos

Ana ima sestru. To je **njezina** sestra.
Marko ima ženu. To je **njegova** žena.
Davor ima prijatelja. To je **njegov** prijatelj.
Maja ima prijateljicu. To je **njezina** prijateljica.
Maja i **Davor** imaju prijatelja. To je **njihov** prijatelj.
Ivan i **Ana** imaju stan. To je **njihov** stan.
Oni imaju mamu. To je **njihova** mama.
Ana i **Ivan** imaju prijateljicu. To je **njihova** prijateljica.
Marko i **Branka** imaju dijete. To je **njihovo** dijete.
Oni imaju sina. To je **njihov** sin.
Oni imaju kćerku. To je **njihova** kćerka.

7. cjelina

POVRATNO-POSVOJNA ZAMJENICA
E THE REFLEXIVE – POSSESSIVE PRONOUN
F PRONOM POSSESSIF RÉFLÉCHI

D REFLEXIVES POSSESSIVPRONOMEN
I IL PRONOME POSSESSIVO RIFLESSIVO
E PRONOMBRE POSESIVO REFLEXIVO

Vi imate **svoj** stan.
Ja imam **svoj** stan. To je **moj** stan.
To je **njihova** profesorica.
Oni imaju **svoju** profesoricu.
Ja imam sina. To je **moj** sin.
Ja imam **svog** sina.

Ja imam kćerku. To je **moja** kćerka.
Ja imam **svoju** kćerku.
Moj muž i ja imamo dva auta.
Ja imam **svoj** auto, a **on** ima **svoj** auto.
Mi imamo **svoje** dijete.

Povratno-posvojna zamjenica **svoj**, **svog**, **svoju**, **svoje** stoji uvijek uz objekt (dakle ne pojavljuje se u nominativu) i označava da nešto pripada osobi o kojoj se govori. Zamjenjuje sve posvojne zamjenice:

– akuzativ, muški rod, za neživo **svoj**

– akuzativ, muški rod, za živo **svog(a)**

– akuzativ, ženski rod **svoju**

– akuzativ, srednji rod **svoje**.

E The possessive-reflexive pronoun **svoj**, **svog**, **svoju**, **svoje** is always used with an object (i.e. it is not used in the nominative case) and indicates that something belongs to the person we are talking about. It replaces all the possessive pronouns:

– the accusative case, Masculine, for inanimate **svoj**

– the accusative case, Masculine, for animate **svog(a)**

– the accusative case, Feminine, **svoju**

– the accusative case, Neuter, **svoje**.

F Le pronom possessif réfléchi **svoj**, **svog**, **svoju**, **svoje** fait partie du complément d'objet, (par conséquent on ne le trouve jamais au nominatif). Il indique que quelque chose appartient à la personne dont on parle. Il remplace tous les pronoms possessifs:

– accusatif, masculin, pour ce qui est inanimé – **svoj**

– accusatif, masculin, pour ce qui est animé – **svog(a)**

– accusatif, féminin – **svoju**

– accusatif, neutre – **svoje**.

D Das reflexive Possessivpronomen **svoj**, **svog**, **svoju**, **svoje** steht immer beim Objekt (tritt also nie im Nominativ auf) und bezeichnet die Zugehörigkeit des Objekts zum Subjekt desselben Satzes. Es vertritt alle Possessivpronomen:

– akkusativ, Maskulin, für nicht Lebendiges **svoj**

– akkusativ, Maskulin, für Lebendiges **svog(a)**

– akkusativ, Femininum **svoju**

– akkusativ, Neutrum **svoje**.

I Il pronome possessivo riflessivo **svoj**, **svog**, **svoju**, **svoje** fa parte del complemento oggetto (dunque non è mai al nominativo) e indica l'appartenenza al soggetto della proposizione. Si usa per tutti i pronomi personali:

– accusativo, maschile, per cose **svoj**

– accusativo, maschile, per esseri animati, **svog(a)**

– accusativo, femminile, **svoju**

– accusativo, neutro, **svoje**.

E El pronombre posesivo reflexivo **svoj**, **svog**, **svoju**, **svoje** se halla siempre junto al objeto de la frase (por lo que no se encuentra nunca como sujeto de la frase) e indica que tal objeto pertenece al sujeto de la frase. Reemplaza a todos los adjetivos y pronombres posesivos:

– acusativo, masculino, para inanimado **svoj**

– acusativo, masculino, para seres animados **svog(a)**

– acusativo, femenino, **svoju**

– acusativo, neutro **svoje**.

Primjeri

E Examples
F Exemples
D Beispiele
I Esempi
E Ejemplos

Ja imam stan.
To je **moj** stan.
Ja imam **svoj** stan.
Ti imaš sina.
To je **tvoj** sin.
Ti imaš **svog(a)** sina.

Ona ima kćerku.
To je **njezina** kćerka.
Ona ima **svoju** kćerku.
Mi imamo dijete.
To je **naše** dijete.
Mi imamo **svoje** dijete.

PREZENT

E THE PRESENT TENSE
F PRÉSENT

D PRÄSENS
I PRESENT
E PRESENT

Glagoli s prezentskim nastavcima:

E The present tense with endings:
F Verbes avec les désinences du présent:
D Präsens mit den Endungen:
I Presente dei verbi con le desinenze:
E Verbos con las desinencias de presente:

Jednina / sg		Množina / pl	
1.	-em	1.	-emo
2.	-eš	2.	-ete
3.	-e	3.	-u

Jednina / sg

ići

1.	Ja	id**em**	u školu.
2.	Ti	id**eš**	u dućan.
3.	On	id**e**	u park.
	Ona		
	Ono		

Množina / pl

1.	Mi	id**emo**	u restoran.
2.	Vi	id**ete**	zajedno.
3.	Oni	id**u**	na koncert.
	One		
	Ona		

moći

1.	Ja	mogu	čitati.
2.	Ti	mož**eš**	dugo spavati.
3.	On	mož**e**	gledati film.
	Ona		
	Ono		

1.	Mi	mož**emo**	ići u grad.
2.	Vi	mož**ete**	razgovarati.
3.	Oni	mog**u**	slušati muziku.
	One		
	Ona		

pisati

1.	Ja	piš**em**	pismo.
2.	Ti	piš**eš**	mami.
3.	On	piš**e**	zadaću.
	Ona		
	Ono		

1.	Mi	piš**emo**	svaki dan.
2.	Vi	piš**ete**	pjesmu.
3.	Oni	piš**u**	prijateljici.
	One		
	Ona		

Isto se tako tvori prezent od glagola: **reći** – reč**em**, **peći** – peč**em**, **ući** – uđ**em**, **izaći** – izađ**em**...

E   The following verbs have the same ending:
reći – reč**em**, **peći** – peč**em**, **ući** – uđ**em**, **izaći** – izađ**em**...

F   On forme de la même façon le présent des verbes suivants:
reći – reč**em**, **peći** – peč**em**, **ući** – uđ**em**, **izaći** – izađ**em**...

D So sieht das Präsens auch bei folgenden Verben aus:

reći – rečem, peći – pečem, ući – uđem, izaći – izađem...

I Allo stesso modo formano il presente i verbi:

reći – rečem, peći – pečem, ući – uđem, izaći – izađem...

E Los siguientes verbos forman el presente de la misma manera:

reći – rečem, peći – pečem, ući – uđem, izaći – izađem...

Jednina / sg
doći

1.	Kad ja	**dođem**	kući...
2.	Ako ti	**dođeš**	rano u školu...
3.	Ako ona	**dođe**	na vrijeme...

Množina / pl

1.	Kad mi	**dođemo**	prijatelju...
2.	Ako vi	**dođete**	kasno...
3.	Ako oni	**dođu**	pješice...

naći

1.	Kad ja	**nađem**	stan...
2.	Ako ti	**nađeš**	moj ključ...
3.	Ako on	**nađe**	prijatelja...

1.	Kad mi	**nađemo**	posao...
2.	Ako vi	**nađete**	mjesta...
3.	Ako oni	**nađu**	hotel...

uzeti

1.	Kad ja	**uzmem**	knjigu...
2.	Kad ti	**uzmeš**	olovku...
3.	Kad ona	**uzme**	sliku...

1.	Ako mi	**uzmemo**	taksi...
2.	Kad vi	**uzmete**	novine...
3.	Ako one	**uzmu**	kišobran...

NIJEČNI OBLIK GLAGOLA

E THE NEGATIVE FORM OF VERBS
F FORME NÉGATIVE DES VERBES

D VERNEINTE VERBFORM (NEGATION)
I FORMA NEGATIVA DEL VERBO
E FORMA NEGATIVA DE LOS VERBOS

Ja	**ne znam**	dobro hrvatski.
Vi	**ne možete**	doći večeras.
On	**ne ide**	u kino.
Mi	**ne gledamo**	sada film.

Ti	**ne slušaš**	uvijek radio.
One	**ne znaju**	gdje smo mi sada.
Ti	**ne pričaš**	mnogo u školi.
Ja	**ne mogu**	doći danas.

Ali **E** But   **F** Mais   **D** Aber   **I** Ma   **E** Pero

Ja	**nisam**	inženjer.
Vi	**niste**	profesor.
Ti	**nemaš**	vremena.
Oni	**nemaju**	auto.

8. cjelina

INSTRUMENTAL

E THE INSTRUMENTAL CASE
F INSTRUMENTAL

D INSTRUMENTAL
I STRUMENTALE
E INSTRUMENTAL

S kim?

Ja idem u kino **s** prijatelj**em**.
Ona ide u kazalište **s** muž**em**.

Djeca idu u školu **s** Davor**om**.
Ona razgovara **s** Ivan**om**.

s ispred **s, š, z, ž = sa**

E **s** before **s, š, z, ž = sa**
F **s** devant **s, š, z, ž = sa**
D **s** vor **s, š, z, ž = sa**

I **s** davanti a **s, š, z, ž = sa**
E **s** delante de **s, š, z, ž = sa**

Profesorica priča **sa s**tudent**om**.
Marko večera **sa ž**en**om**.
On razgovara **sa Š**im**om**.
Ona igra šah **sa Z**dravk**om**.

Ja često razgovaram **s** prijatelj**em**.
On priča **sa** sestr**om**.
Davor je u kuhinji **s** mam**om**.

MUŠKI ROD / m		ŽENSKI ROD / f		SREDNJI ROD / n	
s brat**om**	**-om**	s prijateljic**om**	**-om**	s mlijek**om**	**-om**
sa student**om**		sa žen**om**		s vin**om**	**-em**
s muž**em**	**-em**	sa sestr**om**		sa sunc**em**	**-em**

Čime?

U školi pišemo olovk**om**.
Pismo pišemo nalivper**om**.
Hranu jedemo žlic**om**, vilic**om** i nož**em**.
U školu idete tramvaj**em**.
Na more idemo zrakoplov**om** ili automobil**om**.
Profesor piše na ploči kred**om**.

Čime pišete? **Kredom, nalivperom, olovkom.**
Čime jedete? **Žlicom, vilicom, nožem.**
Čime idete u školu? **Tramvajem, autobusom, automobilom.**

Sve istaknute riječi kazuju **čime** se neka radnja (izrečena glagolom) vrši, a kazuju **sredstvo** (instrument) vršenja radnje. Takav se instrumental upotrebljava bez prijedloga, a odgovara na pitanje **čime?** nešto radimo.

E All the words in bold type indicate with what an action is performed, i.e. they indicate the instrument with which the action is performed. This type of instrumental is used without a preposition.

F Les mots écrits en gras caractères montrent avec quoi l'action est réalisée, donc ils désignent l'instrument de l'action. Cet instrumental est employé sans préposition et répond à la question **„čime nešto radimo?"**.

D Alle unterstrichenen Wörter sagen, womit eine Handlung (durch Verb ausgedrückt) ausgeführt wird – sie nennen das Mittel (Instrument) zur Durchführung einer Handlung. Ein solcher Instrumental wird ohne Präposition verwendet und antwortet auf die Frage **čime?** – womit eine Handlung ausgeführt wird.

I Tutte le parole sottolineate indicano lo strumento dell'azione. Questo strumentale si usa senza preposizione e risponde alla domanda **čime?**

E Las palabras en negrita indican **con qué** se ha efectuado la acción (expresada por el verbo), es decir señalan el medio (el instrumento) con el cual se ha efectuado la acción. Este instrumental se emplea sin preposición y responde a la pregunta **čime**, es decir ¿con qué? se ejecuta la acción.

Gdje?

E Where?   **F** Ou?   **D** Wo?   **I** Dove?   **E** ¿Donde?

Volim šetati **parkom**.
Oni hodaju **šumom**.
Avion leti **zrakom**.

Knjiga je **pod stolom**.
Momak čeka djevojku **pred kinom**.

Instrumental može označavati **mjesto**:
1. bez prijedloga
2. s prijedlogom.

E The instrumental may indicate **place**:
1. without a preposition
2. with a preposition.

F Instrumental peut marquer le **lieu**:
1. sand préposition
2. avec préposition.

D Der Instrumental kann den **Ort** bezeichnen:
1. ohne Präposition
2. mit Präposition.

I Lo strumentale può indicare il **luogo**:
1. senza preposizione
2. con preposizione.

E El instrumental puede indicar **lugar**:
1. sin preposición
2. con preposición.

Kada?

E When?   **F** Quand?   **D** Wann?   **I** Quando?   **E** ¿Cuando?

Hrvatski imamo **ponedjeljkom**, **utorkom** i **četvrtkom**.
U kino obično idem **petkom**, jer sutradan mogu dugo spavati.
Što radite **subotom** navečer?

Subotom imamo goste, a **nedjeljom** idemo na izlet.
S vremenom ću dobro govoriti hrvatski.
S proljećem dolaze topliji dani.

Instrumental može označavati **vrijeme**:
1. bez prijedloga
2. s prijedlogom.

E The instrumental may indicate **time**:
1. without a preposition
2. with a preposition.

F Instrumental peut marquer le **temps**:
1. sans préposition
2. avec préposition.

D Der Instrumental kann die **Zeit** bezeichnen:
1. ohne Präposition
2. mit Präposition.

I Lo strumentale pu? indicare il **tempo**:
1. senza preposizione
2. con preposizione.

E El instrumental puede indicar **tiempo**:
1. sin preposición
2. con preposición.

S kime? Čime?

Jednina / sg

MUŠKI ROD / m		ŽENSKI ROD / f		SREDNJI ROD / n	
brat**om**	**-om**	sa žen**om**	**-om**	vin**om**	**-om**
stan**om**		sob**om**		s kin**om**	
prozor**om**		torb**om**		sunc**em**	**-em**
mu**ž**em	**-em**	s djevojk**om**		src**em**	

Množina / pl

MUŠKI ROD / m		ŽENSKI ROD / f		SREDNJI ROD / n	
muž(ev)**ima**	**-ima**	žen**ama**	**-ama**	vin**ima**	**-ima**
stan(ov)**ima**		sob**ama**		s kin**ima**	
student**ima**		torb**ama**		sunc**ima**	
prozor**ima**		s djevojk**ama**		src**ima**	

Instrumental s prijedlozima pred, pod
F Instrumental avec les prépositions **pred, pod**
I Strumentale con le preposizioni **pred, pod**
E Instrumental with the Prepositions **pred, pod**
D Instrumental mit den Präpositionen **pred, pod**
E Instrumental con las preposiciones **pred, pod**

Gdje?

Pred kućom je lijep park.
Drvo je **pod prozorom**.

Čekam te **pred školom**.
Papir je **pod stolom**.

PREZENT

E THE PRESENT TENSE

F PRÉSENT

D PRÄSENS

I PRESENT

E PRESENT

Glagoli s prezentskim nastavcima:

E The present tense with endings:

F Verbes avec les désinences du présent:

D Präsens mit den Endungen:

I Presente dei verbi con le desinenze:

E Verbos con las desinencias de presente:

Jednina / sg		Množina / pl	
1.	-im	1.	-imo
2.	-iš	2.	-ite
3.	-i	3.	-e

Ja rad**im** u školi.

Vi uč**ite** hrvatski.

Ti rad**iš** u uredu.

Ona rad**i** u dućanu.

Mi uč**imo** gramatiku.

Vi uč**ite** matematiku.

One govor**e** engleski.

Oni rad**e** u Zagrebu.

Ja govor**im** francuski.

Što misl**iš** o Zagrebu?

Misl**im** da je lijep grad.

Jednina / sg			Množina / pl		
1.	ja	rad**im**	1.	mi	rad**imo**
2.	ti	rad**iš**	2.	vi	rad**ite**
3.	on	rad**i**	3.	oni	rad**e**
	ona	rad**i**		one	rad**e**
	ono	rad**i**		ona	rad**e**

Glagoli koji ispred infinitivnog nastavka imaju **-je** (vid-je-ti) tvore prezent također nastavcima **-im, -iš, -i, -imo, -ite, -e,** koji se pojavljuju umjesto **-je**: vid**im**, živ**im**, let**im**, žel**im**, vol**im**.

E The present tense of verbs whose infinitive ending **-ti** is preceded by **-je** (vid-je-ti) is formed with the endings **-im, -iš, -i, -imo, -ite, -e,** which take the place of **-je**: vid**im**, živ**im**, let**im**, žel**im**, vol**im**.

F Les verbes dont l'infinitif se termine par **-ti**, précédé de la syllabe **-je** (vid-je-ti) forment également le présent avec les désinences **-im, -iš, -i, -imo, -ite, -e** qui remplacent cette syllabe: vid**im**, živ**im**, let**im**, žel**im**, vol**im**.

D Verben, die vor der Infinitivendung **-ti** die Silbe **-je** aufweisen (vid-je-ti), bilden das Präsens ebenfalls mit den Endungen **-im, -iš, -i, -imo, -ite, -e,** die anstelle von **-je** auftreten: vid**im**, živ**im**, let**im**, žel**im**, vol**im**.

I I verbi la cui desinenza dell'infinito è preceduta dalla sillaba **-je** (vid-je-ti) formano ugualmente il presente con le desinenze in **-im, -iš, -i, -imo, -ite, -e,** le quali sostituiscono questa sillaba: vid**im**, živ**im**, let**im**, žel**im**, vol**im**.

E Los verbos cuya terminación del infinitivo **-tí** es precedida de la sílaba **-je** (vid-je-ti) forman el presente también con las terminaciones **-im, -iš, -i, -imo, -ite, -e,** que aparecen en vez de **-je**: vid**im**, živ**im**, let**im**, žel**im**, vol**im**.

Ja vid**im** prijateljicu.

Ona živ**i** u Zagrebu.

Mi let**imo** avionom u Dubrovnik.

Ti vol**iš** kavu? Da, vol**im**.

Vi žel**ite** nešto? Žel**im** znati dobro hrvatski.

Oni živ**e** zajedno i vol**e** često ići na more.

9. cjelina

PREZENT
E THE PRESENT TENSE
F PRÉSENT

D PRÄSENS
I PRESENT
E PRESENT

Glagoli s prezentskim nastavcima:
E The present tense with endings:
F Verbes avec les désinences du présent:
D Präsens mit den Endungen:
I Presente dei verbi con le desinenze:
E Verbos con las desinencias de presente:

Jednina / sg		Množina / pl	
1.	-jem	1.	-jemo
2.	-ješ	2.	-jete
3.	-je	3.	-ju

Mnogi od ovih glagola ispred infinitivnog nastavka **-ti** imaju umetak **-ova, -eva, -iva** koji se u prezentu pretvaraju u **-u**, a iza toga slijede prezentski nastavci.

E Many of these verbs have the infixes **-ova, -eva, -iva** before the infinitive ending **-ti**; in the present tense they change into **-u** followed by the present tense endings.

F Nombre de ces verbes ont pour avant-dernière syllabe **-ova, -eva, -iva** qui se transforme au présent en **-u** suivi des désinences du présent.

D Viele von diesen Verben haben vor der Infinitivendung **-ti** eine eingesetzte Silbe, **-ova, -eva** oder **-iva,** die im Präsens zu **-u** wird, und danach folgen die Präsensendungen.

I Molti di questi verbi davanti alla desinenza **-ti** dell'infinito hanno l'infisso **-ova, -eva, -iva** che poi al presente mutano in **-u**, e sono seguiti dalle desinenze del presente.

E En muchos de estos verbos delante de la terminación del infinitivo **-ti** aparecen las sílabas **-ova, -eva, -iva,** que se convierten en **-u** seguida de las desinencias del presente.

kup**ova**ti – kupujem
stan**ova**ti – stanujem
dug**ova**ti – dugujem
put**ova**ti – putujem

ljet**ova**ti – ljetujem
vjer**ova**ti – vjerujem
kralj**eva**ti – kraljujem
prijatelj**eva**ti – prijateljujem

stupnj**eva**ti – stupnjujem
umir**iva**ti – umirujem
izmjenj**iva**ti – izmjenjujem
iznajmlj**iva**ti – iznajmljujem

Jednina / sg
kupovati

1.	ja	kupu**jem**
2.	ti	kupu**ješ**
3.	on	kupu**je**
	ona	
	ono	

Množina / pl

1.	mi	kupu**jemo**
2.	vi	kupu**jete**
3.	oni	kupu**ju**
	one	
	ona	

Primjeri

E Examples   Ja stanu**jem** u svom stanu.   Vi prijatelju**jete** s djecom.

F Exemples   Ona često putu**je** avionom.   Mi izmjenju**jemo** knjige.

D Beispiele   Mi kupu**jemo** svježi kruh svaki dan.   Ona umiru**je** svoje dijete.

I Esempi   Oni stanu**ju** zajedno.   Oni iznajmlju**ju** kuću.

E Ejemplos   On kralju**je** u svojoj zemlji.

Glagoli s istim prezentskim nastavcima su:

E Verbs with the same present tense endings:

F Verbes avec les mêmes désinences au présent:

D Verben mit den gleichen Präsensendungen:

I I verbi che al presente hanno uguali desinenze sono:

E Los verbos con las mismas desinencias de presente son:

ustati – ustajem	piti – pijem
ostati – ostajem	viti – vijem
čuti – čujem	razumjeti – razumijem.
postati – postajem	

GLAGOLI POMOĆI, OTIĆI, JESTI   D VERBEN **POMOĆI, OTIĆI, JESTI**

E VERBS **POMOĆI, OTIĆI, JESTI**   I I VERBI **POMOĆI, OTIĆI, JESTI**

F VERBES **POMOĆI, OTIĆI, JESTI**   E LOS VERBOS **POMOĆI, OTIĆI, JESTI**

Jednina / sg   **Množina / pl**

pomoći

1.	ja	**pomažem**		1.	mi	**pomažemo**
2.	ti	**pomažeš**		2.	vi	**pomažete**
3.	on	**pomaže**		3.	oni	**pomažu**
	ona				one	
	ono				ona	

otići

1.	ja	**otiđem**		1.	mi	**otiđemo**
2.	ti	**otiđeš**		2.	vi	**otiđete**
3.	on	**otiđe**		3.	oni	**otiđu**
	ona				one	
	ono				ona	

jesti

1.	ja	**jedem**		1.	mi	**jedemo**
2.	ti	**jedeš**		2.	vi	**jedete**
3.	on	**jede**		3.	oni	**jedu**
	ona				one	
	ono				ona	

Primjeri

E	Examples
F	Exemples
D	Beispiele
I	Esempi
E	Ejemplos

Vi često **jedete** u restoranu, a mi **jedemo** kod kuće.

Ona **pomaže** svojoj mami.

Studenti **pomažu** jedan drugome.

Vi uvijek **otiđete** prerano.

Djevojke za doručak **jedu** samo jogurt.

Pomažeš li svojoj ženi u kući?

POSVOJNI PRIDJEVI NASTALI OD VLASTITIH IMENA OSOBA

E POSSESSIVE ADJECTIVES DERIVED FROM PERSONAL NAMES

F ADJECTIFS POSSESSIFS DÉRIVÉS DES NOMS PROPRES DE PERSONNES

D POSSESSIV-ADJEKTIVE, ABGELEITET VON EIGENNAMEN

I AGGETTIVI POSSESSIVI FORMATI DAINOMI PROPRI DI PERSONE

E ADJETIVOS POSESIVOS DERIVADOS DE LOS NOMBRES PROPIOS

Marko ima auto? Da, to je **Markov** auto.

Marko ima ženu? Da, to je **Markova** žena.

Marko ima dijete? Da, to je **Markovo** dijete.

Maja ima brata? Da, to je **Majin** brat.

Maja ima prijateljicu? Da, to je **Majina** prijateljica.

Maja ima svoje mjesto? Da, to je **Majino** mjesto.

Sukladno tome od nekih se općih imenica tvore posvojni pridjevi:

E In the same way, possesive adjectives are formed from certain common nouns:

F Par analogie, certains noms communs forment les adjectifs de la même façon:

D Dementsprechend werden auch von einigen Gattungsnamen Possessiv-Adjektive gebildet:

I Per analogía, allo stesso modo si formano gli aggettivi possessivi da alcuni nomi comuni:

E Por analogía, de la misma manera se forman los adjetivos posesivos de algunos nombres comunes:

To je **bratov** stan.	To je **sestrin** sat.
To je **studentov** stol.	To je **studentičin** stan.
To je **mužev** kaput.	To je **majčin** sin.

MUŠKI ROD / m	ŽENSKI ROD / f
Mark**ov**	Maj**in**
Mark**ova**	Maj**ina**
Mark**ovo**	Maj**ino**

Posvojni pridjevi od geografskih imena tvore se nastavkom: **-ski** (g, h, š, ž, + ski = **ški**; c, k, č + ski = **čki**). Ovi se pridjevi pišu malim slovom.

E   Possessive adjectives from geographical names are formed with the ending **-ski**, (g, h, š, ž, + ski = **ški**; c, k, č + ski = **čki**). They are not capitalized.

F   Les adjectifs possessifs dérivés des noms géographiques sont formés avec le suffixe **-ski** (g, h, š, ž, + ski = **ški**; c, k, č + ski = **čki**). Ces adjectifs s'écrivent avec une minuscule.

D   Possessiv – Adjektive von geographischen Namen werden mit der Endung **-ski** gebildet (g, h, š, ž, + ski = **ški**; c, k, č + ski = **čki**). Diese Adjektive werden kleingeschrieben.

I   Gli aggettivi possessivi formati dai nomi geografici hanno la desinenza: **-ski** (g, h, š, ž, + ski = **ški**; c, k, č + ski = **čki**). Questi aggettivi si scrivono con lettera minuscola.

E   Los adjetivos posesivos derivados de los nombres geográficos se forman con las desinencias **-ski** (g, h, š, ž, + ski = **ški**; c, k, č + ski = **čki**). Estos adjetivos se escriben con minúscula.

Hrvatska – hrvat**ski**	Afrika – afri**čki**
Bosna – bosan**ski**	Beč– be**čki**
Makedonija – makedon**ski**	Prag – pra**ški**
Ljubljana – ljubljan**ski**	Pag – pa**ški**
Zadar – zadar**ski**	Pariz – pari**ški**
Zagreb – zagreba**čki**	Tunis – tuni**ški**
Amerika – ameri**čki**	

Tako se tvore i nazivi za jezike: talijanski, španjolski, francuski, engleski, njemački, mađarski, poljski, češki, ruski, kineski, arapski...

E   The same form is used to denote names of languages: talijanski, španjolski, francuski, engleski, njemački, mađarski, poljski, češki, ruski, kineski, arapski...

F   On forme de la même façon les noms de langues: talijanski, španjolski, francuski, engleski, njemački, mađarski, poljski, češki, ruski, kineski, arapski...

D   Daher auch die Bezeichnungen für die einzelnen Sprachen: talijanski, španjolski, francuski, engleski, njemački, mađarski, poljski, češki, ruski, kineski, arapski...

I   Allo stesso modo si formano i nomi delle lingue: talijanski, španjolski, francuski, engleski, njemački, mađarski, poljski, češki, ruski, kineski, arapski...

E   De la misma manera se forman los nombres de las lenguas: talijanski, španjolski, francuski, engleski, njemački, mađarski, poljski, češki, ruski, kineski, arapski...

10. cjelina

MNOŽINA IMENICA

E PLURAL OF NOUNS

F PLURIEL DES NOMS

D PLURAL VON SUBSTANTIVEN

I PLURALE DEI NOMI

E EL PLURAL DE LOS SUSTANTIVOS

Studenti su u razredu, a djevojke su u restoranu.
Momci rado razgovaraju s **djevojkama**.
Neki vole živjeti u **selima**, a neki u gradu.
U Zagrebu ima dosta **studenata** i **studentica**.
Oko Zagreba ima lijepih **sela, polja** i **šuma**.

	MUŠKI ROD / m		ŽENSKI ROD / f		SREDNJI ROD / n	
N	student**i**	**-i**	djevojk**e**	**-e**	sel**a**	**-a**
G	studenat**a**	**-a**	djevojak**a**	**-a**	sel**a**	**-a**
D	student**ima**	**-ima**	djevojk**ama**	**-ama**	sel**ima**	**-ima**
A	student**e**	**-e**	djevojk**e**	**-e**	sel**a**	**-a**
V	student**i**	**-i**	djevojk**e**	**-e**	sel**a**	**-a**
L	(o) o student**ima**	**-ima**	(o) djevojk**ama**	**-ama**	u sel**ima**	**-ima**
I	(sa) student**ima**	**-ima**	(s) djevojk**ama**	**-ama**	sel**ima**	**-ima**

DUGA MNOŽINA

E THE LONG PLURAL

F PLURIEL LONG

D LANGER PLURAL

I PLURALE LUNGO

E PLURAL LARGO

Na kolodvoru ima mnogo **vlakova**.
U **parkovima** su djeca.
Knjige su po **stolovima**.

Žene često pričaju o **muževima**.
Ja ne volim velike **gradove**.

Osobitost množine jednosložnih imenica muškog roda je da se ispred nastavaka u množini umeće **-ov, -ev,** pa se takva množina zove „**duga množina**". Nastavci za množinu su inače isti kao i u drugih imenica muškog roda.

E   Monosyllabic masculine nouns take **-ov, -ev** before the plural endings and this plural is called the „**long plural**". Apart from this infix, their plural ending is the same as in other masculine nouns.

F Les noms masculins monosyllabiques forment en général leur pluriel en faisant précéder de **-ov** ou **-ev** les désinences casuelles. Ce pluriel est appelé **„pluriel long"**. Les désinences au pluriel sont les mêmes que celles des autres noms masculins.

D Die Besonderheit des Plurals einsilbiger Maskulina besteht darin, daß vor den Endungen im Plural die Silben **-ov, -ev** eingesetzt werden, daher die Bezeichnung **„langer Plural"**. Ansonsten sind die Pluralendungen dieselben wie bei anderen Maskulina.

I I nomi maschili monosillabi davanti alla desinenza del plurale si inseriscono **-ov** oppure **-ev**. Questo plurale si chiama **„plurale lungo"**. Del resto le desinenze del plurale sono uguali a quelle degli altri nomi maschili.

E La peculiaridad del plural de los sustantivos masculinos monosilábicos es que introducen **-ov** o **-ev** delante de las desinencias del plural. Este fenómeno se llama el **„plural largo"**. Las desinencias del plural de este tipo de palabras son las mismas que para los demás sustantivos.

	grad	muž
N	grad-**ov-i**	muž-**ev-i**
G	grad-**ov-a**	muž-**ev-a**
D	grad-**ov-ima**	muž-**ev-ima**
A	grad-**ov-e**	muž-**ev-e**
V	grad-**ov-i**	muž-**ev-i**
L	u grad-**ov-ima**	o muž-**ev-ima**
I	s grad-**ov-ima**	s muž-**ev-ima**

PALATALIZACIJA

E PALATALIZATION

F PALATALISATION

D PALATALISIERUNG

I LA PALATALIZZAZIONE

E LA PALATALIZACION

Palatalizacija je promjena velarnih glasova **k, g, h** ispred **e** u **č, ž, š** (palatali).

I glas **c** se ispred **e** u vokativu jednine imenica muškog roda mijenja u **č**.

E Palatalization is the change of the velar sounds **k, g, h** before **e** into **č, ž, š** (palatals). The sound **c** followed by **e** changes into **č** in the vocative singular of masculine nouns.

F La palatalisation est la modification des consonnes vélaires **k, g, h** en consonnes palatales **č, ž, š** devant **e**. La consonne **c** alterne avec **č** devant **e** au vocatif singulier des noms masculins.

D Palatalisierung ist die Veränderung der Velarlaute **k, g, h** vor **e** zu **č, ž, š** (Palatale). Auch der Laut **c** wird im Vokativ Singular der Maskulina vor der Endung **e** zu **č**.

I La palatalizzazione è il mutamento dei suoni velari **k, g, h** seguiti da **e** in suoni palatali, **č, ž, š**. Il suono **c** seguito da **e** al vocativo singolare dei nomi maschili si cambia in **č**.

E La palatalización es el cambio de las consonantes velares **k, g, h** delante de la vocal **e** n consonantes palatales **č, ž, š**. La consonante **c** delante de la vocal **e** en el vocativo singular de los sustantivos masculinos cambia en **č**.

Do te promjene dolazi:

1. u vokativu imenica muškog roda (čovjek, bojnik, putnik, rođak, bog, duh, stric, zec)
2. u prezentu nekih glagola na **-ći**.

E This change occurs:

1. in the vocative of masculine nouns (čovjek, bojnik, putnik, rođak, bog, duh, stric, zec)
2. in the present tense of some verbs ending in **-ći**.

F Cette alternance se produit:

1. au vocatif singulier des noms masculins (čovjek, bojnik, putnik, rođak, bog, duh, stric, zec)
2. au présent de certains verbes en **-ći**.

D Zu dieser Lautveränderung kommt es in folgenden Fällen:

1. im Vokativ der Maskulina (čovjek, bojnik, putnik, rođak, bog, duh, stric, zec)
2. im Präsens einiger Verben auf **-ći**.

I Questa palatalizzazione avviene:

1. al vocativo dei nomi maschili (čovjek, bojnik, putnik, rođak, bog, duh, stric, zec).

2. al presente di alcuni verbi in **-ći**.

E Este cambio ocurre en las siguientes estructuras:

1. en el vocativo de los sustantivos de género masculino (čovjek, bojnik, putnik, rođak, bog, duh, stric, zec).
2. en el presente de algunos verbos en **-ći**.

Nominativ	Vokativ
čovjek	čovje**k** + **e** = čovje**č**e
bog	bo**g** + **e** = bo**ž**e
duh	du**h** + **e** = du**š**e
stric	stri**c** + **e** = stri**č**e

Primjeri

E Examples	**Čovječe,** kamo tako žuriš?
F Exemples	**Putniče,** mogu li nešto pitati?
D Beispiele	**Bože,** što se to događa!
I Esempi	**Striče,** kako si?
E Ejemplos	

reći	peći	moći
ja re**k-e**m = re**č**em	ja pe**k-e**m = pe**č**em	ti mo**g-e**š = mo**ž**eš
mi re**k-e**mo = re**č**emo	ona pe**k-e** = pe**č**e	vi mo**g-e**te = mo**ž**ete

Primjeri

E Examples	Ona za ručak često **peče** pile.
F Exemples	Kolač obično **pečem** nedjeljom.
D Beispiele	Ti **možeš** lijepo pjevati.
I Esempi	Dođite sutra, **reče** prodavač.
E Ejemplos	

Ali 🇪 But 🇫 Mais 🇩 Aber 🇮 Ma 🇪 Pero

| oni **reku** |
| oni **peku** |
| oni **mogu** |

VOKATIV

🇪 THE VOCATIVE CASE

🇫 VOCATIF

🇩 VOKATIV

🇮 VOKATIVO

🇪 VOKATIVO

Vokativ (oj, ej) je padež oslovljavanja, obraćanja ili dozivanja.

Od ostalih riječi u rečenici u pisanju se odvaja zarezom.

🇪 **The vocative case** (oj, ej) is the case of addressing or calling. It is separated by a coma from the other words in the sentence, with a comma.

🇫 **Le vocatif** (oj, ej) est le cas qui s'emploie pour s'adresser à quelqu'un ou à appeler quelqu'un. Le nom au vocatif est séparé des autres mots dans la phrase par une virgule.

🇩 **Der vokativ** (oj, ej) ist der Fall der Anrede, des Ansprechens oder des Zuruf ens. Von den übrigen Wortern im Satz wird er durch ein Komma getrennt.

🇮 **Il vocativo** (oj, ej) è il caso di chiamata e di invocazione. Nella scrittura il vocativo è separato dal resto della frase per mezzo di una o due virgole (dipende se è all'inizio o nel mezzo della frase).

🇪 **El vocativo** (oj, ej) es el caso que se emplea para llamar a alguien o dirigírsele. En la forma escrita se sépara del resto de la frase por una coma.

Oj! Ej!

Jednina / sg

MUŠKI ROD / m		ŽENSKI ROD / f		SREDNJI ROD / n	
muž**u**	**-u!**	žen**o**	**-o!**	dijet**e**	**-e!**
prijatelj**u**		sestr**o**		sunc**e**	
brat**u**		prijateljic**e**	**-e!**	vin**o**	**-o!**
susjed**e**	**-e!**	studentic**e**		piv**o**	

Množina / pl

MUŠKI ROD / m		ŽENSKI ROD / f		SREDNJI ROD / n	
muž(ev)**i**	**-i!**	žen**e**	**-e!**	sunc**a**	**-a!**
prijatelj**i**		sestr**e**		vin**a**	
susjed**i**		prijateljic**e**		src**a**	
student**i**		studentic**e**		piv**a**	

Primjeri

E Examples
F Exemples
D Beispiele
I Esempi
E Ejemplos

Momče, možeš li mi pomoći?
Vi, **djevojke,** sjednite ovdje.
Kažem vam, **ljudi moji,** da je to istina.

SIBILARIZACIJA

E SIBILARIZATION
F SIBILARISATION
D SIBILARISIERUNG
I LA SIBILARIZZAZIONE
E SEGUNDA PALATALIZACION / LA SIBILANTE

Sibilarizacija je promjena velarnih glasova **k, g, h** ispred **i** u **c, z, s** (sibilanti).

Zbiva se u nominativu množine (plurala) imenica muškog roda koje u nominativu jednine završavaju na **k, g, h**, te u dativu, lokativu i instrumentalu tih imenica u množini.

Sibilarizacija se zbiva i u imenicama ženskog roda u dativu i lokativu jednine.

E Sibilarization is the change of the velar vounds **k, g, h** before **i** into **c, z, s** (sibilants).
It occurs in the nominative, dative, locative and instrumental plural of masculine nouns ending in **k**, **g**, **h** in the nominative singular, and in the nominative, locative and instrumental of these nouns in the plural.
Sibilarization also occurs in feminine nouns in the dative and locative singular.

F La sibilarisation est la modification des consonnes vélaires **k, g, h** en consonnes sifflantes **c, z, s** devant **i**.
La sibilarisation se produit au nominatif pluriel des noms masculins se terminant au nominatif singulier par **k, g, h**, ainsi qu'aux datif, locatif et instrumental pluriel de ces noms.
Elle se produit également aux datif et locatif singulier des noms féminins.

D Die Sibilarisierung ist die Veränderung der Velarlaute **k, g, h** vor **i** zu **c, z, s** (Sibilanten).
Die Sibilarisierung tritt im Plural männlicher Substantive auf, die im Nominativ Singular sowie im Dativ, Lokativ und Instrumental Plural auf **k, g, h** enden.
Die Sibilarisierung tritt auch bei weiblichen Substantiven im Dativ und Lokativ Singular auf.

I La sibilarizzazione è il mutamento dei suoni velari **k, g, h** seguiti da **i** in **c, z, s** (sibilanti)
La sibilarizzazione avviene al nominativo, dativo, locativo e strumentale plurale dei nomi maschili che al nominativo singolare terminano in **k**, **g**, **h**.
La sibilarizzazione avviene pure al dativo e al locativo singolare dei nomi femminili.

E La segunda palatalización es el cambio de las consonantes velares **k, g, h** en las consonantes sibilantes **c, z, s**, delante de la vocal **i**.
La segunda palatalización se produce en el nominativo, plural de los sustantivos de género masculino terminados en **k, g, h**, asimismo que en el dativo, el locativo y el instrumental plural de estos sustantivos.
La segunda palatalización se produce asimismo en el dativo y el locativo singuaiar de los sustantivos de género femenino.

Nominativ	N, L, I pl
putnik	putni**k** + **i** = putni**ci**, putni**ci**ma
rođak	rođa**k** + **i** = rođa**ci**, rođa**ci**ma
izlog	izlo**g** + **i** = izlo**zi**, izlo**zi**ma
prijedlog	prijedlo**g** + **i** = prijedlo**zi**, prijedlo**zi**ma
orah	ora**h** + **i** = ora**si**, ora**si**ma
duh	du**h** + **i** = du**si**, du**si**ma

Primjeri

- **E** Examples
- **F** Exemples
- **D** Beispiele
- **I** Esempi
- **E** Ejemplos

Moji **rođaci** žive u **Rijeci**.
Ja volim palačinke s **orasima**.
Momci razgovaraju o sportu.
Slažemo se s vašim **prijedlozima**.
U **izlozima** ima lijepih stvari.

Mojoj je **djevojci** ime Marija.
Na **nozi** je cipela.
U **ruci** držim knjigu.
U **knjizi** je neki papir.
Što vidite na **slici**?

Akuzativ s prijedlozima pred, pod

E Accusative with the prepositions **pred, pod** **F** Accusatif avec les prépositions **pred, pod**
D Akkusativ mit den präpositionen **pred, pod** **I** Accusativo con le preposizioni **pred, pod**
E El acusativo con las preposiciones **pred, pod**

Kamo?

Idem **pred školu**.　　　　　　Stavi stolicu **pod stol**.
Dođi **pred ploču**!　　　　　　Dođi **pod kišobran**.

Prijedlozi **pred** i **pod** stoje uz instrumental i tada znače mjesto, ili uz akuzativ i tada kazuju smjer kretanja.

E The prepositions **pred** and **pod** may be used with the instrumental, when they indicate place, or with the accusative, when they indicate the direction of movement.

F Les prépositions **pred** et **pod** avec l'instrumental servent à marquer le lieu et, avec l'accusatif, la direction du mouvement.

D Die Präpositionen **pred** und **pod** stehen entweder mit dem Instrumental und geben dann den Ort an, oder mit dem Akkusativ, und bezeichnen dann die Bewegungsrichtung.

I Le preposizioni **pred**, **pod** con lo strumentale indicano lo stato in luogo e con l'accusativo indicano il moto a luogo.

E Las preposiciones **pred** y **pod** se emplean con el instrumental cuando indican lugar de la acción y con el acusativo cuando indican dirección del movimiento.

Neki prijedlozi s genitivom: iza, preko, oko, ispod, ispred

E Some prepositions with the genitive F Quelques prépositions avec le génitif D Einige Präpositionen mit dem Genitiv I Alcune preposizioni con il genitivo E Algunas preposiciones con el genitivo

Kolodvor je **iza parka**.
Treba prijeći **preko trga**.
Ispod prozora je cvijeće.

Oko Zagreba je ravnica.
Vrt je **ispred kuće**.

NEPRAVILNA MNOŽINA NEKIH IMENICA

E SOME IRREGULAR NOUN PLURALS

F PLURIEL IRRÉGULIER DE CERTAINS NOMS

D UNREGELMÄSSIGE PLURALBILDUNG EINIGER SUBSTANTIVE

I PLURALE IRREGOLARE DI ALCUNI NOMI EL PLURAL

E IRREGULAR DE CIERTOS SUSTANTIVOS

čovjek – **ljudi**
oko   – **oči**
uho   – **uši**

Primjeri

E Examples
F Exemples
D Beispiele
I Esempi
E Ejemplos

U gradu ima puno **ljudi**.
Tatu bole **oči**, on slabo vidi.
Tvoje su **uši** dobre, možeš sve čuti.

11. cjelina

IMENICE ŽENSKOG RODA KOJE U NOMINATIVU JEDNINE ZAVRŠAVAJU NA SUGLASNIK

E FEMININE NOUNS ENDING IN A CONSONANT IN THE NOMINATIVE SINGULAR

F NOMS FÉMININS SE TERMINANT PAR UNE CONSONNE AU NOMINATIF SINGULIER

D FEMININA, DIE IM NOMINATIV SINGULAR AUF EINEN KONSONANTEN ENDEN

I NOMI FEMMINILI TERMINANTI IN CONSONANTE AL NOMINATIVO SINGOLARE

E SUSTANTIVOS DE GENERO FEMENINO TERMINADOS EN CONSONANTE EN EL NOMINATIVO SINGULAR

Ima velik broj imenica ženskog roda koje u nominativu jednine (singulara) završavaju **suglasnikom**: riječ, stvar, novost, umjetnost, prošlost, radost, sol, večer, noć, pomoć, ponoć, vlast, kap, bolest, starost...

Te riječi imaju i posebnu deklinaciju.

E A large number of feminine nouns end in a **consonant** in the nominative singular: riječ, stvar, novost, umjetnost, prošlost, radost, sol, večer, noć, pomoć, ponoć, vlast, kap, bolest, starost...

The declension of these nouns differs from that of other feminine nouns.

F Il existe un nomre important de noms féminins qui se terminent par une **consonne** au nominatif singulier: riječ, stvar, novost, umjetnost, prošlost, radost, sol, večer, noć, pomoć, ponoć, vlast, kap, bolest, starost...

Ces noms ont une déclinaison particulière.

D Es gibt zahlreiche Substantive weiblichen Geschlechts (Femmina), die im Nominativ Singular auf einen **Konsonanten** enden: riječ, stvar, novost, umjetnost, prošlost, radost, sol, večer, noć, pomoć, ponoć, vlast, kap, bolest, starost...

Diese Wörter haben auch eine besondere Deklination.

I Ci sono molti nomi femminili che al nominativo singolare terminano in **consonante**: riječ, stvar, novost, umjetnost, prošlost, radost, sol, večer, noć, pomoć, ponoć, vlast, kap, bolest, starost...

Questi nomi hanno una declinazione speciale.

E Existe un gran número de sustantivos de género femenino que terminan en **consonante** en el nominativo singular: riječ, stvar, novost, umjetnost, prošlost, radost, sol, večer, noć, pomoć, ponoć, vlast, kap, bolest, starost...

Estos sustantivos tienen una declinación especial.

Jednina / sg

N	riječ	radost
G	riječi	radosti
D	riječi	radosti
A	riječ	radost
V	riječi	radosti
L	(o) riječi	(o) radosti
I	riječju	(s) radošću

Množina / pl

N	riječi	radosti
G	riječi	radosti
D	riječima	radostima
A	riječi	radosti
V	riječi	radosti
L	(o) riječima	(o) radostima
I	(s) riječima	(s) radostima

U instrumentalu jednine moguća su dva nastavka: **-i**, **-ju**. Upotreba ovisi o učestalosti u jeziku i o izboru govornika.

E In the nominative singular two endings are possible: **-i** and **-ju**. Their use depends on the frequency in the language and the speaker's personal preference.

F L'instrumental singulier peut avoir deux désinences: **-i**, **-ju**. L'emploi de l'une ou de l'autre forme dépend de leur fréquence dans la langue ou du choix du locuteur.

D Im Instrumental Singular sind zwei Endungen möglich: **-i**, **-ju**. Die jeweilige Verwendung hängt von der Häufigkeit in der Sprache und von der persönlichen Wahl des Sprechers ab.

I Lo strumentale al singolare ha due desinenze: **-i** e **-ju**. L'uso dipende dalla frequenza nel linguaggio e dalla scelta del parlante.

E En el instrumental, el singular puede tener dos terminaciones: **-i**, **-ju**. Su empleo depende de la frecuencia de uso en el idioma y de la preferencia del hablante.

s bolesti	–	s bolešću
s novosti	–	s novošću
s vijesti	–	s viješću
s povijesti	–	s poviješću
s ljubavi	–	s ljubavlju

Primjeri

E Examples
F Exemples
D Beispiele
I Esempi
E Ejemplos

Nemam **riječi** kako bih izrazio svoju **zahvalnost**.
O **bolestima** ne treba misliti.
Brinu me ove **vijesti**.
O toj **novosti** ne želim razgovarati.
Dajem ti ovaj poklon s **ljubavlju**.
S **radošću** konstatiram da ste dobro.
Jednom **riječju**, dosta mi je svega!
U **bolesti** treba uzimati lijekove.
Povijest i budućnost povezane su **sadašnjošću**.
Zgrada Akademije **znanosti i umjetnosti** je na Zrinjevcu.
Ljeti postoji velika **opasnost** od požara.
Sa sigurnošću mogu reći da je to točno.
Vašim **mogućnostima** nema kraja.
Njegova je **vrijednost** zaista velika.

12. cjelina

POVRATNA ZAMJENICA SEBE (SE)

E THE REFLEXIVE PRONOUN **SEBE (SE)**

F PRONOM RÉFLÉCHI **SEBE (SE)**

D REFLEXIVPRONOMEN **SEBE (SE)**

I IL PRONOME RIFLESSIVO **SEBE (SE)**

E EL PRONOMBRE REFLEXIVO **SEBE (SE)**

Povratna zamjenica **sebe (se)** stoji uz povratne glagole i u toj ulozi kazuje da se radnja, stanje, zbivanje izraženo glagolom vrši na samom subjektu, odnosno da ne prelazi na drugoga, nego se vraća na lice koje vrši radnju. Ima glagola koji mogu, ovisno o smislu rečenice, imati kao objekt zamjenicu **se** ili neki drugi izravni (direktni) objekt.

E The reflexive pronoun **sebe (se)** is used with reflexive verbs to denote that the action (state) expressed by the verb is performed on the subject. Some verbs can be reflexive and transitive (with a different object).

F Le pronom réfléchi **sebe (se)** s'emploie avec les verbes pronominaux et indique que le sujet et l'objet de l'action sont confondues. Certains verbes peuvent être accompagnés, selon le sens de la proposition, du pronom réfléchi **se** ou d'un autre complément d'objet direct.

D Das Reflexivpronomen **sebe (se)** steht bei reflexiven Verben und besagt in dieser Funktion, daß sich die durch das Verb ausgedrückte Handlung bzw. Zustand oder Vorgang, am Subjekt selbst vollzieht, bzw. nicht auf einen anderen übergeht, sondern sich auf die ausführende Person bezieht. Es gibt Verben, die sowohl reflexiv als auch transitiv sein können (mit einem anderen Objekt), je nach dem Sinn des Satzes, in dem sie verwendet werden.

(Im Unterschied zum deutschen „sich" wird das Reflexivpronomen „sebe" auch dann verwendet, wenn eine 1. oder 2. Person Subjekt ist.)

I Il pronome riflessivo **sebe (se)** si usa con i verbi riflessivi e indica la stessa persona o la stessa cosa del soggetto. Ci sono verbi riflessivi che possono essere usati alla forma non pronominale.

E El pronombre reflexivo **sebe (se)** se emplea con el verbo reflexivo para indicar que la acción o el estado expresados por el verbo recae sobre el mismo sujeto, es decir no pasa sobre otra, persona sino que vuelve sobre la persona que ejecuta la acción.

Según el sentido de la oración, hay verbos que pueden tener como complemento directo la partícula **se** u otro complemento directo.

prati (se)	brijati (se)	umivati (se)
češljati (se)	oblačiti (se)	tuširati (se)

1. **Ja** perem **posuđe.**
   Ja češljam **dijete.**

2. **Ja sebe** perem.
   Ja sebe češljam.

U prvom je slučaju glagol **prati** prijelazni (tranzitivni) – ima uza se direktni objekt. Dakle, **subjekt** (ja) vrši radnju na objektu.

U drugom primjeru subjekt (**ja**) vrši radnju na **samom sebi**. Dakle, subjekt i objekt su ista osoba.

E In the first example, the verb **prati** is transitive and is followed by the direct object. In other words, the subject (**ja**) performs the action on the object.

In the second example, the subject **ja** performs the action itself. The subject and the object of the verb are the same person.

F Dans le premier exemple, le verbe **prati** est transitif: il est suivi d'un complément d'objet direct. Donc, le sujet (**ja**) exerce l'action sur un objet.

Dans le deuxième cas, le sujet **ja** exerce l'action sur lui même. Donc, le sujet et l'objet du verbe désignent la même personne.

D Im ersten Fall ist das Verb **prati** transitiv – d.h. es hat ein direktes Objekt im Akkusativ. Also behandelt das Subjekt (**ja**) das Objekt.

Im zweiten Beispiel behandelt das Subjekt ja sich selbst. Also sind das Subjekt und das Objekt des Verbs ein und dieselbe Person.

I Nel primo esempio il verbo **prati** è transitivo. È seguito da un complemento oggetto diretto. Il soggetto (ja) compie l'azione sull'oggetto.

Nel secondo caso il soggetto compie l'azione su se stesso, cioè il soggetto e l'oggetto rappresentano la stessa persona.

E En el primer caso, el verbo **prati** es transitivo, pues tiene un complemento directo. Es decir, el sujeto (**ja**) efectúa la acción sobre el complemento.

En el segundo ejemplo, el sujeto (**ja**) efectúa la acción sobre sí mismo. Es decir, el sujeto y el objeto del verbo son la misma persona.

Povratna zamjenica sebe (se) ne stoji nikada u nominativu jer je uvijek u službi (funkciji) objekta. Glagoli uz koje stoji ta zamjenica su **povratni glagoli**, odnosno, radnja se vraća na izvršitelja.

E The **reflexive pronoun sebe (se)** is never used in the nominative because it always has the function of an object. Verbs used with this pronoun are **reflexive verbs**, i.e. the action is always performed on the agent.

F Le **pronom réfléchi sebe (se)** ne s'emploie jamais au nominativ, il a toujours la fonction d'objet. Le pronom réfléchi accompagne **les verbes pronominaux** qui indiquent une action qui retourne sur l'agent de l'action.

D Das **reflexivpronomen sebe (se)** steht nie im Nominativ, denn es hat immer die Stellung (Funktion) des Objekts. Verben, bei denen dieses Pronomen steht, sind **reflexive Verben**, d.h. die Handlung bezieht sich auf den Handelnden.

I Il **pronome riflessivo sebe (se)** non si usa mai al nominativo, perché ha sempre la funzione di complemento oggetto diretto. I **verbi** con i quali si trova questo pronome, sono **riflessivi**, cioè l'azione si riflette su colui che la compie.

E El **pronombre reflexivo sebe (se)** no se presenta nunca en el nominativo, pues tiene siempre la función de complemento. Los **verbos** empleados con este pronombre son **reflexivos**, es decir la acción recae sobre el agente de la acción.

Svako jutro moj muž **se brije**, a ja **oblačim** dijete.

Djeca **se igraju** u parku, a na stadionu igrači **igraju** važnu utakmicu.

Svi se ljudi **vesele** praznicima.

U kinu **se smijemo** smiješnom filmu.

Ujutro **se oblačim** u kupaonici.

Kad je hladno, **oblačim** i kaput.

PREZENT POVRATNIH GLAGOLA
D PRÄSENS REFLEXIVER VERBEN
E THE PRESENT TENSE OF REFLEXIVE VERBS
I PRESENTE DEI VERBI RIFLESSIVI
F PRÉSENT DES VERBES PRONOMINAUX
E EL PRESENTE DE LOS VERBOS REFLEXIVOS

Potvrdni oblici

E Affirmative forms **F** Forme affirmative **D** Aussageformen (affirmativ) **I** Forma affermativa
E Forma afirmativa

Jednina / sg
prati se

1.	Ja	**se perem**	ujutro.
2.	Ti	**se pereš**	vodom.
3.	On	**se pere**	često.
	Ona		
	Ono		

Množina / pl

1.	Mi	**se peremo**	u kupaonici.
2.	Vi	**se perete**	sapunom.
3.	Oni	**se peru**	navečer.
	One		
	Ona		

Budući da u hrvatskom jeziku nije obvezna upotreba osobnih zamjenica uz glagol (jer se lice zna po nastavku), možemo se povratnim glagolima također koristiti bez osobnih zamjenica, a da rečenica ipak bude sasvim jasna.

U tom slučaju, međutim, povratna zamjenica **se** prelazi iza glagola.

E In the Croatian language it is not necessary for a personal pronoun with to be used a verb (because the person is indicated by the ending); we can use a reflexive verb without a personal pronoun and still form a correct sentence.

In that case, however, the reflexive pronoun **se** is placed after the verb.

F Les verbes pronominaux ainsi que les verbes non pronominaux peuvent être employés sans pronom personnel sujets étant donné que les désinences du verbe suffisent par elles-mêmes à indiquer la personne.

Si les verbes pronominaux sont employés sans pronom personel sujet, le pronom réfléchi **se** se place après le verbe.

D Da in der kroatischen Sprache der Gebrauch von Personalpronomen beim Verb nicht nötig ist (da die Person aus der Endung ersichtlich ist), können reflexive Verben auch ohne Personalpronomen verwendet werden, ohne daß der Sinn des Satzes darunter leidet.

In diesem Fall steht das Reflexivpronomen **se** hinter dem Verb.

I Non è obbligatorio l'uso del pronome personale col verbo, perché la desinenza indica la persona. Dunque anche con i verbi riflessivi non è obbligatorio l'uso del pronome personale. In tal caso il pronome riflessivo **se** si mette dopo il verbo.

E Puesto que en el idioma croata no es obligatorio el uso de los pronombres personales (la persona se expresa mediante las desinencias verbales), los verbos reflexivo también pueden emplearse sin ellos, sin influir en el significado de la frase.
En ese caso, sin embargo, el pronombre reflexivo **se** encuentra detrás del verbo.

Primjeri

E Examples
F Exemples
D Beispiele
I Esempi
E Ejemplos

Perem se ujutro.
Pereš se vodom.
Pere se često.

Peremo se u kupaonici.
Perete se sapunom.
Peru se navečer.

Upitni oblici

E Interrogative forms **F** Forme interrogative **D** Frageformen **I** Forma interrogativa
E Forma interrogativa

   1   2   3
Perete li se navečer ili ujutro?
Peru li se oni sapunom?

Niječni oblici

E Negative forms **F** Forme negative **D** Verneinte Formen **I** Forma negativa **E** Forma negativa

   1   2   3
Ja se **ne perem** u kadi.
Ona se **ne pere** tušem.
Mi se **ne peremo** zajedno.
Oni se **ne peru** ujutro.

Ali **E** But **F** Mais **D** Aber **I** Ma **E** Pero

Bez upotrebe osobnih zamjenica redoslijed u rečenici je ovakav:

E If a personal pronoun is not used, the word order in the sentence is as follows:

F Si l'on émet les pronoms personnels sujets, l'ordre dans la phrase sera le suivant:

D Ohne Gebrauch von Personalpronomen ist die Wortfolge im Satz wie folgt:

I Senza l'uso dei pronomi personali, l'ordine delle parole è il seguente:

E En caso de omitir el pronombre personal sujeto, el orden de las palabras en la frase es el siguiente:

1   2   3
Ne perem se u kadi.
Ne pere se tušem.
Ne peru se ujutro.
Ne peremo se zajedno.

Povratna zamjenica kao objekt

E The reflexive pronoun as object **F** Pronom réfléchi complément d'objet **D** Reflexivpronomen als objekt **I** Pronome riflessivo complemento oggetto **E** Pronombre reflexivo como complemento de objeto

Uz prijelazne (tranzitivne) glagole povratna zamjenica **sebe (se)** koristi se kao objekt u svim padežima osim u nominativu.

E With transitive verbs the reflexive pronoun **sebe (se)** is used as an object in all the cases except for the nominative.

F Le pronom réfléchi **sebe (se)** employé avec les verbes transitifs a la fonction de complément d'objet dans tous les cas sauf au nominatif.

D Bei transitiven Verben steht das Reflexivpronomen **sebe (se)** als Objekt in allen Fällen ausser im Nominativ.

I Con i verbi transitivi il pronome riflessivo **sebe (se)** si usa come oggetto in tutti i casi eccetto al nominativo.

E Con los verbos transitivos, el pronombre **sebe (se)** se emplea como complemento en todos los casos excepto en el nominativo.

Primjeri

E Examples
F Exemples
D Beispiele
I Esempi
E Ejemplos

Ja kupujem **sebi** haljinu.
Možeš li reći nešto o **sebi**?
Oko **sebe** vidim mnoštvo ljudi.
Kuhaš kavu samo za **sebe**?
Imam uvijek dokumente **sa sobom**.

Deklinacija povratne zamjenice

E The declension of the Reflexive pronoun **F** Déclinaison du pronom réfléchi **D** Deklination des Reflexivpronomens **I** Declinazione del Pronome riflessivo **E** Declinación del pronombre reflexivo

Jednina / sg

N		ø
G	(oko)	**sebe (se)**
D		**sebi**
A	(za)	**sebe (se)**
L	(o, na)	**sebi**
I	sa	**sobom**

I. Gramatika **13.**

UNIT
UNITÉ
UNTERRICHTSEINHEIT
UNITÀ
UNIDAD

13. cjelina

IMPERATIV (ZAPOVJEDNI NAČIN)
E THE IMPERATIVE MOOD
F IMPÉRATIF

D DER IMPERATIV (BEFEHLSFORM)
I IMPERATIVO
E EL IMPERATIVO

Potvrdni oblici
E Affirmative forms **F** Forme affermative **D** Befehlsformen **I** Forma affermativa **E** Forma afirmativa

Izricanje zapovijedi vrši se imperativom. U tom se slučaju ne upotrebljava osobna zamjenica.

Imperativ – zapovjedni način – ima samo tri lica: 2. lice jednine, 1. lice množine i 2. lice množine.

E The imperative mood expresses a command. The personal pronoun is not used in the imperative. The imperative has only three persons: the second person singular, the first person plural and the second person plural.

F L'impératiff exprime un ordre. Les verbes à l'impératif s'emploient toujours sans pronom personnel sujet. L'impératif n'a que trois personnes: 2ᵉ personne du singulier, 1ᵉʳᵉ personne du pluriel et 2ᵉ personne du pluriel.

D Befehle werden mit dem Imperativ ausgedrückt. In diesem Fall werden keine Personalpronomen gebraucht. Der Imperativ – die Befehlsform – hat nur drei Personen, und zwar: 2. Person Singular, 1. Person Plural und 2. Person Plural.

I L'imperativo esprime un ordine. Quando il verbo è all'imperativo non si usa il pronome personale soggetto. L'imperativo ha tre persone: 2. persona singolare, 1. persona plurale e 2. persona plurale.

E Con el imperativo se expresas una orden. En ese caso no se emplean los pronombres personales sujeto. El imperativo tiene sólo tres personas: la 2ª persona del singular, la 1ª persona del plural y la 2ª persona del plural.

Postoji indirektno izricanje zapovijedi za 3. lice jednine i množine, pomoću riječce **neka** i **prezenta**. Imperativ se tvori **dvojakim** nastavcima:

E Commands for the third person singular and plural may be expressed indirectly by using the word **neka** + **the present tense** of the verb. The imperative has two sets of endings:

F Pour exprimer l'ordre à la 3ᵉ personne du singulier et du pluriel, on emploie le présent précédé de **neka**.
Il existe deux séries de désinences pour la formation de l'impératif:

D Es gibt indirektes Ausdrücken des Befehls für die 3- Person Singular und Plural, aber mittels Partikel **neka** und **präsensform** des Verbs. Der Imperativ wird mit zweierlei Endungen gebildet:

I L'ordine può essere espresso con la terza persona singolare e plurale, usando la parola **neka** e il **presente** del verbo. L'imperativo si forma con due serie di desinenze:

E El imperativo para la 3ª persona de singular y de plural se efectúa usando de la palabra **neka** seguida del **presente** del verbo. El imperativo tiene dos desinencias posibles:

Jednina / sg

1.	ø
2.	-i / -j

Množina / pl

1.	-imo /-jmo
2.	-ite / -jte

Jednina / sg
pisati

1.	ø
2.	piš-**i**!
3.	neka piše!

Množina / pl

1.	piš-**imo**!
2.	piš-**ite**!
3.	neka pišu!

pitati

1.	ø
2.	pita-**j**!
3.	neka pita!

1.	pita-**jmo**!
2.	pita-**jte**!
3.	neka pitaju!

biti

1.	ø
2.	bud-**i**!
3.	neka bude!

1.	bud-**imo**!
2.	bud-**ite**!
3.	neka budu!

Primjeri

E Examples
F Exemples
D Beispiele
I Esempi
E Ejemplos

Budite dobri, pa mi pomozite!
Budimo složni u svemu!
Budi točan bar jednom!
Neka bude kako vi kažete!

Jednina / sg		Množina / pl	
reći			

reći

1.	ø	1.	rec-**imo**!
2.	rec-**i**!	2.	rec-**ite**!
3.	neka reče!	3.	neka reknu!

gledati

1.	ø	1.	gleda-**jmo**!
2.	gleda-**j**!	2.	gleda-**jte**!
3.	neka gleda!	3.	neka gledaju!

doći

1.	ø	1.	dođ-**imo**!
2.	dođ-**i**!	2.	dođ-**ite**!
3.	neka dođe!	3.	neka dođu!

ići

1.	ø	1.	id-**imo**!
2.	id-**i**!	2.	id-**ite**!
3.	neka ide!	3.	neka idu!

slušati

1.	ø	1.	sluša-**jmo**!
2.	sluša-**j**!	2.	sluša-**jte**!
3.	neka sluša!	3.	neka slušaju!

govoriti

1.	ø	1.	govor-**imo**!
2.	govor-**i**!	2.	govor-**ite**!
3.	neka govori!	3.	neka govore!

Primjeri

E Examples
F Exemples
D Beispiele
I Esempi
E Ejemplos

Pišite brzo, nemamo puno vremena!
Slušaj uvijek mamu!
Govorite glasnije, ne čujem dobro!
Idite sami, ja sada ne mogu!
Reci iskreno što misliš!
Pitajmo onog čovjeka gdje je banka!
Dođite točno u sedam sati!
Gledajte što se događa!

Niječni oblici imperativa

E The negative form **F** Forme négative de l'impératif **D** Verneinte Imperativformen
I Imperativo forma negativa   **E** Forma negativa

Postoje dvije mogućnosti za izricanje zabrane imperativom:

1. upotrebom negativne riječi **ne** ispred imperativa;

2. upotrebom riječi **nemoj, nemojmo, nemojte** ispred infinitiva.

E   There are two ways of expressing prohibition:

  1. by using the negative particle **ne** before the imperative;

  2. by using the words **nemoj, nemojmo, nemojte** before the infinitive.

F   U existe deux possibilités d'exprimer la défense par l'impératif:

  1. avec la particule négative **ne** devant l'impératif;

  2. avec les mots **nemoj, nemojmo, nemojte** devant l'infinitif.

D   Es gibt zweierlei Möglichkeiten, um Verbote mit dem Imperativ auszudrücken:

  1. durch den Gebrauch der negativen Partikel **ne** vor dem Imperativ;

  2. durch den Gebrauch der Wörter **nemoj, nemojmo, nemojte** vor dem Infinitiv.

I   L'imperativo negativo pu? essere espresso:

  1. dall'imperativo preceduto dalla particella **ne**;

  2. usando l'infinitivo preceduto da: **nemoj, nemojmo, nemojte**.

E   Existen dos maneras de expresar prohibición con el imperativo

  1. con el imperativo precedido de la partícula negativa **ne**;

  2. con el infinitivo precedido de las palabras **nemoj, nemojmo, nemojte**.

Primjeri

E Examples
F Exemples
D Beispiele
I Esempi
E Ejemplos

Ne piši!
Ne slušajte!
Ne idite!
Ne govorite tako!
Ne gledajmo tu scenu!

Nemojte ići tamo, opasno je!
Nemoj piti toliko vina!
Nemojmo pričati svi odjednom!
Nemojte pušiti ovdje!
Nemoj jesti puno mesa!

Deklinacija imenica: dio, djelo

E Declension of the nouns: **dio, djelo** **F** Déclinasion des noms: **dio, djelo** **D** Deklination der Sustantive: **dio, djelo** **I** Declinazione dei nomi: **dio, djelo** **E** Declinación de los substantivos: **dio, djelo**

Jednina / sg

	MUŠKI ROD / m	SREDNJI ROD / n
N	dio	djelo
G	dijela	djela
D	dijelu	djelu
A	dio	djelo
V	ø	ø
L	(u) dijelu	(o) djelu
I	dijelom	(s) djelom

Množina / pl

	MUŠKI ROD / m	SREDNJI ROD / n
N	dijelovi	djela
G	dijelova	djela
D	dijelovima	djelima
A	dijelove	djela
V	ø	ø
L	(u) dijelovima	(o) djelima
I	dijelovima	(s) djelima

Primjeri

E Examples
F Exemples
D Beispiele
I Esempi
E Ejemplos

Prvim **dijelom** svog romana sam zadovoljan, a ostalim **dijelovima** nisam.

U kojem **dijelu** grada stanujete?

U ovom književnom **djelu** važna je priča i karakter likova.

Trebam **dijelove** za bicikl.

Prodajem auto u **dijelovima**.

Naša se književnost može pohvaliti uspjelim **djelima**.

Picasso je poznat po svojim slikarskim **djelima**.

14. cjelina

PERFEKT (PROŠLO VRIJEME)

E THE PERFECT TENSE

F PASSÉ COMPOSÉ

D PERFEKT (VERGANGENHEIT)

I PERFETTO (PASSATO PROSSIMO)

E PRETERITO PERFECTO

Perfektom izričemo radnju, stanje ili zbivanje koje se već dogodilo ili je prošlo. U hrvatskom jeziku to je složeno vrijeme. Tvori se od nenaglašenog (enklitičkog) oblika nesvršenog prezenta pomoćnog glagola **biti** i pridjeva radnog glagola koji se mijenja (konjugira).

Glagolski pridjev radni (particip) ima dosta jednostavnu tvorbu kod glagola čiji infinitivi završavaju na -**ti** (pisa-**ti**, govori-**ti**, zna-**ti**, gleda-**ti**, putova-**ti**, stanova-**ti**).

Dakle, kad odvojimo infinitivni nastavak, ostaje osnova na koju dodajemo:

E The perfect tense expresses a past action or state. It is a compound tense and is formed with the short form of the imperfective present of the auxiliary **biti** and the active participle of the verb.

The formation of the active participle of the verbs ending in -**ti** (pisa-**ti**, govori-**ti**, zna-**ti**, gleda-**ti**, putova-**ti**, stanova-**ti**) is relatively simple.

The infinitive ending is replaced by the following endings:

F Le passé composé exprime une action, un état ou un événement qui ont eu lieu dans le passé. C'est un temps composé. On forme le passé composé avec le présent inaccentué de l'auxiliaire **biti** et le participe passé du verbe conjugué.

Les verbes en -**ti** (pisa-**ti**, govori-**ti**, zna-**ti**, gleda-**ti**, putova-**ti**, stanova-**ti**) forment le participe passé d'une façon simple.

On le forme en ajoutant, sur le radical du verbe, les désinences suivantes:

D Mit dem Perfekt drücken wir eine Handlung, einen Zustand oder einen Vorgang aus, die (der) sich bereits ereignet hat oder vergangen ist. In der kroatischen Sprache ist das Perfekt eine zusammengesetzte Zeit. Das Perfekt wird aus der enklitischen (kurzen) Form des imperfektiven Präsens vom Hilfsverb **biti** und dem Partizip Perfekt Aktiv (Adjektivform, die dekliniert wird) zusammengesetzt.

Verben, deren Infinitiv auf -**ti** endet (pisa-**ti**, govori-**ti**, zna-**ti**, gleda-**ti**, putova-**ti**, stanova-**ti**), bilden das Partizip Perfekt auf recht einfache Weise.

Also, nachdem wir die Infinitivendung abgetrennt haben, bleibt der Stamm, an den wir folgende Endungen anhängen:

I Il perfetto (passato prossimo) esprime un'azione avvenuta nel passato. È un tempo composto. Si forma dalla forma non accentata (enclitica) del presente dell'ausiliare **biti** e dal participio passato del verbo che si coniuga.

I verbi in **-ti** (pisa-**ti**, govori-**ti**, zna-**ti**, gleda-**ti**, putova-**ti**, stanova-**ti**), formano il participio passato in un modo semplice.

Si forma aggiungendo alla radice del verbo le seguenti desinenze:

E El pretérito perfecto expresa una acción o un estado que ha tenido lugar en el pasado. Es un tiempo compuesto. Se forma de la forma átona del presente del verbo auxiliar biti y el participio pasado del verbo conjugado. El participio pasado se forma de manera muy simple en los verbos cuyo infinitivo termina en **-ti** (pisa-**ti**, govori-**ti**, zna-**ti**, gleda-**ti**, putova-**ti**, stanova-**ti**).

Es decir, cuando eliminamos la terminación infinitiva del verbo, queda la radical a la que añadimos:

Jednina / sg

MUŠKI ROD / m	ŽENSKI ROD / f	SREDNJI ROD / n
pisa-**o**	pisa-**la**	pisa-**lo**

Množina / pl

MUŠKI ROD / m	ŽENSKI ROD / f	SREDNJI ROD / n
pisa-**li**	pisa-**le**	pisa-**la**

Jednina / sg

1.	ja	sam pisa**o**
2.	ti	si pisa**o**
3.	on	je pisa**o**
	ona	je pisa**la**
	ono	je pisa**lo**

Množina / pl

1.	mi	smo pisa**li**
2.	vi	ste pisa**li**
3.	oni	su pisa**li**
	one	su pisa**le**
	ona	su pisa**la**

Kod glagola s infinitivnim nastavkom na **-ći** treba za osnovu najčešće uzeti treće lice množine prezenta za glagole čija osnova završava na suglasnik (oni mog-**u**).

Budući da se u prezentu većine ovih glagola događaju glasovne promjene, glagolske pridjeve radne treba naučiti svakog posebice.

E If the infinitive ends in **-ći**, the base is usually obtained from the third person plural of the present tense for verbs whose base ends in a consonant (oni mog-**u**).

In most of these verbs sound changes take place in the present tense.

For this reason each participle should be learned separately.

F Pour former le participe passé des verbes à l'infinitif en **-ći** et dont le radical se termine par une consonne, on prend le plus souvent le radical de la 3ᵉ personne du pluriel du présent (oni mog-**u**).

Étant donné que la plupart de ces verbes présentent des alternances consonantiques au présent, il est recommandé d'apprendre chaque participe à part.

D Bei den Verben mit der Infinitivendung **-ći** nimmt man als Stamm meistens die dritte Person Plural Präsens, und zwar geht es hier um die Verben, deren Stamm auf einen Konsonanten endet (oni mog-**u**).

Da im Präsens der meisten dieser Verben Lautveränderungen geschehen, sollen die Partizipien der Einfachheit halber einzeln gelernt werden.

I Per formare il participio passato dei verbi con la desinenza all'infinito in **-ći**, la cui radice termina in consonante, molto spesso si prende la radice della 3ª persona plurale del presente (oni mog-**u**).

Siccome la maggior parte di questi verbi al presente è sottomessa ad alterazioni consonantiche, si raccomanda di imparare ogni participio a parte.

E Si el infinitivo termina en **-ći**, la radicai se obtiene por lo general de la tercera persona del plural del presente de los verbos cuya radical termina en una consonante (oni mog-**u**).

Puesto que la mayoría de estos verbos presentan cambios consonanticos en el presente, se recomienda aprender cada participio por separado.

moći – ja sam mogao / mogla / moglo
peći – ja sam pekao / pekla / peklo
reći – ja sam rekao / rekla / reklo
ići – ja sam išao / išla / išlo
doći – ja sam došao / došla / došlo
naći – ja sam našao / našla / našlo
poći – ja sam pošao / pošla / pošlo

PERFEKT	prezent (nenaglašeni oblik) glagola **biti** + glagolski pridjev radni
E THE PERFECT TENSE	Present Tense (unstressed form) of the verb **biti** + active participle
F PASSÉ COMPOSÉ	présent (forme inaccentuée) du verbe **biti** + participe passé
D PERFEKT	Präsens (unbetonte, kurze Form) des Verbs **biti** + Partizip Perfekt Aktiv
I PERFETTO (passato prossimo)	presente (forma non accentata) del verbo **biti** + participio passato
E PRETÈRITO PERFECTO	presente forma (átona) del verbo **biti** + participio pasado

Jednina / sg

1.	ja	**sam**	bio / bila
2.	ti	**si**	znao / znala
3.	on	**je**	govorio
	ona	**je**	govorila
	ono	**je**	govorilo

Množina / pl

1.	mi	**smo**	putovali / putovale
2.	vi	**ste**	stanovali / stanovale
3.	oni	**su**	gledali
	one	**su**	gledale
	ona	**su**	govorila

Ako ne koristimo osobnu zamjenicu, pomoćni glagol prelazi **iza** glagolskog pridjeva.

E If the personal pronoun is omitted, the auxiliary **follows** the participle.

F Si l'on omet le pronom personnel sujet, le verbe auxiliaire se place **après** le participe passé.

D Wird das Personalpronomen nicht gebraucht, tritt das Hilfsverb **hinter** das Partizip Perfekt des Hauptverbs.

I Quando si omette il pronome soggetto, il verbo ausiliare si mette **dopo** il participio passato.

E Si se omite el pronombre personal sujeto, el verbo auxiliar se sitúa **detrás** del participio pasado.

1	2	3			1	2	3	
Ja	**sam**	**bio**	u dućanu.		**Vi**	**ste**	**znali**	sve.

Ali **E** But **F** Mais **D** Aber **I** Ma **E** Pero

1	2	3			1	2	3	
Bio	**sam**	**u**	dućanu.		**Znali**	**ste**	sve.	

Upitni oblici perfekta

E The perfect tense – interrogative forms   **F** Forme interrogative du passé composé
D Frageformen des Perfekts   **I** Perfetto forma interrogattva   **E** El perfectoforma interrogativa del preterito perfecto

1	2	3	
Jeste	**li**	**kupili**	cigarete?
Jeste	**li**	**išli**	na koncert?
Jeste	**li**	**našli**	svoje mjesto?
Jesu	**li**	**stigli**	na vrijeme?
Jesi	**li**	**bio**	u školi?

UPITNI OBLICI PERFEKTA	pomoćni glagol + li + glagolski pridjev radni (naglašeni oblik)
E THE PERFECT TENSE – INTERROGATIVE FORMS	the auxiliary + li + active participle (stressed form)
F FORME INTERROGATIVE DU PASSÉ COMPOSÉ	verbe auxiliaire + li + participe passé (forme accentuée)
D FRAGEFORMEN DES PERFEKTS	Hilfeverb + li + Partizip Perfekt Aktiv (betonte Form)
I FORMA INTERROGATIVA DEL PERFETTO	verbo ausiliare + li + participio passato (forma accentata)
E FORMA INTERROGATIVA DEL PRETERITO PERFECTO	verbo auxiliar + li + participio pasado (forma tónica)

Ako u pitanju pomoćni glagol stoji iza glavnog glagola, koristi se u nenaglašenom obliku:

E   If the auxiliary verb is placed after the main verb, it is used in the unstressed form:

F   Si à l'interrogation le verbe auxiliaire se trouve après le verbe principal, on emploie ses formes inaccentuées:

D   Stellen wir die Frage in Inversionsform, bzw. steht das Hilfsverb hinter dem Hauptverb, wird es nicht in seiner betonten (langen) Form eingesetzt, sondern in der unbetonten (enklitischen, kurzen) Form:

I   Se la domanda è stata fatta con l'inversione, si usa la forma non accentata dell'ausiliare:

E   Si la pregunta se efectúa poniendo el verbo auxiliar detrás del verbo principal, se usa la forma átona:

1	2	
Kupili	**ste**	cigarete?
Išli	**ste**	na koncert?
Našli	**ste**	svoje mjesto?
Stìgli	**ste**	na vrijeme?
Bili	**ste**	u školi?

Niječni oblici perfekta

E The perfect tense – negative form   **F** Forme négative du passé composé   **D** Verneinte Formen des Perfekts   **I** Forma negativa del perfetto   **E** Forma negativa del preterito perfecto

U niječnom obliku perfekta **ni** se piše zajedno s pomoćnim glagolom.

E   In the negative form of the perfect tense the negation **ni** and the auxiliary are written as one word.

F   À la forme négative du passé composé **ni** et le verbe auxiliaire s'écrivent en un seul mot.

D   In der verneinten Form des Perfekts wird **ni** zusammen mit dem Hilfsverb geschrieben (ein Wort).

I   Alla forma negativa del perfetto la particella negativa **ni** si scrive insieme con il verbo ausiliare.

E   En la forma negativa del pretérito perfecto la partícula negativa **ni** y el verbo auxiliar se escriben en una sola palabra.

Jednina / sg
biti

Množina / pl

1.	ja	**nisam**	bio	1.	mi	**nismo**	bili
2.	ti	**nisi**	bio	2.	vi	**niste**	bili
3.	on	**nije**	bio	3.	oni	**nisu**	bili
	ona	**nije**	bila		one	**nisu**	bile

Jednina / sg

raditi

1.	ja	**nisam**	radio
2.	ti	**nisi**	radio
3.	on	**nije**	radio
	ona	**nije**	radila

stanovati

1.	ja	**nisam**	stanovao
2.	ti	**nisi**	stanovao
3.	on	**nije**	stanovao
	ona	**nije**	stanovala

moći

1.	ja	**nisam**	mogao
2.	ti	**nisi**	mogao
3.	on	**nije**	mogao
	ona	**nije**	mogla

pisati

1.	ja	**nisam**	pisao
2.	ti	**nisi**	pisao
3.	on	**nije**	pisao
	ona	**nije**	pisala

voljeti

1.	ja	**nisam**	volio
2.	ti	**nisi**	volio
3.	on	**nije**	volio
	ona	**nije**	voljela

reći

1.	ja	**nisam**	rekao
2.	ti	**nisi**	rekao
3.	on	**nije**	rekao
	ona	**nije**	rekla

Množina / pl

raditi

1.	mi	**nismo**	radili
2.	vi	**niste**	radili
3.	oni	**nisu**	radili
	one	**nisu**	radile

stanovati

1.	mi	**nismo**	stanovali
2.	vi	**niste**	stanovali
3.	oni	**nisu**	stanovali
	one	**nisu**	stanovale

moći

1.	mi	**nismo**	mogli
2.	vi	**niste**	mogli
3.	oni	**nisu**	mogli
	one	**nisu**	mogle

pisati

1.	mi	**nismo**	pisali
2.	vi	**niste**	pisali
3.	oni	**nisu**	pisali
	one	**nisu**	pisale

voljeti

1.	mi	**nismo**	voljeli
2.	vi	**niste**	voljeli
3.	oni	**nisu**	voljeli
	one	**nisu**	voljele

reći

1.	mi	**nismo**	rekli
2.	vi	**niste**	rekli
3.	oni	**nisu**	rekli
	one	**nisu**	rekle

Niječni oblici perfekta u pitanju

E The negative-interrogative form of the perfect tense **F** Forme interro-négative du passé composé **D** Verneinte Formen des Perfekts in Fragesätzen **I** Forma negativa interrogativa del perfetto **E** Forma interrogativo-negativa del preterito perfecto

Zar nisi mogao doći?   **Nisi li mogao** doći?
Zar nije znala odgovor?   **Nije li znala** odgovor?
Zar niste vidjeli obavijest?   **Niste li vidjeli** obavijest?

Dakle, postavljanje pitanja s niječnim oblicima perfekta isto je kao i u pitanju s potvrdnim oblicima perfekta.

E   The question with the negative form of the perfect tense follows the same pattern as the question with affirmative forms of the perfect tense.

F   L'ordre des mots dans une interrogation négative est le même que dans une interrogation affirmative.

D   Also ist die Fragestellung mit negativen Formen des Perfekts dieselbe wie in den Fragen mit affirmativen Formen des Perfekts (Aussageformen).

I   Il sistema della domanda alla forma negativa del perfetto è uguale a quello della forma affermativa.

E   El sistema de preguntas en la forma negativa es la misma que en la forma afirmativa.

Osobitost perfekta

E The perfect tense **F** Particularités du passé composé **D** Besonderheiten des Perfekts **I** Particolarità del Preterito perfetto **E** Características del preterito perfecto

živ**je**ti – živ**i**m
vid**je**ti – vid**i**m
vol**je**ti – vol**i**m
žel**je**ti – žel**i**m
let**je**ti – let**i**m.

Ti glagoli imaju ispred infinitivnog nastavka slog **-je**. To se **-je** u prezentu zamjenjuje s **-i** (ali žive, vide, vole...):

E   In these verbs the infinitive ending is preceded by the syllable **-je**. In the present tense this infix is replaced by **-i** (but žive, vide, vole...):

F   Il s'agit des verbes pour lesquels le **-ti** de l'infinitif est précédé de la syllabe **-je**. Au présent, cette syllabe est remplacée par **-i** (mais žive, vide, vole...):

D   Diese Verben haben vor der Infinitivendung die Silbe **-je**. Dieses **-je** wird im Präsens durch **-i** ersetzt (aber žive, vide, vole...):

I   La desinenza dell'infinito di questi verbi è preceduta dalla sillaba **-je.** Al presente **-je** cambia in **-i** (ma žive, vide, vole...):

E Estos verbos contienen la sílaba **-je** delante de la terminación del infinitivo. En el presente esta sílaba se reemplaza por **-i**: (pero: žive, vide, vole...):

I u glagolskom pridjevu radnom to se **-je** ispred **-o** zamjenjuje s **-i**:

E In the active participle the **-je** changes to **-i** before **-o**:

F Au participe passé masculin **-je** est remplacé également par **-i** devant la désinence **-o**:

D Auch im Partizip Perfekt Aktiv wird dieses **-je** vor **-o** durch **-i** ersetzt:

I Lo stesso avviene al participio passato maschile: **-je** si trasforma in **-i** davanti a **-o**:

E La misma transformación se produce en el participio pasado: **-je** se reemplaza por **-i** delante de la desinencia **-o**:

živ**je**ti – on je živ**i**o

vid**je**ti – on je vid**i**o

razum**je**ti – on je razum**i**o.

Ali E But F Mais D Aber I Ma E Pero

Ona je živ**je**la.	Ona je vid**je**la.	Ona je razum**je**la.
Mi smo živ**je**li.	Mi smo vid**je**li.	Mi smo razum**je**li.
Oni su živ**je**li.	Oni su vid**je**li.	Oni su razum**je**li.
Ja sam vol**i**o.	Ti si žel**i**o.	On je let**i**o.
Ona je vol**je**la.	Ona je žel**je**la.	Ona je let**je**la.
Mi smo vol**je**li.	Mi smo žel**je**li.	Mi smo let**je**li.

UNIT
UNITÉ
UNTERRICHTSEINHEIT
UNITÀ
UNIDAD

15. cjelina

PERFEKT POVRATNIH GLAGOLA

E THE PERFECT TENSE OF REFLEXIVE VERBS

F PASSÉ COMPOSÉ DES VERBES PRONOMINAUX

D PERFEKT DER REFLEXIVEN VERBEN

I PERFETTO DEI VERBI RIFLESSIVI

E EL PRETERITO PERFECTO DE LOS VERBOS REFLEXIVOS

Potvrdni oblici

E Affirmative forms   **F** Forme affirmative   **D** Affirmative Formen   **I** Forma affermativa
E Forma afirmativa

1	2	3	4	
Ja	sam	se	kupao	ovog ljeta u moru.
Ona		se	brinula	za dijete.
Mi	smo	se	veselili	vikendu.
Oni	su	se	obukli	za izlazak.
Vi	ste	se	vratili	kasno.
Ti	si	se	smijao	glasno.

1	2	3	
Kupao	sam	se	ovog ljeta vikendu.
Veselili	smo	se	u moru.
Vratili	ste	se	kasno.
Obukli	su	se	za izlazak.
Smijao	si	se	glasno.

Ako u rečenici uz glagol upotrebljavamo osobnu zamjenicu, povratna zamjenica stoji **ispred** glagolskog pridjeva radnog (participa).

Kada ne upotrebljavamo osobnu zamjenicu uz glagol, povratna zamjenica stoji **iza** glagolskog pridjeva radnog (participa) i pomoćnog glagola koji također prelazi iza glagolskog pridjeva radnog.

E   If we use the personal pronoun with the verb, the reflexive pronoun **precedes** the participle.

If the personal pronoun is omitted, the auxiliary and the reflexive pronoun **follow** the participle.

F   Si le pronom personnel sujet est exprimé, le pronom réfléchi se place **avant** le participe passé.

Par contre, si l'on omet le pronom personnel sujet, le pronom réfléchi se place **après** le participe passé et le verbe auxiliaire.

D   Wenn im Satz beim Verb das Personalpronomen gebraucht wird, steht das Reflexivpronomen **vor** dem Partizip Perfekt Aktiv.

Wird beim Verb kein Reflexivpronomen gebraucht, steht das Reflexivpronomen **hinter** dem Partizip Perfekt Aktiv und hinter dem Hilfsverb, das ebenfalls **hinter** das Partizip Perfekt Aktiv tritt.

I   Se nella frase usiamo il pronome personale soggetto, il pronome riflessivo si mette **davanti** al participio passato.

Al contrario, quando si omette il pronome personale soggetto, l'ordine delle parole sarà: **participio passato + ausiliare + pronome riflessivo.**

E Si el pronombre personal sujeto está expresado, el pronombre reflexivo se halla **delante** del participio pasado.

Si se omite el pronombre personal sujeto, el pronombre reflexivo se halla **detrás** del participio pasado y el verbo auxiliar queda también **detrás** del participio pasado.

Napomena

U 3. licu jednine obično se kratki oblik **je** ne upotrebljava.

Brinula se je za dijete. Brinula se za dijete.

E **Note**

In the third person singular the short form **je** is usually omitted.

Brinula se je za dijete. Brinula se za dijete.

F

A la 3ᵉ personne du singulier on omet en général la forme inaccentuée **je**.

Brinula se je za dijete. Brinula se za dijete.

D **Anmerkung**

In der dritten Person Singular wird gewöhnlich die Kurzform **je** nicht benutzt.

Brinula se je za dijete. Brinula se za dijete.

I **Nota**

Alla 3ª persona del singolare generalmente si omette la forma non accentata **je**.

Brinula se je za dijete. Brinula se za dijete.

E **Nota**

Por lo generai, se omite la forma átona **je** en la 3ª persona del singular.

Brinula se je za dijete. Brinula se za dijete.

Niječni oblici perfekta povratnih glagola

E The perfect tense – negative form of reflexive verbs F Passé composé forme négative
D Negative Formen des Perfekts reflexiver Verben I Forma negativa del perfetto dei verbi riflessivi E Forma negativa del preterito perfecto de los verbos reflexivos

1   2   3   4
Ja   se   nisam   sjetila   tvoje adrese.

Oni se nisu   spremili za put.   **Vi se niste brijali** odavno.
Mi se nismo kupali   u bazenu.   **Ti se nisi brinuo** za ispite.

U ovim smo primjerima u rečenici koristili osobne zamjenice.

E In the above examples the personal pronoun is used.

F Dans les exemples ci-dessus le pronom personnel sujet est exprimé.

D In diesen Beispielen wurden im Satz die Personalpronomen benutzt.

I In questo caso abbiamo usato i pronomi personali soggetto.

E En estos ejemplos, se han empleado los pronombres personales sujeto.

Ako ih ne koristimo, slijedi već uočeni raspored u rečenici:

E If it is omitted, the word order is as follows:

F Si le pronom personnel sujet est omis, l'ordre des mots sera comme il suit:

D Werden die Personalpronomen nicht benutzt, folgt im Satz die bereits bekannte Reihenfolge:

I Quando si omettono i pronomi personali soggetto:

E Si los pronombres personales sujeto se omiten, el orden de la frase es el siguiente:

	1	2	3	
Nisam	**se**	**sjetila**	tvoje adrese.
Nisu	**se**	**spremili**	za put.
Nismo	**se**	**kupali**	u bazenu.
Niste	**se**	**brijali**	odavno.
Nisi	**se**	**brinuo**	za ispite.

Upitni oblici perfekta povratnih glagola

E The perfect tense – interrogative forms of reflexives **F** Passé composé – forme interrogative des verbes pronominaux **D** Frageformen des Perfekts der reflexiver Verben **I** Forma interrogativa del perfetto dei verbi riflessivi **E** Interrogativa del preterito perfecto de los verbos reflexivos

	1	2	3	4	
Jesi	**li**	**se**	**sjetila**	svega?
Jeste	**li**	**se**	**vratili**	u nedjelju?
Jesam	**li**	**se**	**smijala**	filmu?
Jesmo	**li**	**se**	**umorili**	od učenja?
Jesi	**li**	**se**	uvijek **šminkala**?

GLAGOL SVIĐATI SE

E THE VERB **SVIĐATI SE**

F LE VERBE **SVIĐATI SE**

D DAS VERB **SVIĐATI SE**

I IL VERBO **SVIĐATI SE**

E EL VERBO **SVIĐATI SE**

Ovaj glagol ima objekt u dativu.

E This verb has an object in the dative.

F Ce verbe s'emploie avec un complément d'objet au datif.

D Dieses Verb hat das Objekt im Dativ.

I Il complemento oggetto di questo verbo è al dativo.

E Este verbo lleva el complemento en dativo.

Ja se sviđam svome mužu.   On mi se sviđa.
Njima se sviđaju naši gradovi.   Nama se sviđaju ovi ljudi.

GLAGOL BOLJETI
E THE VERB BOLJETI
F LE VERBE BOLJETI

D DAS VERB BOLJETI
I IL VERBO BOLJETI
E EL VERBO BOLJETI

Taj glagol ima samo treće lice jednine i množine te objekt u akuzativu. Subjekt je **ono** što **boli**: glava, noge, ruke, zub, grlo...

E This verb has only the third person singular and plural and alway takes the direct object. The subject is the part of the body in which **pain is** felt: the head, the feet, the hand, the tooth, the throat, etc.

F Ce verbe ne s'emploie qu'à la 3e personne du singulier et du pluriel et avec un complément à l'accusatif. Le sujet de ce verbe est **la partie du corps** qui **fait mal**: la tête, le coeur, le dos, les jambes, les bras, les dents, le ventre, la gorge.

D Dieses Verb hat nur die dritte Person Singular und Plural und ein Objekt im Akkusativ. Subjekt ist **das**, was **schmerzt**: der Kopf, die Beine, die Hände, der Zahn, der Hals...

I Questo verbo si usa soltanto alla 3a persona singolare e plurale e con un complemento oggetto diretto. Il soggetto di questo verbo è l'organo che **fa male**: la testa, le gambe, le mani, il dente, la gola...

E Este verbo tiene sólo las formas de la 3a persona singular y plural adem s del complemento directo en acusativo. El sujeto de este verbo es **lo** que **duele**: la cabeza, los pies, los brazos, las muelas, la garganta...

Primjeri
E Examples
F Exemples
D Beispiele
I Esempi
E Ejemplos

Mog brata boli zub. Mog brata bole zubi.
Boli ga zub. Bole ga zubi.
Mene boli ruka. Boli me ruka.
Mene bole ruke. Bole me ruke.
Anu boli grlo. Boli je grlo.

16. cjelina

ZBIRNE IMENICE
E COLLECTIVE NOUNS
F NOMS COLLECTIFS

D SAMMELNAMEN
I NOMI COLLETTIVI
E SUSTANTIVOS COLECTIVOS

Zbirne imenice označavaju skup primjeraka shvaćenih kao cjelina u kojoj se ne izdvaja pojedini član toga skupa pa primjerke ne možemo pobrojiti. Te imenice obično nemaju množinu, a deklinacija im je kao deklinacija imenica srednjeg roda, odnosno ženskog roda na suglasnik.

E Collective nouns denote a group of entities taken as a whole in which the individual member is not singled out so that the entities cannot be counted. These nouns usually do not have a plural and are declined as neuter nouns or as feminine nouns ending in a consonant.

F Les noms collectifs désignent un ensemble de personnes ou de choses qui forment un tout et ne peuvent pas être comptées. Ces noms n'ont pas de pluriel en général et il se déclinent comme les noms neutres ou les noms féminins se terminant par une consonne.

D Die Sammelnamen bezeichnen eine Vielzahl gleicher Gegenstände, die als Einheit begriffen werden, in der die einzelnen Mitglieder nicht individuell hervortreten, so daß sie nicht gezählt werden können. Diese Substantive haben meistens keinen Plural (Singularia tantum), und sie werden wie Substantive sächlichen Geschlechts (Neutra) bzw. wie Substantive weiblichen Geschlechts (Femmina), die auf einen Konsonanten enden, dekliniert.

I I nomi collettivi indicano un gruppo di esseri o di cose, le quali non si possono contare. Di solito questi nomi non hanno il plurale e si declinano come i nomi neutri, alcuni come i nomi femminili terminanti in consonante.

E Los sustantivos colectivos designan un grupo de entidades, considerados como una totalidad, por lo tanto, al no poder separarlos del grupo, no puede contárselos individualmente. Estos sustantivos, por lo general, no tienen plural y se declinan como sustantivos neutros, o también como sustantivos femeninos terminados en consonante.

osnovna imenca	+ glasovna promjena	→ zbirna imenica
E basic noun	+ sound change	→ collective noun
F Nom de base	+ Alternance consonantique	→ Nom collectif
D Grundsubstantiv	+ Lautveränderung	→ Sammelname
I parola base	+ alterazione consonantica	→ nome colletivo
E sustantivo de base	+ cambio consonóntico	→ sustantivo colectivo

cvijet	+	**je**	t	+	j	=	**ć**	cvijeće
kamen	+	**je**	n	+	j	=	**nj**	kamenje
gran(a)	+	**je**	n	+	j	=	**nj**	granje
list	+	**je**	st	+	j	=	**šć**	lišće
grm	+	**je**	m	+	j	=	**mlj**	grmlje
drvet	+	**je**	t	+	j	=	**ć**	drveće
trn	+	**je**	n	+	j	=	**nj**	trnje
grozd	+	**je**	d	+	j	=	**đ**	grožđe
			z	+	d	=	**žđ**	

U ovim se zbirnim imenicama dogodila glasovna promjena **jotacija** (spajanje suglasnika s glasom **j** pri čemu nastaje novi suglasnik).

E In these collective nouns a sound change has taken place: the final consonant combined with the sound **j** changes into a new consonant.

F Une alternance consonatique, la **iotacisation**, s'est produite dans ces noms collectifs: l'union de la consonne avec le son **j** donne une nouvelle consonne.

D In allen diesen Substantiven kam es zu einer Lautveränderung, die **Jotation** gennant wird (Verkoppelung des Konsonanten mit dem Laut **j**, wobei ein neuer Konsonant entsteht).

I In questi nomi collettivi è avvenuto un mutamento di suoni, chiamato **iotazione** (connessione della consonante con il suono **j** che da una nuova consonante).

E Estos sustantivos colectivos han sufrido el cambio consonóntic llamado **jotacija** (yotación-la unión de la consonante con el sonido **j** hace surgir otra consonante).

Deklinacija

E Declension **F** Déclinaison **D** Deklination **I** Declinazione **E** Declinación

Jednina / sg

N	cvijeće	kamenje
G	cvijeć**a**	kamenj**a**
D	cvijeć**u**	kamenj**u**
A	cvijeće	kamenje
V	cvijeće	kamenje
L	u cvijeć**u**	na kamenj**u**
I	cvijeć**em**	kamenj**em**

Primjeri

E Examples
F Exemples
D Beispiele
I Esempi
E Ejemplos

U vrtu raste lijepo **cvijeće**.
Oko Zagreba ima mnogo **drveća**.
Na obali mora ima i **kamenja**.
Ljeti na drveću ima mnogo **lišća**.

Ruže imaju cvijet, ali i **trnje**.
Pada jesenje **lišće**.
Granje ovog stabla je zaista gusto.
Zec se skrio u **grmlju**.

Postoje i zbirne imenice drugog tipa koje završavaju na **-ad** i označavaju ljude ili životinje:

E A group of collective nouns end in **-ad** and denote people or animals:

F Il existe aussi des noms collectifs en **-ad** désignant des personnes ou des animaux:

D Es gibt auch Sammelnamen vom anderen Typ, die auf **-ad** enden und Menschen oder Tiere bezeichnen:

I Ci sono nomi collettivi terminanti in **-ad** e indicano gruppi di esseri viventi (persone o animali):

E Existe también un grupo de sustantivos colectivos terminados en **-ad** que designan personas o animales:

momci	– mom**čad**	tele	– tel**ad**
pile, kokoš, pura, patka	– per**ad**	sirota	– siroč**ad**

Zbirne imenice ovog tipa imaju deklinaciju imenica ženskog roda na suglasnik:

E These collective nouns are declined like feminine nouns ending in a consonant:

F Ces noms collectifs se déclinent comme les noms féminins se terminant par une consonne:

D Sammelnamen dieses Typs werden wie weibliche Substantive (Femmina) dekliniert, die auf einen Konsonanten enden:

F I nomi collettivi in **-ad** si declinano come i nomi femminili che terminano in consonante:

E Estos sustantivos colectivos se declinan como los sustantivos de género femenino terminados en consonante:

Jednina / sg

N	stvar	momčad
G	stvar**i**	momčad**i**
D	stvar**i**	momčad**i**
A	stvar	momčad
V	stvar	momčad
L	u stvar**i**	u momčad**i**
I	stvar**i**	s momčad**i**

Primjeri

E Examples
F Exemples
D Beispiele
I Esempi
E Ejemplos

U našoj **momčadi** igraju vrlo dobri igrači.
Ova se **perad** prodaje na tržnici.
Telad pase travu na livadi.
Ratna **siročad** je vrlo nesretna.

DEKLINACIJA OSOBNIH ZAMJENICA

E DECLENSION OF PERSONAL PRONOUNS

F DÉCLINAISON DES PRONOMS PERSONNELS

D DEKLINATION VON PERSONALPRONOMEN

I DECLINAZIONE DEI PRONOMI PERSONALI

E DECLINACION DE LOS PRONOMBRES PERSONALES

Osobne se zamjenice dekliniraju. Stoje u ulozi subjekta i objekta.

E Personal pronouns are declined. They function as the subject or the object.

F Les pronoms personnels ont une déclinaison. Ils peuvent avoir la fonction du sujet ou du complément d'objet.

D Die Personalpronomen werden dekliniert. Sie treten in der Funktion des Subjekts oder des Objekts auf.

I I pronomi personali si declinano. Possono avere la funzione di soggetto e di complemento oggetto diretto e indiretto.

E Los pronombres personales se declinan en singular y en plural. Pueden ejecutar la función de sujeto y de complemento.

Jednina / sg

N	ja	ti
G	mene / me	tebe / te
D	meni / mi	tebi / ti
A	mene / me	tebe /te
V	ø	ti
L	(o) meni	(o) tebi
I	(sa) mnom	(s) tobom

U genitivu, dativu i akuzativu zamjenica može biti u naglašenom i nenaglašenom obliku. Upotreba oblika ovisi o naglašenosti u rečenici. Uz prijedlog najčešće dolazi naglašeni oblik.

E Depending on the emphasis in the sentence, the genitive, dative and accusative have long (stressed) and short (unstressed) forms. After a preposition, the long form is usually used.

F Le génitif, le datif el l'accusatif peuvent avoir les formes accentuée et inaccentuée. L'emploi de l'une ou de l'autre forme dépend de l'accent d'intensité dans la phrase. Avec les prépositions on emploie le plus souvent la forme accentuée.

D Im Genitiv, Dativ und Akkusativ können Personalpronomen in betonter oder unbetonter Position auftreten. Der Gebrauch dieser Formen hängt ganz vom Grad ihrer Betonung im Satz ab. Bei Präpositionen wird am häufigsten die betonte Form gebraucht.

I Il genitivo, il dativo, l'accusativo possono avere la forma tonica o la forma atona. L'uso dipende dall'accentazione del pronome. Con le preposizioni usiamo la forma tonica.

E El genitivo, el dativo y el acusativo tienen dos formas: la forma tónica y la forma átona. El uso depende de su énfasis en la frase. Generalmente se emplea la forma tónica detrás de las preposiciones.

Primjeri	Ja volim **tebe**, a ne njega.
E Examples	Ja **te** volim.
F Exemples	Ti govoriš **meni**, a ne svojoj mami.
D Beispiele	Ti **mi** govoriš nešto.
I Esempi	Ovo je poklon za **tebe**, a ne za Ivu.
E Ejemplos	Je li ovo cvijeće za **mene**?

	MUŠKI ROD / m	**ŽENSKI ROD / f**	**SREDNJI ROD / n**
N	on	ona	ono
G	njega / ga	nje / je	nje / ga
D	njemu / mu	njoj / joj	njemu / mu
A	njega / ga	nju / je, ju	njega / ga
L	(o) njemu	(o) njoj	(o) njemu
I	(s) njim	(s) njom	(s) njim

Napomena

Osobna zamjenica **ona** ima dva nenaglašena akuzativa **je**, **ju**. Prvi je češći, a drugi se upotrebljava kad je uza nj glagolska enklitika **je** ili riječ koja završava ili počinje s **je**.

E **Note**

The personal pronoun **ona** has two short forms in the accusative: **je** and **ju**. The former is more frequent; the latter is used if accompanied by the third person singular of the verb **biti** (**je**) or by a word ending or beginning in **je**.

F **Remarque**

Le pronom personnel **ona** a deux formes inaccentuées à l'accusatif: **je** et **ju**. La première forme est fréquente. La deuxième forme est employée lorsqu'elle se trouve à côté de la forme inaccentuée du verbe **être** (**je**) ou à côté d'un mot qui commence ou se termine par **je**.

D **Anmerkung**

Das Personalpronomen **ona** hat zwei unbetonte Akkusativformen **je**, **ju**. Die erste tritt häufiger auf, und die zweite wird gebraucht, wenn dabei die Verbenklitik (unbetonte Verbform) **je** steht, bzw. ein Wort, das mit **je** anfängt oder endet.

I **Nota**

Il pronome personale **ona** ha due forme atone all'accusativo **je**, **ju**. La prima è la più frequente. La seconda si usa quando il pronome si trova insieme con la forma non accentata **je** del verbo essere o insieme con un nome che comincia o termina in **je**.

E **Nota**

El pronombre personal **ona** tiene dos formas átonas en el acusativo: **je**, **ju**. La primera forma es más frecuente. La segunda se emplea cuando se encuentra al lado de la forma átona **je** o de una palabra que comienza o termina por **je**.

Primjeri

- E Examples
- F Exemples
- D Beispiele
- I Esempi
- E Ejemplos

On je sreo svoju **prijateljicu**.
Ona je kupila novu **haljinu**.
Student je donio **knjigu**.
On pije vruću **kavu**.
Ona jede **salatu**.

On **ju** je sreo na ulici.
Ona **ju** je kupila u dućanu.
Student **ju** je donio danas.
Pije **ju** vruću.
Ona **ju** jede.

Množina / pl

N	mi	vi
G	nas	vas
D	nam(a)	vam(a)
A	nas	vas
V	mi	vi
L	o nama	o vama
I	s nama	s vama

Osobne zamjenice **oni**, **one**, **ona** imaju istu deklliniciju.

- E   The personal pronouns **oni**, **one**, **ona** have the same declension.
- F   Les pronoms personnels **oni**, **one**, **ona** ont la même déclinaison.
- D   Die Personalpronomen **oni**, **one**, **ona** haben dieselbe Deklination.
- I   Allo stesso modo si declinano i pronomi personali **oni**, **one**, **ona**.
- E   Los pronombres personales **oni**, **one**, **ona** se declinan de la misma manera.

m / f / n	
N	oni / one / ona
G	njih / ih
D	njima / im
A	njih / ih
L	o njima
I	s njima

Primjeri

E	Examples
F	Exemples
D	Beispiele
I	Esempi
E	Ejemplos

Ja sam ti pričala **o njemu**.
S njom nije teško razgovarati.
To je cvijeće **za nju**.
Zar **ga** nema kod kuće?
Jesi li **joj** telefonirao?

Jesam, ali **je** nema.
Voliš ići **s njom** i **s njim** na izlet.
Reci **mu** da **ga** čekam kod kuće.
On **joj** je rekao da **je** voli.

Mi **vas** pozivamo na večeru.
Pričajte **s nama** o toj knjizi.
O vama mislim sve najbolje.
Evo **vam** olovka!

Na vama je red za odgovor.
Recite **nam** što se dogodilo.
Vi ste **nam** dragi gosti.
One su sinoć bile **kod nas**.

S njima je ugodno razgovarati.
Predajte **im** poruku odmah.
Nema **ih** danas u uredu, bolesni su.

Oni ih pitaju za jednu ulicu.
One su **im** obećale doći.
Volim djecu, ali **o njima** je teško brinuti.

OSOBITOSTI IMENICA OKO, UHO

E   CHARACTERISTICS OF THE NOUNS **OKO, UHO**

F   PARTICULARITÉS DES NOMS **OKO, UHO**

D   BESONDERHEITEN DER SUBSTANTIVE **OKO, UHO**

I   PARTICOLARITÀ DEI SOSTANTIVI **OKO, UHO**

E   CARACTERÍSTICAS DE LOS SUSTANTIVOS: **OKO, UHO**

Imenice srednjeg roda **oko**, **uho** kad znače osjetilo imaju množinu kao imenice ženskog roda na suglasnik.

Kad ne znače osjetila, npr. **oko na mreži, uho na loncu**, i u množini su srednjeg roda.

E   When the neuter nouns **oko**, **uho** denote the organ of perception, they have the same plural as feminine nouns ending in a consonant. When used in a different meaning (e.g. **oko na mreži, uho na loncu**), they are neuter in the plural as well.

F   Lorsque les noms neutres **oko**, **uho** désignent les organes de perception ils se déclinent comme les noms féminins se terminant par une consonne. Mais lorsqu'ils sont employés avec un sens différent (par ex. **oko na mreži, uho na loncu**), ils se déclinent comme les noms neutres au pluriel.

D   Wenn die Substantive sächlichen Geschlechts (Neutra) **oko**, **uho** Wahrnehmungsorgane bezeichnen, bilden sie den Plural wie weibliche Substantive (Feminina), die auf einen Konsonanten enden. Haben sie jedoch nicht die Bedeutung von Wahrnehmungsorganen, z.B. **oko na mreži, uho na loncu,** sind sie auch im Plural sächlichen Geschlechts (Neutra).

I   I sostantivi neutri, **oko**, **uho** quando indicano l'organo del senso, hanno il plurale come i nomi femminili che terminano in consonante. Quando, invece, non indicano l'organo del senso – per es: **oko na mreži, uho na loncu** – anche al plurale sono di genere neutro.

E Los sustantivos neutros **oko**, **uho**, cuando significan los órganos de percepción, en plural se declinan como los sustantivos de género femenino terminados en consonante.

Si no significan los sentidos (por ejemplo: **oko na mreži, uho na loncu**) en plural también se declinan como sustantivos neutros.

Množina / pl

	oko	uho
N	oči	uši
G	očiju	ušiju
D	očima	ušima
A	oči	uši
V	oči	uši
L	(u) očima	(na) ušima
I	očima	ušima

17. cjelina

KOMPARACIJA (STUPNJEVANJE) PRIDJEVA

E THE COMPARISON OF ADJECTIVES

F DEGRÉS DE COMPARAISON DES ADJECTIFS

D KOMPARATION (STEIGERUNG) DER ADJEKTIVE

I GRADI DI COMPARAZIONE DEGLI AGGETTIVI

E GRADOS DE COMPARACIÓN DE LOS ADJETIVOS

Uspoređivati se mogu samo svojstva izražena opisnim pridjevima. Kad želimo kazati **kakav**, **kakva** ili **kakvo** je nešto ili netko, iskazujemo to prvim stupnjem – **pozitivom**.

E Only characteristics expressed by descriptive adjectives can be compared. To express what a person or a thing is like, the first degree or the **positive** is used.

F Seuls les adjectifs qualificatifs peuvent avoir des degrés de comparaison. L'adjectif qualificatif peut exprimer simplement une qualité d'une personne ou d'une chose. Il est alors au **positif**, le premier degré de comparaison.

D Steigern lassen sich nur Eigenschaften, die durch beschreibende Adjektive ausgedrückt werden. Wenn wir sagen wollen, wie etwas oder jemand ist, drücken wir das mit der ersten Stufe aus – mit dem **Positiv**.

I Soltanto gli aggettivi qualificativi possono avere il grado di comparazione. Quando l'aggettivo esprime solo una qualità di'una persona o di una cosa, allora è al **positivo** – primo grado.

E Sólo los adjetivos calificativos pueden tener los grados de comparación. Si queremos expresar cómo es una persona o cosa, el adjetivo se halla en el primer grado de comparación, es decir, el **positivo**.

Primjeri

E Examples

F Exemples

D Beispiele   Soba je **velika**.   On je **ljubazan**.

I Esempi   Stan je **velik**.   Vrijeme je **hladno**.

E Ejemplos   Slika je **lijepa**.   Mi smo **umorni**.

Želimo li dva predmeta, bića ili pojma uspoređivati, moramo primijeniti kompariranje, odnosno uspoređivanje svojstva. Tada se koristimo komparativom. To je drugi stupanj – **komparativ**.

E When two objects, beings or concepts are compared, the second degree or the **comparative** is used.

F Pour comparer la qualité de deux personnes ou deux choses, on emploie **le comparatif**, le deuxième degré de comparaison.

D Wollen wir zwei Gegenstände, Wesen oder Begriffe miteinander vergleichen, so müssen wir die Steigerung vornehmen, bzw. das Vergleichen der Eigenschaften. In diesem Fall benutzen wir die zweite Stufe – den **Komparativ**.

I Per comparare le qualità di due cose, esseri o concetti usiamo il **comparativo** – secondo grado.

E Si queremos comparar las características de dos personas, fenómenos o cosas, empleamos el **comparativo**, segundo grado de comparación.

Primjeri

E Examples
F Exemples
D Beispiele
I Esempi
E Ejemplos

Moj je tata **pametniji** od tvog.
Ja sam **bolji** student od tebe.
Moja je torba **teža** nego tvoja.
Vaša kuća je **veća** od naše.
Moj je brat **jači** nego tvoj brat.

Dakle, imamo dva dijela (pojma) koja uspoređujemo po nekoj osobini (svojstvu). To možemo učiniti na dva načina:

E Comparison may be expressed in two ways:

F La comparaison peut être exprimée de deux façons:

D Wir haben also zwei Teile (Begriffe), die aufgrund einer Eigenschaft miteinander verglichen werden. Das kann auf zweierlei Weisen vorgenommen werden:

I Questa comparazione può essere espressa in due modi:

E Entonces, tenemos dos partes (ideas) cuyas cualidades es queremos comparar. Esta comparación se efectúa de dos maneras:

1. Komparativ + nego + nominativ   Moj brat je **jači nego tvoj**.
2. Komparativ + od + genitiv   Ja sam **stariji** student **od tebe**.

TVORBA KOMPARATIVA
D BILDUNG DES KOMPARATIVS
E FORMATION OF THE COMPARATIVE
I FORMAZIONE DEL COMPARATIVO
F FORMATION DU COMPARATIF
E FORMACION DEL COMPARATIVO

Komparativ se u hrvatskom jeziku tvori trima nastavcima: **-iji, -i, -ši**. U osnovi riječi događaju se često glasovne promjene, ali ih je nemoguće sve objasniti na ovoj razini učenja jezika. Najčešće je to **jotacija**, ali i gubljenje nepostojanog **a**. Kompariranje je najlakše usvojiti čestom upotrebom tih oblika.

Najveći broj pridjeva tvori komparativ na **-iji**.

E The comparative is formed by adding one of the following three endings to the base of the adjective: **-iji, -i, -ši**. At this stage of learning Croatian, it would be difficult to explain all the sound changes that take place in the base of words.

The most frequent of them is **jotation**, followed by the mobile **a**. The best way of mastering comparison is through frequent use of these forms. Most adjectives form the comparative by taking the ending **-iji**.

F Il existe trois désinences pour la formation du comparatif: **-iji**, **-i**, -**ši**.

Il y a souvent des alternances consonantiques qui se produisent au radical du mot et qui sont difficiles à expliquer à ce niveau d'apprentissage. Il s'agit le plus souvent de la **iotacisation** ainsi que de l'**a** mobile. La plupart des adjectifs forment le comparatif en **-iji**.

D Der Komparativ wird in der kroatischen Sprache durch drei Endungen gebildet: **-iji**, **-i**, -**ši**.

Im Wortstamm kommt es oft zu Lautveränderungen, die sich aber auf dieser Lernstufe der kroatischen Sprache nicht alle erklären lassen. Meistens geht es um **die Jotation**, aber auch um das Verschwinden des unbeständigen Lautes **a**. Die leichteste Art und Weise, die Komparativformen zu erlernen ist der häufige Gebrauch dieser Formen.

Die meisten Adjektive büden den Komparativ auf **-iji**.

I Il comparativo si forma con tre desinenze differenti: **-iji**, **-i**, -**ši**.

La radice della parola spesso subisce alterazioni, ma è difficile spiegarle tutte. Spesso avviene la **jotazione**, ma anche la perdita dell'**a** mobile.

Possiamo imparare la comparazione con l'uso frequente di queste forme. La maggior parte degli aggettivi forma la comparazione in **-iji**.

E El comparativo se forma añadiendo una de estas tres desinencias; **-iji**, **-i**, -**ši**.

La radical de la palabra sufre cambios consonanticos muy a menudo, pero, sería muy difícil explicarlos todos a este nivel del aprendizaje. En la mayoría de los casos se trata de yotación (**jotacija**) pero también sucede la pérdida de la **a** móvil.

El comparativo se adquiere fácilmente con la práctica. La mayoría de los adjetivos forma comparativos añadiendo **-iji**.

Komparativ s nastavkom **-iji:**

E Comparatives with the ending **-iji**:

F Comparatif avec la désinence **-iji**:

D Komparativ mit der Endung **-iji**:

I Comparativi in **-iji**:

E Comparativo con la desinencia **-iji**:

star	– star**iji**	taman	– tamn**iji**	veseo	– vesel**iji**
zreo	– zrel**iji**	svijetao	– svjetl**iji**	kiseo	– kisel**iji**
smiješan	– smješn**iji**	vidljiv	– vidljiv**iji**	zanimljiv	– zanimljiv**iji**
uzbudljiv	– uzbudljiv**iji**	određen	– određen**iji**	loš	– loš**iji**

Primjeri

E Examples
F Exemples
D Beispiele
I Esempi
E Ejemplos

Ovaj vic je **smješniji** nego onaj prije.

On je **veseliji** od mene.

Ova je knjiga **zanimljivija** od one prošle.

Moja je baka **starija** nego tvoja.

Komparativ s nastavkom **-i**:

E Comparatives with the ending in **-i**:

F Comparatif avec la désinence **-i**:

D Komparativ mit der Endung **-i**:

I Comparativi in **-i**:

E Comparativo con la desinencia **-i**:

jak – jač**i**	čvrst – čvršć**i**	drag – draž**i**	živ – življ**i**
vruć – vruć**i**	blijed – bljeđ**i**	gust – gušć**i**	brz – brž**i**

Primjeri

E Examples
F Exemples
D Beispiele
I Esempi
E Ejemplos

Ona je **jača** nego ja.
Danas je magla **gušća** nego jučer.
Moj sin je **življi** od tvoga.
Njihov igrač je **brži** od našega.

Komparativ s nastavkom **-ši** tvore samo **tri** pridjeva:

E There are only three comparatives with the ending in **-ši**:

F Trois adjectifs ont le comparatif en **-ši**:

D Mit der Endung **-ši** bilden nur drei Adjektive den Komparativ:

I Soltanto tre aggettivi formano il comparativo in **-ši**:

E Sólo tres adjetivos forman el comparativo añadiendo **-ši**:

lak – lak**ši**	mek – mek**ši**	lijep – ljep**ši**

Primjeri

E Examples
F Exemples
D Beispiele
I Esempi
E Ejemplos

Torba je **lakša** od kovčega punog knjiga.
Pariz je **ljepši** nego Chicago.
Kruh je **mekši** nego onaj od jučer.
Ruža je **ljepša** od karanfila.

Četiri pridjeva tvore komparativ od druge osnove:

E Four adjectives form their comparative from a different base:

F Quatre adjectifs forment le comparatif à partir d'un radical différent:

D Vier Adjektive bilden den Komparativ mit einem anderen Stamm:

I Quattro aggettivi hanno una differente radice al comparativo:

E Cuatro comparativos forman comparativo con la radicai diferente:

dobar – **bolji**	velik – **veći**	zao – **gori**	malen – **manji**

E Examples
F Exemples
D Beispiele
I Esempi
E Ejemplos

On je **bolji** student od tebe.
Ovaj je obrok **gori** nego jučerašnji.
Naš stan je **veći** od vašega.
Moj je auto **manji** nego tvoj.

SUPERLATIV

E THE SUPERLATIVE
F SUPERLATIF

D SUPERLATIV
I SUPERLATIVO
E SUPERLATIVO

Kad želimo svojstvo nekoga ili nečega iskazati u najvišem stupnju, činimo to oblikom koji se zove superlativ.

Tvorba mu je jednostavna: ispred komparativa dolazi riječca **naj-** i tako dobijemo **superlativ**.

E To express that somebody or something possesses a quality in the highest degree, the **superlative** is used. It is formed simply by adding the prefix **naj-** to the comparative.

F Pour exprimer la qualité d'une personne ou d'une chose à un très haut degré on emploie **le superlatif**. On forme le superlatif en faisant précéder le comparatif du préfixe **naj-**.

D Wollen wir den höchsten Grad einer Eigenschaft ausdrücken, so benutzen wir eine Form, die **Superlativ** genannt wird.

Die Bildung des **Superlativs** ist ganz einfach – vor den Komparativ setzen wir die Vorsilbe **naj-**.

I Il superlativo esprime il massimo grado di una qualità.

Il **superlativo** si forma mettendo il prefisso **naj-** al comparativo.

E El **superlativo** califica la cualidad de una persona o cosa al más alto grado. Se forma anteponiendo el prefijo **naj-** al comparativo.

naj + komparativ = superlativ

E Examples
F Exemples
D Beispiele
I Esempi
E Ejemplos

Najljepši grad je Zagreb.
Najbolji prijatelj je Ivan.
Najveći grad je sada Tokio.
Najdraža mi je knjiga zbirka poezije.
Moj **najmiliji** slikar je Picasso.
Najhladniji dani su zimi.

I. Gramatika 18.

UNIT
UNITÉ
UNTERRICHTSEINHEIT
UNITÀ
UNIDAD

18. cjelina

DEKLINACIJA PRIDJEVA

E DECLENSION OF ADJECTIVES

F DÉCLINAISON DES ADJECTIFS

D ADJEKTIVDEKLINATION

I DECLINAZIONE DEGLI AGGETTIVI

E DECLINACIÓN DE LOS ADJETIVOS

Pridjevi, kao i ostale imenske riječi u hrvatskom jeziku, imaju tri roda – muški, ženski i srednji, te dva broja – jedninu i množinu. Njihova se deklinacija razlikuje od deklinacije imenica.

E Adjectives, like other nominal words in Croatian, have three genders – masculine, feminine and neuter – and two numbers – singular and plural. Their declension differs from that of nouns.

F Les adjectifs, comme les autres mots nominaux ont trois genres (masculin, féminin et neutre) et deux nombres (singulier et pluriel). Leur déclinaison diffère de celle des noms.

D Wie alle Nomina in der kroatischen Sprache haben auch die Adjektive drei Geschlechter – Maskulinum, Femininum und Neutrum, sowie zwei Zahlen (Numeri) – Singular and Plural. Ihre Deklination unterscheidet sich von jener der Substantive.

I Gli aggettivi qualificativi, come pure tutte le altre parole nominali, hanno tre generi (maschile, femminile e neutro) e due numeri (singolare e plurale). La loro declinazione è differente da quella dei nomi.

E Los adjetivos así como otras palabras nominales en el idioma croata, tienen tres géneros – masculino, femenino y neutro, y dos números – singular y plural. Su declinación difiere de la de los sustantivos.

Predmet

E Inanimate **F** Inanimé **D** Sache **I** Cosa **E** Cosas

Jednina / sg

		MUŠKI ROD / m	SREDNJI ROD / n
N		lijep stan	velik**o** sel**o**
G		lijep**og** stan**a**	velik**og** sel**a**
D		lijep**om** stan**u**	velik**om** sel**u**
A		lijep stan	veliko selo
L	(u)	lijep**om** stan**u**	(u) velik**om** sel**u**
I		lijep**im** stan**om**	velik**im** sel**om**

Množina / pl

	MUŠKI ROD / m		SREDNJI ROD / n
N	veliki stanovi		plodna polja
G	velikih stanova		plodnih polja
D	velikim stanovima		plodnim poljima
A	velike stanove		plodna polja
V	veliki stanovi		plodna polja
L	(u) velikim stanovima	(na)	plodnim poljima
I	velikim stanovima		plodnim poljima

Primjeri

E Examples
F Exemples
D Beispiele
I Esempi
E Ejemplos

Vašem **lijepom** stanu treba više svjetla.
Lijepim autom nismo zadovoljni.
Vi imate **dobrog** brata.
Opasnije je u **brzom** autu.

Ovim **malim** selom prolazi cesta.
U **velikom** jezeru sigurno ima ribe.
On ne voli **visoko** brdo.
Slabom srcu treba gimnastika.

U Zagrebu ima puno **velikih** stanova.
U **velikim** stanovima stanuju brojne obitelji.
Ne volim **velike** kolodvore.
Velikim aerodromima prolazi mnogo ljudi.

Oko Zagreba ima **plodnih** polja.
Na **plodnim** poljima raste povrće.
On voli **mala** mjesta.
Šetaju **visokim** brdima.

Biće

E Animate **F** Animé **D** Lebewesen **I** Persona **E** Seres

Jednina / sg

	MUŠKI ROD / m		ŽENSKI ROD / f
N	dobar student		vesela žena
G	dobrog studenta		vesele žene
D	dobrom studentu		veseloj ženi
A	dobrog studenta		veselu ženu
V	dobri studentu		vesela ženo
L	(o) dobrom studentu	(o)	veseloj ženi
I	(s) dobrim studentom	(s)	veselom ženom

Množina / pl

	MUŠKI ROD / m		ŽENSKI ROD / f
N	marljivi studenti		uredne djevojke
G	marljivih studenata		urednih djevojaka
D	marljivim studentima		urednim djevojkama
A	marljive studente		uredne djevojke
V	marljivi studenti		uredne djevojke
L	(o) marljivim studentima	(na)	urednim djevojkama
I	(s) marljivim studentima	(s)	urednim djevojkama

Primjeri

E Examples
F Exemples
D Beispiele
I Esempi
E Ejemplos

Ja nemam **dobrog** susjeda.
Mom velikom sinu još treba pomagati.
Volim razgovarati s **pametnim** studentom.
U **svakom** slučaju, to je dobro.

Urednoj ženi ne možemo ništa zamjeriti.
Na **novoj** haljini je jedna mrlja.
Molim **čistu** košulju!
Svi smo rado s **pametnom** djevojkom.

Lijenih učenika ima u svakom razredu.
Dobrim je studentima sve lako.
S pristojnim momcima je ugodno.
Na **mladim** ljudima svijet ostaje (poslovica).

Vrlo cijenimo **marljive** studentice.
Lijenim studenticama nije mjesto na fakultetu.
Ne volim se družiti s **neurednim** djevojkama.
U Zagrebu ima zaista **lijepih** djevojaka.

DEKLINACIJA POSVOJNIH PRIDJEVA

🇬🇧 DECLENSION OF POSSESSIVE

🇫🇷 ADJECTIVES DÉCLINAISONS DES ADJECTIFS POSSESSIFS

🇩🇪 DEKLINATION DER POSSESSIVEN ADJEKTIVE

🇮🇹 DECLINAZIONE DEGLI AGGETTIVI POSSESSIVI

🇪🇸 DECLINACIÓN DE LOS ADJETIVOS POSESIVOS

Posvojni pridjevi od muških imena

🇬🇧 Possessive adjectives formed from masculine names 🇫🇷 Adjectifs possessifs dérivés des noms propres masculins 🇩🇪 Possessive Adjektive abgeleitet von männlichen Vornamen 🇮🇹 Gli aggettivi possessivi derivati dai nomi propri maschili 🇪🇸 Adjetivos posesivos derivados de los nombres propios masculinos

Jednina / sg

		MUŠKI ROD / m		ŽENSKI ROD / f		SREDNJI ROD / n
N		Markov brat		Markov**a** kuć**a**		Markov**o** sel**o**
G		Markov**a** brata		Markov**e** kuć**e**		Markov**a** sel**a**
D		Markov**u** bratu		Markov**oj** kuć**i**		Markov**u** sel**u**
A		Markov**a** brata		Markov**u** kuć**u**		Markov**o** sel**o**
V		Markov brat**e**!		Markov**a** kuć**o**!		Markov**o** sel**o**!
L	(o)	Markov**u** brat**u**		Markov**oj** kuć**i**	(o)	Markov**u** sel**u**
I	s	Markov**im** brat**om**	s	Markov**om** kuć**om**		Markov**im** sel**om**

Množina / pl

		MUŠKI ROD / m		ŽENSKI ROD / f		SREDNJI ROD / n
N		Markov**i** prijatelj**i**		Markov**e** košulj**e**		Markov**a** sel**a**
G		Markov**ih** prijatelj**a**		Markov**ih** košulj**a**		Markov**ih** sel**a**
D		Markov**im** prijatelj**ima**		Markov**im** košulj**ama**		Markov**im** sel**ima**
A		Markov**e** prijatelj**e**		Markov**e** košulj**e**		Markov**a** sel**a**
V		Markov**i** prijatelj**i**!		Markov**e** košulj**e**!		Markov**a** sel**a**!
L	(o)	Markov**im** prijatelj**ima**	(na)	Markov**im** košulj**ama**	(u)	Markov**im** sel**ima**
I	s	Markov**im** prijatelj**ima**		Markov**im** košulj**ama**		Markov**im** sel**ima**

Primjeri

E Examples
F Exemples
D Beispiele
I Esempi
E Ejemplos

Oni razgovaraju s **Markovim** bratom.

U subotu smo bili u **Markovu** selu.

Markovih košulja ima i po stolicama.

Reci **Markovim** prijateljima da dođu.

Putovao sam s **Markovim** znancima.

Nitko ne brine o **Markovim** poslovima.

Posvojni pridjevi od ženskih imena

E Possessive adjectives formed from feminine names **F** Adjectifs possessifs dérivés des noms propres féminins **D** Possessive Adjektive abgeleitet von weiblichen Vornamen **I** Gli aggettivi possessivi derivati dai nomi propri femminili **E** Adjetivos posesivos derivados de los nombres propios femeninos

Jednina / sg

	MUŠKI ROD / m	ŽENSKI ROD / f	SREDNJI ROD / n
N	Majin kaput	Majina haljina	Majino pero
G	Majina kaputa	Majine haljine	Majina pera
D	Majinu kaputu	Majinoj haljini	Majinu peru
A	Majin kaput	Majinu haljinu	Majino pero
V	Majin kapute!	Majina haljino!	Majino pero!
L	(na) Majinu kaputu	(na) Majinoj haljini	(na) Majinu peru
I	Majinim kaputom	Majinom haljinom	Majinim perom

Množina / pl

	MUŠKI ROD / m	ŽENSKI ROD / f	SREDNJI ROD / n
N	Majini kaputi	Majine knjige	Majina pera
G	Majinih kaputa	Majinih knjiga	Majinih pera
D	Majinim kaputima	Majinim knjigama	Majinim perima
A	Majine kapute	Majine knjige	Majina pera
V	Majini kaputi!	Majine knjige!	Majina pera!
L	(na) Majinim kaputima	(u) Majinim knjigama	(na) Majinim perima
I	Majinim kaputima	Majinim knjigama	Majinim perima

Primjeri

E Examples
F Exemples
D Beispiele
I Esempi
E Ejemplos

Jučer sam razgovarao **s Majinim** prijateljem.

Ne poznam **Majinog** brata.

Posudila je knjigu **Majinom** bratu.

Na **Majinoj** kosi je divan sjaj.

Sviđaju mi se **Majine** suknje.

Majinih knjiga ima na stolu i na polici.

Majinim je prijateljicama drago razgovarati.

Na **Majinim** cipelama su ukrasi.

VEZNICI I, A

E THE CONJUNCTIONS **I, A**
F CONJONCTIONS **I, A**

D KONJUNKTIONEN **I, A**
I LE CONGIUNZIONI **I, A**
E CONJUNCIONES **I, A**

Veznik **i** povezuje riječi i rečenice, ali i naglašava neki dio rečenice. Dijelovi rečenice nisu odvojeni zarezom. Osim toga služi i za isticanje kad zamjenjuje riječ **također**.

E The conjunction **i** links words and sentences; it is also used to emphasize a part of the sentence. The parts of the sentence linked by **i** are not separated by a coma. In addition, **i** is used for emphasis, when it replaces the word **također**.

F La conjonction **i** sert soit à joindre deux mots ou deux propositions de même nature, soit à mettre en relief une partie de la phrase. On n'emploie pas la virgule devant cette conjonction. Lorsqu'elle remplace l'adverbe **također** elle sert également à mettre en relief un mot.

D Die Konjunktion **i** verbindet die Wörter und Sätze, betont aber auch einen beliebigen Teil des Satzes. Die einzelnen Satzteile werden nicht durch ein Komma voneinander getrennt. Außerdem dient **i** auch zur Akzentierung, Hervorhebung, wenn es das Wort **također** ersetzt.

I La congiunzione **i** serve a congiungere due parole o proposizioni, come pure per mettere in rilievo una parte della frase. Davanti a questa congiunzione non si usa la virgola. Quando sostituisce l'avverbio **također** serve pure per mettere in rilievo una parola.

E La conjunción **i** une palabras, frases u oraciones, pero también sirve para hacer hincapié sobre una parte de la frase. No se emplea la coma delante de esta conjunción. Cuando se usa para dar énfasis, se puede reemplazar por el adverbio **también**.

Primjeri

E Examples
F Exemples
D Beispiele
I Esempi
E Ejemplos

Mladen **i** Vesna su dobri **i** marljivi studenti.

Bio sam u knjižnici **i** posudio jednu knjigu.

Kupila sam jabuke **i** napravila kolač.

Potrčao je za tramvajem **i** konačno ga stigao.

I Vlado je dobar student. (Vlado je **također** dobar student.)

Ti voliš **i** nju **i** njega.

Veznik **a** suprotstavlja rečenice. Ispred njega stoji zarez.

E The conjunction **a** contrasts sentences. It is preceded by a comma.

F La conjonction **a** oppose deux propositions. Elle est précédée de la virgule.

D Die Konjunktion **a** setzt die Sätze einander gegenüber. Ein Komma steht vor der Konjunktion.

I La congiunzione **a** contrappone due proposizioni ed è preceduta dalla virgola.

E La conjunción **a** opone dos oraciones y está precedida siempre por una coma.

Primjeri

E Examples

F Exemples

D Beispiele

I Esempi

E Ejemplos

Ja volim džez, **a** moj prijatelj voli operu.

Ide na kupanje, **a** ne zna plivati.

Danas imaš kaput, **a** vani je toplo.

Željela sam ići u kino, **a** otišla sam u posjet.

Volim njega, **a** ne nju.

UNIT
UNITÉ
UNTERRICHTSEINHEIT
UNITÀ
UNIDAD

19. cjelina

GRADIVNI PRIDJEVI
E   MATERIAL ADJECTIVES
F   ADJECTIFS DÉSIGNANT LA MATIÈRE
D   STOFFADJEKTIVE
I   AGGETTIVI DESIGNANTI LA MATERIA
E   ADJETIVOS DE MATERIA

Gradivni su pridjevi oni koji kazuju od čega je nešto napravljeno.

E   Material adjectives denote the material from which something is made.

F   Les adjectifs désignant la matière indiquent de quoi un objet est fait.

D   Stoffadjektive sind solche Adjektive, die bezeichnen, woraus etwas gemacht ist oder besteht.

I   Gli aggettivi designanti la materia indicano di che cosa è fatto un oggetto.

E   Estos adjetivos de materia indican de qué material está hecho un objeto.

drv(o)	→ drv-**en**	– drven(i) stol
stakl(o)	→ stakl-**en**	– staklen(i) prozor
vun(a)	→ vun-**en**	– vunen(i) pulover
kož(a)	→ kož-**ni**	– kožni novčanik
plastik(a)	→ plastič-**ni**	– plastični kovčeg
pamuk	→ pamuč-**ni**	– pamučni kaput
zlat(o)	→ zlat-**ni**	– zlatni sat

Gradivni se pridjevi tvore nastavcima **-en, -eni, -ni,** a dekliniraju se kao i ostali pridjevi.

E   Material adjectives are formed by adding the endings **-en, -eni, -ni,** to the noun base. They are declined like other adjectives.

F   On forme ces adjectifs avec les désinences **-en, -eni, -ni.** Ils se déclinent comme les autres adjectifs.

D   Stoffadjektive werden gebildet durch die Anhängung der Endungen **-en, -eni, -ni** an die Wortstämme. Sie werden in derselben Weise wie die übrigen Adjektive dekliniert.

I   Questi aggettivi vengono formati dai nomi aggiungendo le desinenze **-en, -eni, -ni** e si declinano come gli aggettivi qualificativi.

E   Estos adjetivos se forman con las decinencias **-en, -eni, -ni** y se declinan como los adjetivos calificativos.

Ona ima lijep **zlatni** lančić.
Nosiš novu **kožnu** torbu.
Oni nose **pamučne** košulje.

Volim **vunene** pulovere.
Staklene pepeljare nisu praktične.
Uzmi sa sobom **plastičnu** vrećicu.

DEKLINACIJA GRADIVNIH PRIDJEVA

E THE DECLENSION OF MATERIAL ADJECTIVES
F DÉCLINAISON DES ADJECTIFS DÉSIGNANT LA MATIÈRE
D DEKLINATION DER STOFFADJEKTIVE
I DECLINAZIONE DEGLI AGGETTIVI DESIGNANTI LA MATERIA
E DECLINACIÓN DE LOS ADJETIVOS DE MATERIA

Jednina / sg

	MUŠKI ROD / m	ŽENSKI ROD / f	SREDNJI ROD / n
N	drven stol	vunena haljina	zlatno pero
G	drvenog stola	vunene haljine	zlatnog pera
D	drvenom stolu	vunenoj haljini	zlatnom peru
A	drveni stol	vunenu haljinu	zlatno pero
L	(na) drvenom stolu	(na) vunenoj haljini	(na) zlatnom peru
I	drvenim stolom	vunenom haljinom	zlatnim perom

Množina / pl

	MUŠKI ROD / m	ŽENSKI ROD / f	SREDNJI ROD / n
N	drveni stolovi	vunene haljine	zlatna pera
G	drvenih stolova	vunenih haljina	zlatnih pera
D	drvenim stolovima	vunenim haljinama	zlatnim perima
A	drvene stolove	vunene haljine	zlatna pera
L	(na) drvenim stolovima	(na) vunenim haljinama	(na) zlatnim perima
I	drvenim stolovima	vunenim haljinama	zlatnim perima

Primjeri

E Examples
F Exemples
D Beispiele
I Esempi
E Ejemplos

Dobro izgledaju **u pamučnim** hlačama.
Na **staklenim** prozorima su lijepi zastori.
Na zlatnim ukrasima je zaštitni znak.
Očarana sam tvojim **vunenim** vestama.

Volim nositi **vunene** pulovere.
Dućan je pun **kristalnih** vaza.
Ja nemam **drveni** ormar.
Zadovoljni smo **drvenim** stolom.

DEKLINACIJA POSVOJNIH ZAMJENICA

E THE DECLENSION OF POSSESSIVE PRONOUNS

F DÉCLINAISON DES PRONOMS POSSESSIFS

D DEKLINATION DER POSSESSIVPRONOMEN

I DECLINAZIONE DEI PRONOMI POSSESSIVI

E DECLINACIÓN DE LOS PRONOMBRES POSESIVOS

Posvojne zamjenice, kao i druge imenske riječi, imaju deklinaciju u jednini i množini.

E Possessive pronouns, like all other nominal words, have a singular and a plural declension.

F Les pronoms possessifs, ainsi que les autres mots nominaux, se déclinent au singulier et au pluriel.

D Die Possessivpronomen werden wie alle anderen Nomen im Singular und Plural dekliniert.

I I pronomi possessivi, come pure le altre parole nominali, hanno la declinazione al singolare e al plurale.

E Los pronombres posesivos, al igual que otras parabras nominales se declinan en singular y en plural.

Jednina / sg

	MUŠKI ROD / m	ŽENSKI ROD / f	SREDNJI ROD / n
N	moj brat	moj**a** žen**a**	moj**e** src**e**
G	moj**eg** brata	moj**e** žen**e**	moj**eg** srca
D	moj**em** bratu	moj**oj** žen**i**	moj**em** srcu
A	moj**eg** brat**a**	moj**u** žen**u**	moj**e** src**e**
V	moj brat**e**!	moj**a** žen**o**!	moj**e** src**e**!
L	o moj**em** brat**u**	o moj**oj** žen**i**	o moj**em** src**u**
I	s moj**im** brat**om**	s moj**om** žen**om**	moj**im** src**em**

N	tvoj brat	tvoj**a** žen**a**	tvoj**e** src**e**
G	tvoj**eg** brat**a**	tvoj**e** žen**e**	tvoj**eg** src**a**
D	tvoj**em** brat**u**	tvoj**oj** žen**i**	tvoj**em** srcu
A	tvoj**eg** brat**a**	tvoj**u** žen**u**	tvoj**e** src**e**
L	o tvoj**em** brat**u**	tvoj**oj** žen**i**	tvoj**em** srcu
I	s tvoj**im** brat**om**	s tvoj**om** žen**om**	tvoj**im** srcem

	MUŠKI ROD / m	ŽENSKI ROD / f	SREDNJI ROD / n
G	njegov**og** brat**a**	njeg**ove** žen**e**	njegov**og** src**a**
D	njegov**om** brat**u**	njegov**oj** žen**i**	njegov**om** src**u**
A	njegov**og** brat**a**	njegov**u** žen**u**	njegov**o** src**e**
L	o njegov**om** brat**u**	o njegov**oj** žen**i**	o njegov**om** src**u**
I	s njegov**im** brat**om**	s njegov**om** žen**om**	njegov**im** src**em**
N	njezin brat	njezin**a** sestr**a**	njezin**o** src**e**
G	njezin**og** brat**a**	njezin**e** sestr**e**	njezin**og** src**a**
D	njezin**om** brat**u**	njezin**oj** sestr**i**	njezin**om** src**u**
A	njezin**og** brat**a**	njezin**u** sestr**u**	njezin**o** src**e**
L	o njezin**om** brat**u**	o njezin**oj** sestr**i**	o njezin**om** src**u**
I	s njezin**im** brat**om**	s njezin**om** sestr**om**	njezin**im** src**em**
N	naš stan	naš**a** sob**a**	naš**e** sunc**e**
G	naš**eg** stan**a**	naš**e** sob**e**	naš**eg** sunc**a**
D	naš**em** stan**u**	naš**oj** sob**i**	naš**em** sunc**u**
A	naš stan	naš**u** sob**u**	naš**e** sunc**e**
L	u naš**em** stan**u**	u naš**oj** sob**i**	na naš**em** sunc**u**
I	naš**im** stan**om**	naš**om** sob**om**	naš**im** sunc**em**
N	vaš brat	vaš**a** žen**a**	vaš**e** per**o**
G	vaš**eg** brat**a**	vaš**e** žen**e**	vaš**eg** per**a**
D	vaš**em** brat**u**	vaš**oj** žen**i**	vaš**em** per**u**
A	vaš**eg** brat**a**	vaš**u** žen**u**	vaš**e** per**o**
L	o vaš**em** brat**u**	o vaš**oj** žen**i**	o vaš**em** per**u**
I	s vaš**im** brat**om**	s vaš**om** žen**om**	vaš**im** per**om**
N	njihov brat	njihov**a** kuć**a**	njihov**o** sel**o**
G	njihov**og** brat**a**	njihov**e** kuć**e**	njihov**og** sel**a**
D	njihov**om** brat**u**	njihov**oj** kuć**i**	njihov**om** sel**u**
A	njihov**og** brat**a**	njihov**u** kuć**u**	njihov**o** sel**o**
L	o njihov**om** brat**u**	u njihov**oj** kuć**i**	o njihov**om** sel**u**
I	s njihov**im** brat**om**	njihov**om** kuć**om**	njihov**im** sel**om**

Množina / pl

	MUŠKI ROD / m	ŽENSKI ROD / f	SREDNJI ROD / n
N	moji roditelji	njezine knjige	naša mjesta
G	mojih roditelja	njezinih knjiga	naših mjesta
D	mojim roditeljima	njezinim knjigama	našim mjestima
A	moje roditelje	njezine knjige	naša mjesta
V	moji roditelji!	njezine knjige!	naša mjesta!
L	o mojim roditeljima	u njezinim knjigama	u našim mjestima
I	s mojim roditeljima	njezinim knjigama	našim mjestima
N	tvoji roditelji	njihove knjige	vaša sela
G	tvojih roditelja	njihovih knjiga	vaših sela
D	tvojim roditeljima	njihovim knjigama	vašim selima
A	tvoje roditelje	njihove knjige	vaša sela
L	o tvojim roditeljima	u njihovim knjigama	u vašim selima
I	s tvojim roditeljima	njihovim knjigama	vašim selima

NOMINATIV

Jednina / sg

MUŠKI ROD / m		ŽENSKI ROD / f		SREDNJI ROD / n	
moj	ø	moja	-a	moje	-e
tvoj		tvoja		tvoje	
njegov		njegova		njegovo	-o
njezin		njezina		njezino	
naš		naša		naše	-e
vaš		vaša		vaše	
njihov		njihova		njihovo	-o

Množina / pl

MUŠKI ROD / m		ŽENSKI ROD / f		SREDNJI ROD / n	
moji	-i	moje	-e	moja	-a
tvoji		tvoje		tvoja	
njegovi		njegove		njegova	
njezini		njezine		njezina	
naši		naše		naša	
vaši		vaše		vaša	
njihovi		njihove		njihova	

GENITIV

Jednina / sg

MUŠKI ROD / m		ŽENSKI ROD / f		SREDNJI ROD / n	
moj**eg**	**-eg**	moj**e**	**-e**	moj**eg**	**-eg**
tvoj**eg**		tvoj**e**		tvoj**eg**	
naš**eg**		njegov**e**		naš**eg**	
vaš**eg**		njezin**e**		vaš**eg**	
njegov**og**	**-og**	naš**e**		njegov**og**	**-og**
njezin**og**		vaš**e**		njezin**og**	
njihov**og**		njihov**e**		njihov**og**	

Množina / pl

MUŠKI ROD / m		ŽENSKI ROD / f		SREDNJI ROD / n	
moj**ih**	**-ih**	moj**ih**	**-ih**	moj**ih**	**-ih**
tvoj**ih**		tvoj**ih**		tvoj**ih**	
njegov**ih**		njegov**ih**		njegov**ih**	
njezin**ih**		njezin**ih**		njezin**ih**	
naš**ih**		naš**ih**		naš**ih**	
vaš**ih**		vaš**ih**		vaš**ih**	
njihov**ih**		njihov**ih**		njihov**ih**	

DATIV

Jednina / sg

MUŠKI ROD / m		ŽENSKI ROD / f		SREDNJI ROD / n	
moj**em**	**-em**	moj**oj**	**-oj**	moj**em**	**-em**
tvoj**em**		tvoj**oj**		tvoj**em**	
naš**em**		njegov**oj**		naš**em**	
vaš**em**		njezin**oj**		vaš**em**	
njegov**om**	**-om**	naš**oj**		njegov**om**	**-om**
njezin**om**		vaš**oj**		njezin**om**	
njihov**om**		njihov**oj**		njihov**om**	

Množina / pl

MUŠKI ROD / m		ŽENSKI ROD / f		SREDNJI ROD / n	
moj**im**	**-im**	moj**im**	**-im**	moj**om**	**-om**
tvoj**im**		tvoj**im**		tvoj**om**	
njegov**im**		njegov**im**		njegov**om**	
njezin**im**		njezin**im**		njezin**om**	
naš**im**		naš**im**		naš**om**	
vaš**im**		vaš**im**		vaš**om**	
njihov**im**		njihov**im**		njihov**om**	

AKUZATIV

Jednina / sg

MUŠKI ROD / m		ŽENSKI ROD / f		SREDNJI ROD / n	
moj**eg**	**-eg**	moj**u**	**-u**	moj**e**	**-e**
tvoj**eg**		tvoj**u**		tvoj**e**	
naš**eg**		njegov**u**		naš**e**	
vaš**eg**		njezin**u**		vaš**e**	
njegov**og**	**-og**	naš**u**		njegov**o**	**-o**
njezin**og**		vaš**u**		njezin**o**	
njihov**og**		njihov**u**		njihov**o**	

Množina / pl

MUŠKI ROD / m		ŽENSKI ROD / f		SREDNJI ROD / n	
moj**e**	**-e**	moj**e**	**-e**	moj**a**	**-a**
tvoj**e**		tvoj**e**		tvoj**a**	
njegov**e**		njegov**e**		njegov**a**	
njezin**e**		njezin**e**		njezin**a**	
naš**e**		naš**e**		naš**a**	
vaš**e**		vaš**e**		vaš**a**	
njihov**e**		njihov**e**		njihov**a**	

Napomena

Posvojna zamjenica **njezin** može se zamijeniti i skraćenim oblikom **njen, -a, -o**. To se često događa u govornom jeziku, a deklinacija tog skraćenog oblika je ista kao i za dugi oblik **njezin**.

E   Note

The possessive pronoun **njezin** has a short form **njen, -a, -o**, which is often used in speech. Its declension is the same as that of **njezin**.

F   Remarque

Le pronom possessif **njezin** peut être remplacé par la forme inaccentuée **njen, -a, -o,** surtout dans la langue parlée. La déclinaison de la forme inaccentuée est identique à celle de la forme accentuée **njezin**.

D   Anmerkung

Das Possessivpronomen **njezin** kann auch durch die gekürzte Form **njen, -a, -o,** ersetzt werden. Das geschieht oft in der gesprochenen Sprache. Die Deklination dieser gekürzten Form ist dieselbe wie die der langen Form **njezin**.

I   Nota

IL pronome possessivo **njezin** può essere sostituito con la forma breve **njen, -a, -o.** Ciò si usa spesso nella lingua parlata. La declinazione della forma breve è uguale a quella della forma lunga **njezin**.

E Nota

El pronombre posesivo **njezin** puede ser reemplazado por la forma átona **njen, -a, -o**. Esto ocurre a menudo en la lengua hablada. La declinación de la forma átona es igual a la de la forma tónica **njezin**.

Primjeri

E Examples
F Exemples
D Beispiele
I Esempi
E Ejemplos

To je **njezino** dijete. To je **njeno** dijete.
To je **njezin** muž. To je **njen** muž.
To je **njezina** kuća. To je **njena** kuća.

Ista je pojava moguća i u genitivu, dativu i akuzativu zamjenica **moj, tvoj.**

E The same applies to the genitive, dative and accusative of the pronouns **moj** and **tvoj.**

F Le même phénomène peut se produire au génitif, au datif et à l'accusatif des pronoms **moj, tvoj**.

D Dieselbe Ercheinung ist auch im Genitiv, Dativ und Akkusativ der Possessivpronomen **moj, tvoj,** möglich.

I Lo stesso fenomeno avviene al genitivo, al dativo e all'accusativo dei pronomi **moj** e **tvoj**.

E El mismo fenómeno se puede producir en el genitivo, en el dativo y en el acusativo de los pronombres **moj, tvoj**.

Primjeri

E Examples
F Exemples
D Beispiele
I Esempi
E Ejemplos

Ovdje nema **tvojeg** (tvog) sina.
Ne, nema **mojeg** (mog) sina.
Mojem (mom) mužu treba odmor.
Tvojem (tvom) sinu je ime Boris.

LOKATIV

Jednina / sg

MUŠKI ROD / m		ŽENSKI ROD / f		SREDNJI ROD / n	
moj**em**	**-em**	moj**oj**	**-oj**	moj**em**	**-em**
tvoj**em**		tvoj**oj**		tvoj**em**	
naš**em**		njegov**oj**		naš**em**	
vaš**em**		njezin**oj**		vaš**em**	
njegov**om**	**-om**	naš**oj**		njegov**om**	**-om**
njezin**om**		vaš**oj**		njezin**om**	
njihov**om**		njihov**oj**		njihov**om**	

Množina / pl

MUŠKI ROD / m	ŽENSKI ROD / f	SREDNJI ROD / n
moj**im** -**im**	moj**im** -**im**	moj**im** -**im**
tvoj**im**	tvoj**im**	tvoj**im**
njegov**im**	njegov**im**	njegov**im**
njezin**im**	njezin**im**	njezin**im**
naš**im**	naš**im**	naš**im**
vaš**im**	vaš**im**	vaš**im**
njihov**im**	njihov**im**	njihov**im**

INSTRUMENTAL

Jednina / sg

MUŠKI ROD / m	ŽENSKI ROD / f	SREDNJI ROD / n
moj**im** -**im**	moj**om** -**om**	moj**em** -**em**
tvoj**im**	tvoj**om**	tvoj**em**
njegov**im**	njegov**om**	njegov**om** -**om**
njezin**im**	njezin**om**	njezin**om**
naš**im**	naš**om**	naš**om**
vaš**im**	vaš**om**	vaš**om**
njihov**im**	njihov**om**	njihov**om**

Množina / pl

MUŠKI ROD / m	ŽENSKI ROD / f	SREDNJI ROD / n
moj**im** -**im**	moj**im** -**im**	moj**im** -**im**
tvoj**im**	tvoj**im**	tvoj**im**
njegov**im**	njegov**im**	njegov**im**
njezin**im**	njezin**im**	njezin**im**
naš**im**	naš**im**	naš**im**
vaš**im**	vaš**im**	vaš**im**
njihov**im**	njihov**im**	njihov**im**

Napomena

Ovaj shematski prikaz nastavaka vrijedi isto tako za **opisne, posvojne i gradivne pridjeve** u jednini i množini za sva tri roda.

E Note

These tables of endings apply equally to **descriptive, possessive and material adjectives** in the singular and plural for all three genders.

F Remarque

Ce tableau shématique des désinences est valable également pour **les adjectifs qualificatifs et possessifs ainsi que pour les adjectifs désignant le matière**, au singulier et au pluriel pour les trois genres.

D Anmerkung

Diese schematische Darstellung der Endungen gilt genauso für **beschreibende, possessive und Stoffadjektive** im Singular und im Plural für alle drei Geschlechter.

I Nota

Questo quardo schematico di desinenze vale ugualmente per la declinazione **degli aggettivi qualificativi, possessivi e quelli designanti la materia**, al singolare e plurale per tutti i tre generi.

E Nota

Estas tablas esquemáticas de desinencias se emplean de igual modo para **los adjetivos calificativos, posesivos y de materia**, tanto en singular como en plural lu los tres géneros.

GLAGOLI PLAĆATI, PLAKATI
E VERBS **PLAĆATI, PLAKATI**
F VERBES **PLAĆATI, PLAKATI**

D VERBEN **PLAĆATI, PLAKATI**
I I VERBI **PLAĆATI, PLAKATI**
E LOS VERBOS **PLAĆATI, PLAKATI**

Jednina / sg

plaćati

1. Ja	**plaćam**	račun.
2. Ti	**plaćaš**	piće.
3. Ona	**plaća**	karte.

plakati

1. Ja	**plačem**	kad sam tužna.
2. Ti	**plačeš**	kad si bolestan.
3. Ona	**plače**	često.

Množina / pl

1. Mi	**plaćamo**	struju.
2. Vi	**plaćate**	stanarinu.
3. Oni	**plaćaju**	tečaj.

1. Mi	**plačemo**	zajedno.
2. Vi	**plačete**	bez razloga.
3. Oni	**plaču**	kad nitko ne vidi.

Napomena

U prezentu glagola **plakati** zbila se glasovna promjena **jotacija** (spajanje suglasnika s glasom **j** daje novi suglasnik): pla**k** + **j**em = plačem.

E **Note**

In the present tense of the verb **plakati** the sound change called **jotation** occurs (the sound **j** and adjacent consonant merge to produce a new consonant):

pla**k** + **j**em = plačem.

F **Remarque**

Une alternance consonantique, appelée **iotacisation**, s'est produite au présent du verbe **plakati** (l'union de la consonne **k** avec le son **j** donne une nouvelle consonne):

pla**k** + **j**em = plačem.

D **Anmerkung**

Im Präsens des Verbs **plakati** kam es zur Lautänderung, **jotation** genannt (durch Verknüpfung eines Konsonanten mit dem Laut **j** entsteht ein neuer Konsonant):

pla**k** + **j**em = plačem.

I **Nota**

Al presente del verbo **plakati** avviene un mutamento di suoni, chiamato **jotazione** (la connessione della consonante con il suono **j** che da una nuova consonante):

pla**k** + **j**em = plačem.

E **Nota**

En el presente del verbo **plakati** se ha producido el cambio consonàntico llamado **jotacija** (yotación-la unión de la consonante con el sonido **j** hace surgir otra consonante):

pla**k** + **j**em = plačem.

20. cjelina

GLAVNI BROJEVI

E CARDINAL NUMBERS
F NOMBRES CARDINAUX

D GRUNDZAHLEN (KARDINALZAHLEN)
I I NUMERI CARDINALI
E NUMERALES CARDINALES

Godina ima 4 (četiri) godišnja doba. To su proljeće, ljeto, jesen i zima.

Ona ima 25 (dvadeset pet) godina.

Ovdje ima 16 (šesnaest) studenata.

1 (jedan)	11 (jedanaest)	30 (trideset)
2 (dva)	12 (dvanaest)	40 (četrdeset)
3 (tri)	13 (trinaest)	50 (pedeset)
4 (četiri)	14 (četrnaest)	60 (šezdeset)
5 (pet)	15 (petnaest)	70 (sedamdeset)
6 (šest)	16 (šesnaest)	80 (osamdeset)
7 (sedam)	17 (sedamnaest)	90 (devedeset)
8 (osam)	18 (osamnaest)	100 (sto)
9 (devet)	19 (devetnaest)	1 000 (tisuća)
10 (deset)	20 (dvadeset)	1 000 000 (milijun)
1 993 (tisuću devetsto devedeset tri)		

Od glavnih brojeva vlastitu promjenu imaju: jedan, dva, tri, četiri.

Stotina, tisuća i milijarda mijenjaju se kao imenice ženskog roda.

Milijun, trilijun... mijenjaju se kao imenice muškog roda.

Redni brojevi izriču koje je što po redu. Imaju sva tri roda i mijenjaju se kao pridjevi: prvi, drugi, treći, četvrti, peti...

U **složenim rednim brojevima** samo je posljednji član redni broj, a prethodni članovi imaju oblik glavnog broja: 22. 5. 1993. (dvadeset drugi peti tisuću devetsto devedeset treće).

E The following **cardinal numbers** have their own declension: jedan, dva, tri, četiri.
Stotina, tisuća, and milijarda follow the declension of feminine nouns.
Milijun, trilijun... follow the declension of masculine nouns.
Ordinal numbers show order or position in a series. They have three genders and are declined like adjectives: prvi, drugi, treći, četvrti, peti...
In **compound ordinal numbers** only the last member is an ordinal number and the preceding members have the form of a cardinal number: 22. 5. 1993. (dvadeset drugi peti tisuću devetsto devedeset treće).

F **Les nombres cardinaux** jedan, dva, tri, četiri ont une déclinaison particulière.
Stotina, tisuća i milijarda se déclinent comme les noms féminins.
Milijun, trilijun... se déclinent comme les noms masculins.
Les nombres ordinaux indiquent l'ordre des êtres ou des choses. Ils ont trois genres et se déclinent comme les adjectifs: prvi, drugi, treći, četvrti, peti...
Dans **les nombres ordinaux composés** seul le dernier numéral est ordinal; les numéraux qui précèdent sont cardinaux: 22. 5. 1993. (dvadeset drugi peti tisuću devetsto devedeset treće).

D Folgende **kardinalzahlen** haben ihre eigene Deklination: jedan, dva, tri, četiri.
Die Kardinalzahlen stotina, tisuća und milijarda werden wie Substantive weiblichen Geschlechts (Femmina) dekliniert.
Die Kadrinalzahlen milijun, trilijun... werden wie Substantiv männlichen Geschlechts (Maskulina) dekliniert: prvi, drugi, treći, četvrti, peti...
Die ordnungszahlen drücken die Stelle in der Reihenfolge aus. Sie haben alle drei Geschlechter und werden wie Adjektive dekliniert. In **zusammengesetzten Ordnungszahlen** ist nur der letzte Bestandteile Ordnungszahl, die vorangehenden Bestandteil haben die Form von Grundzahlen: 22. 5. 1993. (dvadeset drugi peti tisuću devetsto devedeset treće).

I **I numeri cardinali** jedan, dva, tri, četiri hanno una propria declinazione. Stotina, tisuća e milijarda – si declinano come i nomi femminili.
Milijun, trilijun... si declinano come i nomi maschili.
I numeri ordinali indicano l'ordine di successione in una serie. Hanno tre generi e si declinano come gli aggettivi: prvi, drugi, treći, četvrti, peti...
Nei **numerali ordinali composti** solo l'ultimo numero è ordinale, i numeri che lo precedono sono cardinali: 22. 5. 1993. (dvadeset drugi peti tisuću devetsto devedeset treće).

E Los **numerales cardinales**: jedan, dva, tri, četiri poseen cambios particulares.
Stotina, tisuća y milijarda cambian como sustantivos de género femenino.
Milijun, trilijun.... cambian como sustantivos de género masculino.
Los numerales ordinales designan la posición por orden. Poseen los tres géneros y se declinan como los adjetivos: prvi, drugi, treći, četvrti, peti...
En **los numerales ordinales compuestos**, sólo el último es ordinal, los demás mantienen su forma de numerales cardinales: 22. 5. 1993. (dvadeset drugi peti tisuću devetsto devedeset treće).

DEKLINACIJA BROJEVA
E THE DECLENSION OF NUMERALS
F DÈCLINAISON DES NOMBRES
D DEKLINATION DER ZAHLEN
I DECLINAZIONE DEI NUMERALI
E DECLINACIÓN DE LOS NUMERALES

Broj **jedan, jedna, jedno** deklinira se kao posvojna zamjenica, pa ima i **množinu**.

E **Jedan, jedna, jedno** is declined like a possessive pronoun and has a plural form.

F **Jedan, jedna, jedno** se déclinent comme les pronoms possessifs, par conséquent au pluriel également.

D Die Zahl **jedan, jedna, jedno** wird wie ein Possessivpronomen dekliniert und hat auch Formen im Plural.

I L'aggettivo numerale cardinale **jedan, jedna, jedno** si declina come gli aggettivi possessivi e perciò ha anche il plurale.

E **Jedan, jedna, jedno** se declinan como pronombres posesivos, por lo tanto tienen plural.

Jednina /sg

	MUŠKI ROD / m		ŽENSKI ROD / f		SREDNJI ROD / n
N		jedan		jedna	jedno
G		jednog		jedne	jednog
D		jednom		jednoj	jednom
A		jedan / jednog		jednu	jedno
V		jedan!		jedna!	jedno!
L	(u)	jednom	(na)	jednoj	(na) jednom
I	(s)	jednim	(s)	jednom	(s) jednim

Množina / pl

	MUŠKI ROD / m		ŽENSKI ROD / f		SREDNJI ROD / n
N		jedni		jedne	jedna
G		jednih		jednih	jednih
D		jednim(a)		jednim(a)	jednim(a)
A		jedne		jedne	jedna
V		jedni!		jedne!	jedna!
L	(u)	jednima	(na)	jednima	(na) jednima
I	(s)	jednima	(s)	jednima	(s) jednima

Primjeri

- **E** Examples
- **F** Exemples
- **D** Beispiele
- **I** Esempi
- **E** Ejemplos

Izgubio je **jednu** olovku.

Otišli su prije **jednog** sata.

Jedni studenti su stigli, a **drugi** nisu.

Razgovaramo s **jednim** studentom.

Što misliš **o jednom** toplom čaju?

Jednih primjera ima više nego **drugih**.

S jednima sam se dobro složio.

Na **jednoj** stranici su zadaci.

Broj **dva** ispred imenice:

- **E** The numeral **dva** before nouns:
- **F** Nombre **dva** devant les noms:
- **D** Die Zahl **dva** vor Substantiven:
- **I** L'aggettivo numerale **dva** davanti ai sostantivi:
- **E** El numerale **dva** delante del sustantivo:

Muški rod / m	dva	Imam **dva** kaputa.
Ženski rod / f	dvije	Imam **dvije** sestre.
Srednji rod / n	dva	Tamo su **dva** sela.

Ali 🇬🇧 But 🇫🇷 Mais 🇩🇪 Aber 🇮🇹 Ma 🇪🇸 Pero

Muški rod / m + Ženski rod / ž	dvoje

Muškarac i žena su **dvoje**.
Brat i sestra su **dvoje**.
Student i studentica su **dvoje**.
Momak i djevojka su **dvoje**.

Primjeri

🇬🇧 Examples
🇫🇷 Exemples
🇩🇪 Beispiele   Njih **dvoje** su sretan par.
🇮🇹 Esempi   Jesu li svi studenti stigli? **Dvoje** još nisu.
🇪🇸 Ejemplos   Vas **dvoje**, dođite bliže!

Brojevi **stotina, tisuća, milijarda** imaju oblike kao imenice ženskog roda na **-a**.

🇬🇧 The numerals **stotina, tisuća, milijarda** have the same declension as feminine nouns ending in **-a**.

🇫🇷 Les nombres **stotina, tisuća, milijarda** ont les mêmes formes que les noms féminins en **-a**.

🇩🇪 Die Zahlen **stotina, tisuća, milijarda** haben dieselben Formen wie weibliche Substantive (Femmina) auf **-a**.

🇮🇹 Gli aggettivi numerali cardinali **stotina, tisuća, milijarda** hanno le stesse forme dei nomi femminili in **-a**.

🇪🇸 Los numerales **stotina, tisuća, milijarda** tienen las mismas formas que los sustantivos de género femenino en **-a**.

Primjeri

🇬🇧 Examples
🇫🇷 Exemples
🇩🇪 Beispiele   Rekla sam ti **stotinu** puta.
🇮🇹 Esempi   **Tisuću** godina je mnogo vremena.
🇪🇸 Ejemplos   Divim se **milijardama** zvijezda na nebu.
                   Vikali su zajedno s **tisućama** drugih.

REDNI BROJEVI
🇬🇧 ORDINAL NUMBERS
🇫🇷 NOMBRES ORDINAUX
🇩🇪 ORDNUNGSZAHLEN
🇮🇹 I NUMERALI ORDINALI
🇪🇸 NUMERALES ORDINALES

Prva četiri redna broja imaju drukčiju osnovu: **prvi, drugi, treći, četvrti.**
Brojevi od 5 do 99 tvore se nastavkom **-i** na glavni broj: pet**i**, šest**i**, devet**i**, deset**i**...
Iznimka su **sedmi, osmi** (ispadanje nepostojanog **a**).

U višečlanim brojevima samo zadnji član ima oblik rednog broja:

Rođen sam 1967. (tisuću devetsto šezdeset **sedme**).

On je rođen 17. 1. 1951. (sedamnaestog prvog tisuću devetsto pedeset prve).

Redni se brojevi dekliniraju kao pridjevi.

E The first four ordinal numbers have a different base: **prvi, drugi, treći, četvrti.**

The ordinals from 5 to 99 are formed by adding the ending **-i** to the cardinal: **peti, šesti, deveti, deseti...**

Exceptions are **sedmi, osmi** (omission of the mobile **a**).

In compound numbers only the last member has the form of an ordinal number:

Rođen sam 1967. (tisuću devetsto šezdeset **sedme**).

On je rođen 17.1.1951. (sedamnaestog prvog tisuću devetsto pedeset prve).

Ordinal numbers follow the same declension pattern as adjectives.

F Les nombres ordinaux de 1 à 4 ont un radical différent de celui des nombres cardinaux: **prvi, drugi, treći, četvrti.**

Les nombres ordinaux de 5 à 99 sont formés en ajoutant aux nombres cardinaux correspondants le suffixe **-i**: **peti, šesti, deveti, deseti...**

Exceptions: **sedmi, osmi** (l'omission de **a** mobile).

Dans le nombres composés, seul le dernier élément devient ordinal:

Rođen sam 1967. (tisuću devetsto šezdeset **sedme**).

On je rođen 17.1.1951. (sedamnaestog prvog tisuću devetsto pedeset prve).

Les nombres ordinaux se déclinent comme les adjectifs.

D Die ersten vier Ordnungszahlen haben andere Stämme: **prvi, drugi, treći, četvrti.**

Die Ordnungszahlen von 5 bis 99 werden durch Anhängen der Endung **-i** an die Grundzahl gebildet: **peti, šesti, deveti, deseti...**

Ausnahmen bilden die Zahlen **sedmi, osmi** (Ausfall des unbeständigen **a**).

In zusammengesetzten Zahlen hat nur die letzte Zahl die Form einer Ordnungszahl:

Rođen sam 1967. (tisuću devetsto šezdeset **sedme**).

On je rođen 17.1.1951. (sedamnaestog prvog tisuću devetsto pedeset prve).

Ordnungszahlen werden wie Adjektive dekliniert.

I Gli aggettivi ordinali da 1 a 4 hanno una forma speciale: **prvi, drugi, treći, četvrti.**

Gli aggettivi ordinali da 5 a 99 si formano aggiungendo **-i** all'aggettivo cardinale corrispondente: **peti, šesti, deveti, deseti...**

Fanno eccezione **sedmi** e **osmi**, dove abbiamo l'omissione dell'**a** mobile.

Negli aggettivi numerali composti solo l'ultimo numero è ordinale:

Rođen sam 1967. (tisuću devetsto šezdeset **sedme**).

On je rođen 17.1.1951. (sedamnaestog prvog tisuću devetsto pedeset prve).

Gli aggettivi numerali ordinali si declinano come gli aggettivi qualificativi.

E Los primeros cuatro numerales ordinales tienen la radical diferente del numeral cardinal: **prvi, drugi, treći, četvrti.**

Los ordinales del 5 al 99 se forman añadiendo la desinencia **-i** al numeral cardinal: **peti, šesti, deveti, deseti...**

Las excepciones son los numerales: **sedmi, osmi** (omisión de la **-a** móvil).

En los numerales ordinales compuestos, sólo el último elemento lleva la desinencia del ordinal:

Rođen sam 1967. (tisuću devetsto šezdeset **sedme**).

On je rođen 17.1.1951. (sedamnaestog prvog tisuću devetsto pedeset prve).

Los numerales ordinales se declinan como los adjetivos.

Primjeri

E Examples
F Exemples
D Beispiele
I Esempi
E Ejemplos

Ovdje nema **drugih** zadaća.
Na **drugoj** strani ulice je velik dućan.
Pričajte sadržaj u **trećem** licu.
Ne treba brinuti **o drugima**.
Oni sjede **u petom** redu iza nas.
To je bilo **pedesetih** godina.

BROJNE IMENICE

E NUMERIC NOUNS
F NOMBRES COLLECTIFS

D ZAHLENSUBSTANTIVE (QUANTITÄTSNOMEN)
I I SOSTANTIVI NUMERALI
E SUSTANTIVOS NUMERALES

Postoje i imenice nastale od brojeva: **dvojica, trojica, četvorica, petorica... desetorica, dvadesetorica.**
Dekliniraju se kao imenice ženskog roda na **-a**, ali samo u jednini.

E There is a group of nouns derived from numerals: **dvojica, trojica, četvorica, petorica... desetorica, dvadesetorica.**

They are declined like feminine nouns ending in **-a** but only in the singular form.

F Il existe des noms dérivés de certains nombres: **dvojica, trojica, četvorica, petorica... desetorica, dvadesetorica.**

Ils se déclinent comme les noms féminins en **-a**, mais uniquement au singulier.

D Es gibt auch Substantive, die aus Zahlen entstanden sind: **dvojica, trojica, četvorica, petorica... desetorica, dvadesetorica.**

Sie werden wie weibliche Substantive (Femmina) auf **-a** dekliniert, jedoch nur im Singular.

I Ci sono sostantivi derivati dai numeri: **dvojica, trojica, četvorica, petorica... desetorica, dvadesetorica.**

Questi sostantivi si declinano come i nomi femminili in **-a**, ma hanno solo il signolare.

E Existe un número de sustantivos derivados de los numerales: **dvojica, trojica, četvorica, petorica... desetorica, dvadesetorica.**

Se declinan como los sustantivos de género femenino terminados en **-a**, pero únicamente en singular.

Primjeri

E Examples
F Exemples
D Beispiele
I Esempi
E Ejemplos

Došla su **trojica** dječaka.
Ti pričaš o onoj **trojici** što igraju.
Ne mogu razgovarati s **dvojicom** odjednom.
Ta **petorica** trebaju ponoviti lekciju.
Možemo računati samo s **četvoricom** momaka.
Na **dvojici** studenata sam vidjela taj znak.

GLAGOL HTJETI

E THE VERB **HTJETI**
F LE VERBE **HTJETI**
D DAS VERB **HTJETI**
I IL VERBO **HTJETI**
E EL VERBO **HTJETI**

Potvrdni oblik prezenta

E The present tense – affirmative F Présent – forme affirmative D Aussageform des Präsens (affirmativ) I Presente – forma affermativa E Forma Afirmativa del presente

Ja **hoću** kavu, a ti?
Hoćeš li i ti?
Ona **hoće** kolača.
On sada **hoće** pauzu.

Mi **hoćemo** u restoran.
Hoćete li i vi s nama?
Oni **hoće** zajedno.
I one **hoće** s vama.

Jednina / sg

1.	ja	**hoću**
2.	ti	**hoćeš**
3.	on	**hoće**
	ona	
	ono	

Množina / pl

1.	mi	**hoćemo**
2.	vi	**hoćete**
3.	oni	**hoće**
	one	
	ona	

Glagol **htjeti** je ovdje sinonim glagola **željeti**. Ali, taj glagol ima i nenaglašene oblike prezenta kad služi za tvorbu budućeg vremena (futura).

E In this example the verb **htjeti** is synonymous with **željeti**. But it also has unstressed present tense forms when it serves as an auxiliary in the formation of the future tense.

F Dans ces exemples le verbe **htjeti** est le synonyme du verbe **željeti**. Ce verbe a également une forme inaccentuée qui sert à la formation du futur.

D Das Verb **htjeti** ist hier ein Synonym des Verbs **željeti**. Aber dieses Verb hat auch unbetonte (kurze) Präsensformen, wenn es als Hilfsverb zur Bildung des Futurs dient.

I Il verbo **htjeti** è sinonimo del verbo **željeti**. Al presente questo verbo ha anche una forma breve (non accentata) che serve per la formazione del futuro.

E El verbo **htjeti** es sinònimo del verbo **željeti**.
También posee forma átona del presente, que se emplea en la formación del futuro.

Niječni oblik prezenta glagola htjeti

E The verb **htjeti** – negative present tense form **F** Le verbe **htjeti** – Forme négative **D** Verneinende Form des Präsens von **htjeti** **I** Presente – forma negativa – del verbo **htjeti** **E** Forma negattva del presente del verbo **htjeti**

Neću cigaretu, ne pušim.   Danas **nećemo** u restoran.

Nećeš kavu?   Vi **nećete** čaj?

Ona **neće** s nama?   Oni **neće** s nama?

Jednina / sg

1.	ja	**neću**
2.	ti	**nećeš**
3.	one	**neće**

Množina / pl

1.	mi	**nećemo**
2.	vi	**nećete**
3.	one	**neće**

Negacija se piše zajedno s glagolom, kao i u glagola **biti** (nisam, nisi, nije...).

E The negation is written together with the verb as in the verb **biti** (nisam, nisi, nije...).

F La négation se joint au verbe, comme c'est le cas avec le verbe **biti** (nisam, nisi, nije...).

D Die Negation wird mit dem Verb zusammengeschrieben, wie auch bei dem Hilfsverb **biti** (nisam, nisi, nije...).

I La negazione si aggiunge al verbo come nel caso del verbo **biti** (nisam, nisi, nije...).

E La negación se escribe conjuntamente con el verbo, al igual que con el verbo **biti** (nisam, nisi, nije...).

21. cjelina

UPRAVNI I NEUPRAVNI GOVOR

E DIRECT AND INDIRECT SPEECH
F DISCOURS DIRECT ET DISCOURS INDIRECT
D DIE DIREKTE UND DIE INDIREKTE REDE
I DISCORSO DIRETTO E INDIRETTO
E ESTILO DIRECTO Y ESTILO INDIRECTO

Upravni govor	Neupravni govor
izjava	veznik **da**
upitna riječ: koliko, kada, gdje…	upitna riječ: koliko, kada, gdje…
pitanje: je li, može li?…	inverzija: je li, može li?…

E

Direct speech	Indirect speech
statement	conjonction **da**
question word: koliko, kada, gdje…	question word: koliko, kada, gdje…
question: je li, može li?…	inversion: je li, može li?…

F

Discours direct	Discours indirect
la declaration	conjunction **da**
le mot interrogatif: koliko, kada, gdje…	le mot interrogatif: koliko, kada, gdje…
la question: je li, može li?…	l' ilversion: je li, može li?…

D

Die direkte Rede	Die indirekte Rede
die Aussage	Konjunktion **da**
das Fragewort: koliko, kada, gdje…	das Fragewort: koliko, kada, gdje…
die Frage: je li, može li?…	die Inversion: je li, može li?…

I

Discorso diretto	Discorso indiretto
proposizione	congiunzione **da**
parola interrogativa: koliko, kada, gdje…	parola interrogativa: koliko, kada, gdje…
domanda: je li, može li?…	inversione: je li, može li?…

E

Estilo directo	Estilo indirecto
enunciado	conjunción **da**
interrogativo: koliko, kada, gdje…	interrogativo: koliko, kada, gdje…
pregunta: je li, može li?…	inversión: je li, može li?…

Primjeri

E Examples
F Exemples
D Beispiele
I Esempi
E Ejemplos

Marija kaže: „**Idem u školu.**" Marija kaže **da** ide u školu.
Ana kaže bratu: „**Sutra pišemo ispit.**" Ana kaže bratu **da** sutra pišu ispit.
Oni kažu: „**Pojeli smo ručak.**" Oni kažu **da** su pojeli ručak.

Davor pita: „**Kada** stiže vlak?" Davor pita **kada** stiže vlak.
Ana pita: „**Koliko** je sati? Ana pita **koliko** je sati.
Student pita: „**Gdje** je profesor?" Student pita gdje je profesor.

Branka pita: „**Dolazite li** na večeru?" Branka pita **dolaze li** na večeru.
Momak pita djevojku: „**Ideš li** sa mnom u kino?" Momak pita djevojku **ide li** s njim u kino.
Studenti pitaju: „**Možemo li** posuditi knjigu?" Studenti pitaju **mogu li** posuditi knjigu.

22. cjelina

FUTUR

E THE FUTURE TENSE
F LE FUTUR
D FUTUR
I FUTURO
E EL FUTURO

Prezent glagola **htjeti** služi za tvorbu budućeg vremena (futura); ima dakle, ulogu pomoćnog glagola. Futur je buduće vrijeme složeno od nenaglašenog prezenta pomoćnog glagola **htjeti** i **infinitiva.**

E The present tense of the verb **htjeti** is used as the auxiliary in the formation of the future tense. The future tense is a compound tense formed with the unstressed present tense form of the verb **htjeti** and the **infinitive**.

F Le présent du verbe **htjeti** sert à la formation du futur. On forme le futur avec la forme inaccentuée du présent du verbe **htjeti** et avec **l'infinitif**.

D Das Präsens des Verbs **htjeti** dient zur Bildung des Futurs; es hat also die Rolle des Hilfsverbs. Das Futur drückt die Zukunft aus und ist aus dem unbetonten Präsens des Hilfsverbs **htjeti** und der **Infinitivform** des Verbs zusammengesetzt.

I La forma breve del verbo **htjeti** serve da verbo ausiliare per la formazione del futuro. Il futuro è un tempo composto, formato dal presente della forma breve del verbo **htjeti** e dall'**infinito** del verbo.

E El presente del verbo **htjeti** sirve para formar el futuro; tiene por lo tanto función del verbo auxiliar. El futuro es un tiempo compuesto del presente átono del verbo auxiliar **htjeti** y del **infinitivo**.

Nenaglašeni oblik:
E The unstressed form:
F Formes inaccentuées:
D Unbetonte Form:
I Forma breve (non accentata):
E Forma átona:

Jednina / sg			Množina / pl		
1.	ja	ću	1.	mi	ćemo
2.	ti	ćeš	2.	vi	ćete
3.	on	će	3.	oni	će
	ona			one	
	ono			ona	

FUTUR	nenaglašeni prezent glagola **htjeti** + infinitiv
E THE FUTURE TENSE	The unstressed present tense of **htjeti** + Infinitive
F FUTUR	Présent inaccentuée du verbe **htjeti** + Infinitiv
D FUTUR	Unbetonte Präsensform des Verbs **htjeti** + Infinitiv
I FUTURO	Presente del verbo **htjeti** (forma breve) + Infinito
E FUTURO	Presente del verbo **htjeti** forma átona + Infinitivo

Primjeri

E Examples
F Exemples
D Beispiele
I Esempi
E Ejemplos

Ja ću ići s tobom večeras.
Ti ćeš doći s njima.
On će pisati pismo roditeljima.
Mi ćemo pričati dobru priču.

Vi ćete raditi iste stvari.
One će spremiti večeru za sve.
Oni će kupiti vino.

Napomena

Infinitivi na **-ti** gube **-i** kad pomoćni glagol stoji iza infinitiva.

E Note

Infinitives ending in **-ti** lose the **-i** when the auxiliary follows the infinitive.

F Remarque

Les verbes à l'infinitif en **-ti** perdent 1'**i** final lorsque l'infinitif est suivi du verbe auxiliare.

D Anmerkung

Infinitive auf **-ti** legen das **-i** ab, wenn das Hilfsverb hinter dem Infinitiv steht.

I Nota

I verbi che all'infinito hanno la desinenza **-ti** perdono l'**i** finale al futuro, quando l'infinito è seguito dal verbo ausiliare.

E Nota

Los infinitivost en **-ti** pierden la **-i** final cuando el infinitivo está seguido del verbo auxiliar.

Primjeri

E Examples
F Exemples
D Beispiele
I Esempi
E Ejemplos

Znat ćeš ovu pjesmu.
Gledat će dobar film.
Slušat ćemo radio.
Razgledat ćete tu izložbu.
Nosit će kaput ove zime.

To nije slučaj s glagolima čiji infinitiv završava nastavkom **-ći**.

E This does not apply to infinitives ending in **-ći**.

F Les verbes en **-ći** ne perdent pas l'**i** devant l'auxiliaire.

D Das ist nicht der Fall bei Verben, deren Infinitiv auf die Silbe **-ći** endet.

I I verbi in **-ći** non perdono l'**i** davanti all'ausiliare **htjeti**.

E Los verbos en **-ći** no pierden la **-i** final delante el verbo auxiliar.

Primjeri

E Examples
F Exemples
D Beispiele
I Esempi
E Ejemplos

Doći ću k tebi večeras.
Reći ćeš mi sve.
Poći će s roditeljima.

Naći ćemo se pred kinom.
Ići ćete na izlet u nedjelju.
Sići će na sljedećoj stanici.

Upitni oblici futura

E The future tense – interrogative forms   F Futur – forme interrogative   D Frageformen des Futurs   I Futuro – forma interrogativa   E Forma interrogativa del futuro

Pitanja možemo postavljati tako da započnemo s **upitnom riječju**.

E   Questions may be formed with **an interrogative word** in the initial position.

F   On peut poser les questions avec **un mot interrogatif** en tête de la phrase.

D   Fragen können gestellt werden, indem wir sie mit **einem Fragewort** anfangen.

I   Possiamo fare la domanda cominciando con **una parola interrogativa**.

E   La pregunta se puede formular empezando con **una palabra interrogativa**.

Primjeri

E Examples
F Exemples
D Beispiele
I Esempi
E Ejemplos

Zar ćeš doći sutra u školu?
Gdje će oni putovati zajedno?
Gdje ćete popiti čašu vina?
Kada ćemo ići na izlet?
Kako ću doći do vas?

Kad je pomoćni glagol na prvom mjestu u rečenici (inverzija), tada se upotrebljava naglašeni oblik.

E   When the auxiliary is in in the initial position in the sentence (inversion), its stressed form is used.

F   Si le sujet est inversé, on emploie la forme accentuée du verbe auxiliaire.

D   Nimmt das Hilfsverb die erste Stelle im Satz ein (Inversion), so steht das Hilfsverb in der betonten Form.

I   Se il verbo ausiliare è in inversione davanti all'infinito, usiamo la forma lunga (accentata) dell'ausiliare.

E   Si la frase empieza con el verbo auxiliar (inversión), se emplea la forma tònica del auxiliar.

Primjeri

E Examples
F Exemples
D Beispiele
I Esempi
E Ejemplos

Hoćeš li doći sutra u školu?
Hoće li oni putovati zajedno?
Hoćete li popiti kavu?

Hoćemo li ići na izlet?
Hoću li to **znati**?

Niječni oblici futura

🇬🇧 The future tense – negative forms 🇫🇷 Futur – forme négative 🇩🇪 Verneinende (negative) Formen des Futurs 🇮🇹 Futuro – forma negativa 🇪🇸 Forma negativa del futuro

Za razliku od ostalih glagola (osim negacije glagola **biti**) glagol **htjeti** se u negativnom obliku piše **zajedno** s negativnom česticom **ne**.

🇬🇧 Unlike other verbs (except the verb **biti**), the verb **htjeti** is written together with the negative particle **ne**.

🇫🇷 A la différence des autres verbes, le verbe **htjeti** (comme le verbe **biti**) s'écrit à la forme négative ensemble avec la particule **ne**.

🇩🇪 Zum Unterschied von den anderen Verben (ausgenommen die Negation des Verbs **biti**), wird das Verb **htjeti** in der negativen Form zusammen mit der Negationspartikel **ne** geschrieben.

🇮🇹 Nella forma negativa la particella **ne** si scrive insieme col verbo **htjeti**.

🇪🇸 A diferencia de los demás verbos (excepto la negación del verbo **biti**), el verbo **htjeti** se escribe conjuntamente con la partícula negativa **ne**.

Primjeri

🇬🇧 Examples
🇫🇷 Exemples
🇩🇪 Beispiele
🇮🇹 Esempi
🇪🇸 Ejemplos

Neću reći ništa o njoj.
Nećeš razgovarati sa mnom.
Ona neće doći večeras.

Nećemo sjesti kraj prozora.
Nećete ostati dugo u Zagrebu.
Oni neće ići s nama.

FUTUR POVRATNIH GLAGOLA

🇬🇧 THE FUTURE TENSE OF REFLEXIVE VERBS
🇫🇷 FUTUR DES VERBES PRONOMINAUX
🇩🇪 FUTUR DER REFLEXIVEN VERBEN
🇮🇹 FUTURO DEI VERBI RIFLESSIVI
🇪🇸 FUTURO DE LOS VERBOS REFLEXIVOS

Potvrdni oblik

🇬🇧 The affirmative form 🇫🇷 Forme affirmative 🇩🇪 Aussageform (affirmativ) 🇮🇹 Forma affermativa 🇪🇸 Forma afirmativa

1 2 3 4
Ja ću se **kupati** sljedećeg ljeta.
Ti ćeš se **vratiti** na vrijeme.
Mi ćemo se **veseliti** zajedno.

Kad je glagol u inverziji, dakle, kad ne upotrebljavamo osobnu zamjenicu, red riječi se mijenja:

🇬🇧 When the verb is in the initial position, i.e. when the personal pronoun is omitted, the word order changes:

🇫🇷 Si le sujet n'est pas exprimé, l'auxiliaire se place après l'infinitif:

🇩🇪 Wenn das Verb in der Inversion steht, also wenn wir kein Personalpronomen gebrauchen, ändert sich die Wortfolge:

🇮🇹 Se il pronome personale, come soggetto, non è espresso, l'ausiliare si mette dopo l'infinito:

E Cuando el verbo se halla en inversión, es decir, cuando no empleamos los pronombres personales, el orden de las palabras en la frase cambia:

1	2	3	
Kupat	**ću**	**se** ovog ljeta.	
Vratit	**ćeš**	**se** na vrijeme.	
Veselit	**ćemo**	**se** zajedno.	

Futur povratnih glagola – niječni oblik

E The future tense of reflexive verbs – negative form **F** Futur des verbes pronominaux – forme négative **D** Futur der reflexiven Verben – Negation **I** Futuro dei verbi riflessivi – forma negativa **E** Futuro de los verbos reflexivos – forma negativa

1	2	3	4	
Ja	**se**	**neću**	**smijati** tvom vicu.	
Vi	**se**	**nećete**	**sjetiti** njegove adrese.	
Ti	**se**	**nećeš**	**sjećati** rata.	
Mi	**se**	**nećemo**	**sresti** na izletu.	
Oni	**se**	**neće**	**obući** toplije.	

Ali u inverziji niječni oblik futura povratnih glagola je:

E However, when there is inversion, the negative form of the future tense of reflexive verbs is as follows:

F Si le sujet n'est par exprimé, l'ordre des mots sera le suivant:

D In der Inversion lautet jedoch die verneinte Form des Futurs reflexiven Verben – wie folgt:

I Ecco l'ordine delle parole al futuro dei verbi riflessivi, quando il soggetto non è espresso:

E Pero en caso de inversión, la forma negativa del futuro de los verbos reflexivos es la siguiente:

1	2	3	
Neću	**se**	**smijati** toj šali.	
Nećete	**se**	**sjetiti** njegove adrese.	
Nećeš	**se**	**sjećati** rata.	
Nećemo	**se**	**sresti** na izletu.	
Neće	**se**	**obući** toplo.	

PERFEKT GLAGOLA HTJETI

E THE PERFECT TENSE OF THE VERB **HTJETI**

F PASSÉ COMPOSÉ DU VERBE **HTJETI**

D PERFEKT DES VERBS **HTJETI**

I PERFETTO DEL VERBO **HTJETI**

E PRETERITO PERFECTO DEL VERBO **HTJETI**

Glagolski pridjev radni (particip) glagola **htjeti** ima ove oblike:

E The participle of the verb **htjeti** has the following forms:

F Le participe passé du verbe **htjeti** a les formes suivantes:

D Das Partizip des Verbs **htjeti** hat folgende Formen:

Ⓘ Le forme del participio passato del verbo **htjeti**:

Ⓔ El participio pasado del verbo **htjeti** tiene las siguientes formas:

Jednina / sg		Množina / pl	
Muški rod / m	**htio**	Muški rod / m	**htjeli**
Ženski rod / ž	**htjela**	Ženski rod / ž	**htjele**
Srednji rod / s	**htjelo**	Srednji rod / s	**htjela**

Primjeri

Ⓔ Examples

Ⓕ Exemples

Ⓓ Beispiele

Ⓘ Esempi

Ⓔ Ejemplos

Ja sam htio vidjeti taj film.

Ti si htio otići u kino.

On je htio nešto reći.

Ona je htjela pisati pjesme.

Dijete je htjelo spavati.

Mi smo htjeli pušiti.

Vi ste htjeli biti ovdje.

Oni su htjeli sve znati.

One su htjele ići s nama.

Djeca su htjela ići zajedno.

23. cjelina

ODNOSNE ZAMJENICE
E RELATIVE PRONOUNS
F PRONOMS RELATIFS

D RELATIVPRONOMEN
I PRONOMI RELATIVI
E PRONOMBRES RELATIVOS

Odnosne (relativne) zamjenice su iste kao i upitne zamjenice, ali – za razliku od upitnih – one stoje u atributnim (odnosnim) rečenicama i zamjenjuju pojam na koji se odnose.

E Relative pronouns have the same form as interrogative pronouns. Unlike interrogative pronouns, they introduce relative clauses and replace the noun or pronoun they refer to.

F Les pronoms relatifs ont les mêmes formes que les pronoms interrogatifs. Ils introduisent les propositions relatives et remplacent le nom qu'ils représentent.

D Die Relativpronomen sind in der kroatischen Sprache mit den Fragepronomen identisch, stehen jedoch – im Unterschied zu Fragepronomen – in Attributsätzen (Relativsätzen) und vertreten die Begriffe, auf die sie sich beziehen.

I I pronomi relativi hanno le stesse forme dei pronomi interrogativi. Introducono una proposizione relativa e si riferiscono ad un nome o un pronome della proposizione principale.

E Los pronombres relativos tienen la misma forma que los pronombres interrogativos, pero, a diferencia de éstos, los pronombres relativos introducen proposiciones relativas y reemplazan a los sustantivos o los pronombres de la proposición principal a los que se refieren.

Primjeri
E Examples
F Exemples
D Beispiele
I Esempi
E Ejemplos

To je čovjek **koji** te je tražio.
Evo knjige **koja** vrijedi kao unikat.
To je njihovo dijete **koje** je bilo bolesno.

Odnosne zamjenice imaju tri roda: muški – **koji / čiji**, srednji – **koje / čije**, ženski – **koja / čija**. Imaju i jedninu i množinu svih padeža.

Odnosne su zamjenice i **tko**, **što** (njihova je deklinacija u prikazu padeža). Te zamjenice nemaju množine.

E Relative pronouns have three genders: masculine – **koji / čiji**, neuter – **koje / čije**, and feminine – **koja / čija**. They are declined in the singular and plural.

Relative pronouns include **tko, što** (their declension is shown in the table of cases). These pronouns have no plural.

F Les pronoms relatifs ont trois genres: masculin – **koji / čiji**, neutre – **koje / čije**, féminin – **koja / čija**. Ces pronoms se déclinent à tous les cas du singulier et du pluriel.
Tko et **što** sont aussi des pronoms relatifs. Leur déclinasion est présentée à la table des cas. Ces pronoms relatifs n'ont pas de pluriel.

D Die Relativpronomen haben drei Geschlechter: Maskulinum – **koji / čiji**, Neutrum – **koje / čije**, Femininum – **koja / čija**, sowie Singular und Plural in allen Fällen.
Relativpronomen sind auch die Formen **tko, što** (ihre Deklination befindet sich in der Übersicht der Fälle). Diese Pronomen haben keinen Plural.

I I pronomi relativi hanno tre generi: maschile – **koji / čiji**, neutro – **koje / čije**, femminile – **koja / čija**. Hanno pure la declinazione completa, al singolare e al plurale.
Tko, što, sono pure pronomi relativi (Vedi la loro declinazione nel quadro dei casi!). Questi pronomi non hanno il plurale.

E Los pronombres relativos tienen formas para los tres géneros: masculino – **koji / čiji**, neutro – **koje / čije**, femenino – **koja / čija**.
Estas formas poseen la declinación completa en singular y en plural. También son pronombres relativos **tko, što** (su declinación se encuentra en la tabla de casos). Estos pronombres no tienen plural.

ROD

E GENDER
F GENRE

D GESCHLECHT
I GENERE
E GENERO

	Jednina / sg	Množina / pl
Muški rod / m	**koji / čiji**	**koji / čiji**
Ženski rod / f	**koja / čija**	**koje / čije**
Srednji rod / n	**koje / čije**	**koja / čija**

Muški i srednji rod razlikuju se samo u nominativu i akuzativu.

E **The masculine and neuter gender** differ only in the nominative and the accusative.

F **Le masculin diffère du neutre** uniquement au nominatif at à l'accusatif.

D **Maskulinum und Neutrum** unterscheiden sich nur im Nominativ und Akkusativ.

I **U maschile e il neutro** sono differenti soltanto al nominativo e all'accusativo.

E **Los géneros masculino y neutro** difieren sólo en nominativo y en acusativo.

Primjeri

E Examples
F Exemples
D Beispiele
I Esempi
E Ejemplos

To je film **koji** sam jučer gledao.
Vidiš li čovjeka **koji** stoji preko puta?
Kupili smo sir **kojega** već dugo nije bilo.
Ovo je liječnik **kojem** ti preporučujem da ideš.
Mladen je tvoj znanac **kojega** i ja poznajem.
Pogledaj film o **kojem** sam ti pričao.
To je prijatelj s **kojim** te želim upoznati.

DEKLINACIJA ODNOSNIH ZAMJENICA

E THE DECLENSION OF RELATIVE PRONOUNS

F DÉCLINAISON DES PRONOMS RELATIFS

D DEKLINATION DER RELATIVPRONOMEN

I DECLINAZIONE DEI PRONOMI RELATIVI

E DECLINACIÓN DE LOS PRONOMBRES RELATIVOS

Jednina / sg

	Muški / m	Srednji rod / n	Ženski rod /f
N	koji	koje	koja
G	kojeg(a)		koje
D	kojem(u)		kojoj
A	kojeg(a)	koje	koju
L	(o) kojem(u)		(na) kojoj
I	(s) kojim	s kim	(s) kojom

Množina / pl

	Muški / m	Srednji rod / n	Ženski rod /f
N	koji	koja	koje
G	kojih		kojih
D	kojima		kojima
A	koje	koja	koje
L	(o) kojima		(o) kojima
I	(s) kojima		(s) kojima

Ista je i deklinacija zamjenica **čiji, čija, čije.**

E **Čiji, čija, čije** have the same declension.

F Les pronoms **čiji, čija, čije** se déclinent de la même façon.

D Die Pronomen **čiji, čija, čije** haben dieselbe Deklination.

I I pronomi relativi **čiji, čija, čije** hanno una declinazione analoga.

E Los pronombres relativos **čiji, čija, čije** llevan una declinación análoga.

Jednina / sg

	Muški / m	Srednji rod / n	Ženski rod /f
N	čiji	čije	čija
G	čijeg(a)		čije
D	čijem(u)		čijoj
A	čijeg(a)	čije	čiju
L	(na) čijem		(na) čijoj
I	(s) čijim		(s) čijom

Primjeri
E Examples
F Exemples
D Beispiele
I Esempi
E Ejemplos

Znanica **koja** mi je telefonirala iz moje je škole.
Evo knjige **koje** nema u našoj knjižnici.
Žena **koju** smo sreli radi sa mnom.
To je profesorica **kojoj** ćeš ići na ispit.
Ideja o **kojoj** sam ti govorila došla mi je slučajno.
Moja sestra s **kojom** te želim upoznati, sada je ovdje.

To su studenti **kojima** ćemo pokazati vježbu.
To su njihova polja **koja** su uvijek obrađena.
Ponesi knjige **koje** si mi posudio.
Ovo su imena studenata **kojih** danas nema.
To su djevojke s **kojima** ćete raditi.
Ovo su ljudi **o kojima** sam ti pričao.

To su djevojčice **čijih** roditelja nema kod kuće.
Djevojka, **čije** lice mi se sviđa, je visoka.
U vrtu je drvo **čije** lišće sada opada.
To su njih dvoje **o čijim** sam ti problemima pričala.
To su studenti **s čijim** smo se roditeljima upoznali na moru.
To je djevojka **s čijom** smo sestrom radili.

POKAZNE ZAMJENICE
E DEMONSTRATIVE PRONOUNS
F PRONOMS DÉMONSTRATIFS
D DEMONSTRATIVPRONOMEN
I PRONOMI DIMOSTRATIVI
E LOS DEMOSTRATIVOS

Postoje tri načina pokazivanja:

1. blizu – **ovaj, ova, ovo**
2. dalje – **taj, ta, to**
3. još dalje – **onaj, ona, ono**.

E There are three ways of pointing:

1. near – **ovaj, ova, ovo**
2. distant – **taj, ta, to**
3. more distan – **onaj, ona, ono**.

F Les pronoms démonstratifs se présentent en trois variantes:

1. proche – **ovaj, ova, ovo**
2. loin – **taj, ta, to**
3. plus loin – **onaj, ona, ono**.

D Es gibt drei Arten des Hinweisens:

1. nach — **ovaj, ova, ovo**
2. fern — **taj, ta, to**
3. noch entfernter — **onaj, ona, ono**.

I Esistono tre modi di dimostrazione:

1. vicino — **ovaj, ova, ovo**
2. meno vicino, dunque più lontano — **taj, ta, to**
3. lontano o molto lontano — **onaj, ona, ono**.

E Existen tres formas de indicar:

1. cerca — **ovaj, ova, ovo**
2. lejos — **taj, ta, to**
3. mucho más lejos — **onaj, ona, ono**.

Primjeri

E Examples
F Exemples
D Beispiele
I Esempi
E Ejemplos

Taj čovjek me uvijek nešto pita.
Sviđa mi se **ova haljina**.
Ovo vrijeme je zaista ružno.
Ta knjiga je dobra, treba je pročitati.
Vidiš li **onaj prozor** gore, tamo stanujem.
Ona kuća na kraju ulice je lijepa.

DEKLINACIJA POKAZNIH ZAMJENICA

E THE DECLENSION OF DEMONSTRATIVE PRONOUNS
F DÉCLINAISON DES PRONOMS DÉMONSTRATIFS
D DEKLINATION DER DEMONSTRATIVPRONOMEN
I DECLINAZIONE DEI PRONOMI DIMOSTRATIVI
E DECLINACIÓN DE LOS DEMOSTRATIVOS

	Muški / m	Srednji rod / n		Ženski rod / f
N	ovaj	ovo	N	ova
G		ovog(a)	G	ove
D		ovom (u)	D	ovoj
A	ovaj (ovog)	ovo	A	ovu
L		(na) ovom	L	(u) ovoj
I		(s) ovim	I	(s) ovom

Jednako se dekliniraju i ostale dvije pokazne zamjenice.

E   The other two demonstrative pronouns have the same declension.

F   Les deux autres pronoms démonstratifs ont une déclinasion analogue.

D   Die beiden anderen Demonstrativpronomen haben dieselbe Deklination.

I   In modo analogo si declinano gli altri due pronomi dimostrativi.

E   Los otros dos demostrativos se declinan de forma análoga.

Primjeri

E Examples

F Exemples

D Beispiele   Evo **onog** čovjeka što smo ga već sreli.

I Esempi   **Ovu haljinu** sam htjela kupiti.

E Ejemplos   Knjige su **na tom stolu,** zar ne vidiš?

24. cjelina

GLAGOLSKI VID (ASPEKT)

E VERBAL ASPECT
F ASPECT DU VERBE

D ASPEKTE DES VERBS
I L'ASPETTO DEI VERBI
E EL ASPECTO DE LOS VERBOS

Glagoli hrvatskog jezika mogu biti po duljini trajanja radnje ili stanja:

1. **nesvršeni** – neograničeno, nedefinirano trajanje

2. **svršeni** – trajanje je kratko i jednokratno.

E In Croatian verbs may be classified into two groups according to the duration of the action or state:
1. **non-perfective** – unlimited, undefined duration
2. **perfective** – short, momentary duration.

F Les verbs dans la langue croate, selon la durée de l'action, peuvent être:
1. **imperfectifs** – durée inachevée et indéfinie
2. **perfectifs** – durée achevée et limitée.

D Die Verben in der kroatischen Sprache können je nach Dauer der Handlung oder des Zustands:
1. **imperfektiv sein** – d.h. zeitlich unbegrenzt, Undefiniert
2. **perfektiv sein** – d.h. von kurzer Dauer und einmaligem Antreten.

I Nella lingua croato distinguiamo due aspetti verbali:
1. **aspetto imperfettivo** – durativo
2. **aspetto perfettivo** – momentaneo.

E Los verbos en el idioma croata, según la duración de la acción o del estado, se clasifican en dos grupos:
1. **el aspecto „imperfectivo"** – expresa una acción ilimitada y de duración indefinida
2. **el aspecto „perfectivo"** – expresa una acción limitada y momentánea.

Primjeri

E Examples
F Exemples
D Beispiele
I Esempi
E Ejemplos

Gledam ove šume, kako su lijepe.
Mi puno **učimo** hrvatski.
Ja često **pišem** pisma.
Djeca **spavaju** dugo.
Vi **jedete** triput dnevno.

Vidi ovu sliku!
Sjednite tamo!
Zapisao sam tvoj broj telefona.
Već **sam popio** lijek.
Čuješ li ovu pjesmu?

Promjena glagolskog vida (aspekta) događa se, bilo dodavanjem prefiksa nekom nesvršenom glagolu (pisati – napisati), bilo modifikacijom osnove (sjesti – sjediti; pasti – padati).

E Verbal aspect may be changed by adding a prefix to a non- perfective verb (pisati – napisati), or by modifying the base (sjesti – sjediti; pasti – padati).

F On peut changer l'aspect du verbe soit en ajoutant un préfixe au verbe imperfectif (pisati – napisati), soit en modifiant le radical du verbe (sjesti – sjediti; pasti – padati).

D Die Änderung des Verbalaspektes geschieht entweder durch den Zusatz eines Präfixes vor ein imperfektives Verb (pisati – napisati) oder durch Modifikation des Stamms (sjesti – sjediti; pasti – padati).

I L'aspetto del verbo può essere cambiato sia aggiungendo un prefisso al verbo durativo (pisati – napisati), sia modificando la radice del verbo (sjesti – sjediti, pasti – padati).

E El aspecto del verbo se cambia añadiendo un prefijo al verbo imperfectivo-durativo (pisati – napisati), o modificando la radicai del verbo (sjesti – sjediti, pasti – padati).

Primjeri s prefiksom
E Examples with prefixes **F** Exemples avec le préfixe **D** Beispiele mit einem Präfix
I Esempi con i prefissi **E** Ejemplos con los prefijos

Primjeri
E Examples
F Exemples
D Beispiele
I Esempi
E Ejemplos

zapisati	**iz**nositi	**iz**gledati
prepisati	**od**nositi	**pre**gledati
ispisati	**pod**nositi	**po**gledati
upisati	**pre**nositi	**za**gledati
otpisati	**za**nositi	**u**gledati
napisati	**u**nositi	**o**gledati

Prefiksi mijenjaju značenje glagola, ali isto pomoću njih većina nesvršenih glagola postaje svršena.

Zbog dodavanja prefiksa u pojedinom se glagolu može mijenjati zadnji suglasnik (konsonant) iz prefiksa kada iza njega stoji njegov parnjak (zvučni + bezvučni ili bezvučni + zvučni). Ta se glasovna promjena naziva – **jednačenje suglasnika po zvučnosti,** a pravilo je: **prvi se prilagođava i mijenja zbog drugoga**.

iz + pisati = **is**pisati	**z** prelazi u svoj bezvučni par **s**
od + putovati = **ot**putovati	**d** ispred **p** prelazi u svoj bezvučni par **t**

Napomena
Tablicu suglasnika po zvučnosti nalazimo na početku gramatike.

E As can be seen from these examples, prefixes modify the meaning of the verb and change its aspect.

The prefix ending in a consonant may undergo assimilation by voice under the influence of the initial consonant of the verb, i.e. as a rule, the voiced consonant in the prefix becomes voiceless when followed by a voiceless consonant at the beginning of the verb stem.

| **iz** + pisati = **is**pisati | **z** changes into its voiceless pair **s** |
| **od** + putovati = **ot**putovati | **d** in front of **p** changes into its voiceless pair **t** |

Note

A table of voiced and voiceless consonants is given at the beginning of this grammar.

F Les préfixes, en même temps qu'ils changent l'aspect du verbe, en modifient le sens.

L'addition du préfixe peut entraîner l'assimilation des consonnes. Si des consonnes, l'une sourde, l'autre sonore, se rencontrent à l'intérier du mot, la première assimile sa sonorité à celle de la seconde. Il s'agit donc de l'alternance sourde/sonore et vice – versa.

| **iz** + pisati = **is**pisati | **z** (sonore) alterne à **s** (sourde) |
| **od** + putovati = **ot**putovati | **d** (sonore) **p** alterne à **t** (sourde) |

Remarque

Le tableau des consonnes sonores et sourdes est présenté dans l'introduction.

D Präfixe modifizieren die Bedeutung der Verben; durch sie werden aber auch die meisten imperfektiven Verben perfektiv.

Der Endkonsonant des Präfixes kann sich ändern, wenn der Anfangskonsonant des darauffolgenden Verbs der stimmhaften oder stimmlosen Form des Präfixes entspricht (also: stimmhaft + stimmlos oder stimmlos + stimmhaft). Diese Lautveränderung heißt Assimilation und die Regel lautet: Der erste Laut verändert sich und paßt sich dem zweiten an.

| **iz** + pisati = **is**pisati | **z** verändert sich zu seiner stimmlosen Entsprechung **s** |
| **od** + putovati = **ot**putovati | **d** verändert sich zu seiner stimmlosen Entsprechung **t** |

Anmerkung

Die Tabelle der Konsonanten nach ihrer Stimmhaftigkeit befindet sich zu Beginn der Grammatikübersicht.

I Nello stesso tempo i prefissi cambiano l'aspetto del verbo e ne modificano il senso.

L'aggiunta del prefisso può causare l'assimilazione delle consonanti. L'ultima consonante del prefisso assimila la sua sonorità a quella del verbo. Si tratta dunque di alterazione sorda / sonora e viceversa.

| **iz** + pisati = **is**pisati | **z** passa alla sua corrispondente sorda **s** |
| **od** + putovati = **ot**putovati | **d** davanti a **p** passa alla sua corrispondente sorda **t** |

Nota

Il quadro delle consonanti sonore e sorde è presentato nell'introduzione della grammatica.

E Los prefijos no sólo cambian el aspecto del verbo de durativo a momentáneo o acabado, sino que le modifican el significado.

El prefijo terminado en consonante exprimenta una asimilación bajo el influjo de la consonante inicial del verbo al que se le añade, es decir, una consonante final sonora en el prefijo se vuelve sorda seguida de una consonante sorda al principio de la radical del verbo y viceversa. Este cambio se llama „asimilación de las consonantes por sonoridad". La regla es: la primera se adapta y cambia según la segunda.

iz + pisati = **is**pisati	**z** se reemplaza por su correpondiente sorda **s**
od + putovati = **ot**putovati	**d** se reemplaza por su correpondiente sorda **t**

Nota

A lista de consonantes sonoras y sordas se halla al principio en la introducción.

II. Rješenja zadataka

1. cjelina

Odgovorite na pitanja!

1. Branka Marić je profesorica.
2. Ivan je student.
3. Ana nije profesorica.
4. Helga je također studentica.

5. Naša profesorica je...
6. Ivan i Ana su dobro.
7. Ja sam dobro, hvala.
8. Branka Marić je dobro.

---

1. **Dopunite rečenice prezentom glagola biti.**

1. Ja sam student.
2. Ana je studentica.
3. Mi smo studenti.
4. Ti si studentica.
5. Ivan i Ana su također studenti.
6. Vi ste profesor.

2. **Postavite pitanja.**

1. **Što** je to?
2. **Tko** je to?
3. **Što** je to?
4. **Tko** je to?
5. **Što** je to?
6. **Što** je to?
7. **Tko** je to?
8. **Što** je to?

---

3. **Upotrijebite u odgovoru osobne zamjenice.**

1. Da, **on** je student.
2. Da, **ona** je studentica.
3. Da, **mi** smo studenti.
4. Da, **Vi** ste profesorica.
5. Da, **ti** si student.
6. Da, **oni** su studenti.
7. Da, **ja** sam studentica.
8. Da, **Vi** ste studentica.

4. **Postavite pitanje Tko je to? i Što je to? i odgovorite na njega.**

1. Što je to?   To je kuća.
2. Tko je to?   To je profesorica.
3. Što je to?   To je bilježnica.
4. Tko je to?   To je studentica.
5. Što je to?   To je kasetofon.
6. Što je to?   To je knjiga.

5. **Dopunite rečenice.**

1. Ivan je **student**.
2. Branka je **profesorica**.
3. Mi smo **studenti**.
4. Oni **su studenti**.
5. Vi ste **prijatelji**.
6. Ana je **studentica**.

6. **Dopunite dijalog.**

Profesorica:	Kako ste, Ana?
Ana:	**Dobro sam**, hvala.
Profesorica:	Vi ste **studentica**?
Ana:	Da, **jesam**, a vi?
Profesorica:	Ja **sam** profesorica. Ivan je također **profesor**?
Ana:	Ne, Ivan **je** student.

Pitalica

Hrvatska je **republika**.

2. cjelina

RAZGOVARAJMO!

Odgovorite na pitanja!

1. Marko Marić je muž Branke Marić.
2. Branka nije djevojka, ona je žena.
3. Ivan i Ana nisu prijatelji, oni su brat i sestra.
4. Ana nije mala, ona je djevojka.
5. Davor i Maja su brat i sestra.
6. Oni nisu momak i djevojka.
7. Ivan i Ana nisu iz Zagreba.
8. Oni su iz Amerike.
9. Branka Marić je iz Zagreba.
10. Njezin muž je iz Dubrovnika.
11. Ivan i Ana su kod tete.
12. Davor i Maja još nisu studenti.

1. Stavite potvrdne oblike prezenta glagola biti.

1. On **je** inženjer.
2. Mi **smo** u Zagrebu.
3. Ti **si** student.
4. One **su** žene.
5. On **je** momak.
6. Ti **si** moj prijatelj.
7. Ona **je** studentica.
8. Vi **ste** profesorica.
9. Oni **su** studenti.
10. **Ona** je moja sestra.
11. Vi **ste** momak i djevojka.
12. Ja **sam** vaša profesorica.

2. Stavite niječne oblike prezenta glagola biti.

1. Mi **nismo** studenti.
2. Ona **nije** moja žena.
3. Mi **nismo** iz Pariza.
4. On **nije** inženjer.
5. Vi **niste** iz Sarajeva.
6. Ti **nisi** moj brat.
7. Vi **niste** liječnik.
8. One **nisu** u školi.
9. Ja **nisam** inženjer.
10. Ti **nisi** student.
11. Oni **nisu** naši roditelji.
12. Mi **nismo** vaša djeca.

3. Postavite pitanje.

1. **Odakle** je Branka?
2. **Odakle** je Marko?
3. **Odakle** si ti?
4. **Odakle** su Ivan i Ana?
5. **Odakle** ste vi?
6. **Odakle** je ona?
7. **Odakle** smo mi?
8. **Odakle** sam ja?

Sentences with prepositions

4. Rečenice s prijedlozima su:

1. Stolac je **pokraj** stola.
2. Stol je **ispred** prozora.
3. Olovka je **kraj** tipkovnice.
4. Miš je **blizu** olovke.
5. Zvučnik je **iza** bilježnice.
6. Bilježnica je **iznad** tipkovnice.

5. Dopunite rečenice.

1. Branka i Marko Marić su **žena** i **muž**.
2. Marko je **inženjer**, a Branka je **profesorica**.
3. Ana je **djevojka**, a Ivan je **momak**.
4. Davor je **dječak**, a Maja je **djevojčica**.
5. Ivan i Ana su **brat** i **sestra**.
6. Branka je **majka**, a Marko je **otac**.
7. Maja i Davor su **brat** i **sestra**.
8. Maja i Davor su **učenici**.

6. Stavite sljedeće rečenice u niječni oblik.

1. Ana **nije** djevojčica.
2. Ja **nisam** student.
3. Branka **nije** iz Pariza.
4. Ana i Ivan **nisu** muž i žena.
5. Davor **nije** inženjer.
6. Maja **nije** studentica.
7. Mi **nismo** sada u Dubrovniku.
8. Marko **nije** profesor.
9. Zagreb **nije** mali grad.
10. Zagreb **nije** u Sloveniji.

Pitalica

1. Dobar dan, kako ste?
2. Hvala, dobro sam.
3. A kako ste vi?
4. Ja sam odlično, hvala.
5. Odakle ste, iz Splita?
6. Ne, ja sam iz Zagreba.
7. Vi ste isto iz Zagreba?
8. Žao mi je, nisam, ja sam iz Osijeka.

Pitalica

Glavni grad Republike Hrvatske je **Zagreb**.

3. cjelina

Odgovorite na pitanja!

1. Studenti su u učionici.
2. Da, Inga je nova studentica.
3. Paul nije iz Austrije.
4. Studenti su u školi.
5. U učionici su studenti i profesorica, stol, knjiga, olovka...

6. Ivan i Ana nisu iz Zagreba.
7. Na stolu su knjiga i olovka.
8. Brankin muž je inženjer.

---

1. **Postavite pitanja.**

1. Što je Branka Marić?
2. Što je Ivan?
3. Tko je ona?
4. Što je Marko?
5. Tko je ona?
6. Što ste vi?
7. Tko je on?
8. Tko je ona?

2. **Uvrstite ispravan oblik.**

1. To je **moja** torba.
2. Ovo je **tvoj** sat.
3. To je **vaš** auto.
4. Ovo je **tvoja** olovka.
5. Ovo je **naše** računalo.
6. Ovo je **vaše** pivo.

3. **Dopunite rečenice pravilnim oblicima posvojnih zamjenica.**

1. To je **njezina** knjiga.
2. To je **njegova** olovka.
3. To je **njegov** stol.
4. To je **njegov** papir.
5. To je **naš** razred.
6. Ona je **njegova** sestra.
7. On je **njezin** brat.
8. Ona je **njegova** žena.
9. On je **njezin** muž.
10. To je **njegova** knjiga.

4. **Dopunite rečenice.**

1. Ana je **iz Splita**.
2. Marko je **iz Dubrovnika**.
3. Ja sam **iz Hrvatske**.
4. Ti si **iz Londona**.
5. Branka je **iz Zagreba**.
6. Paul je **iz Francuske**.
7. Inga je **iz Beča**.
8. Vi ste **iz**...

5. Obratite pozornost na prijedloge i dopišite nastavak za genitiv.

1. Stol je **pokraj** prozor**a**.
2. Moj stan je **blizu** kin**a**.
3. Torba je **ispod** stol**a**.
4. **Oko** škol**e** je park.
5. Studenti su **oko** stol**a**.
6. **Iznad** stol**a** je lampa.
7. Park je **ispred** kuć**e**.
8. **Od** škole **do** kuć**e** je 30 minuta.
9. Stadion je **izvan** grad**a**.
10. On je **iz** Hrvatsk**e**.

6. Upotrijebite posvojne zamjenice.

1. To je **njezin** stol.
2. To je **njezina** olovka.
3. On je **njihovo** dijete.
4. To je **njezina** bilježnica.
5. To je **njegov** papir.
6. Ona je **njegova** sestra.
7. On je **njezin** brat.
8. Ona je **njegova** žena.

7. Odgovorite kratko na pitanja.

1. Jesam.
2. Jesu.
3. Jesmo.
4. Jesam.
5. Jest.
6. Jesu.
7. Jesmo.
8. Jeste.

Pitalica

Hrvatski novac je **kuna**.

8. Dopunite rečenice dijaloga.

Profesor: Izvolite, vi ste **nova** studentica?
Studentica: Da, **jesam,** a ovo je **moj** prijatelj.
Profesor: On je **iz** Zagreba?
Studentica: **Nije**, on je iz **Londona**.
Profesor: To je **vaša** knjiga?
Studentica: Knjiga je **moja**, a bilježnica je **njegova**.
Profesor: Vi ste već dugo **u** Zagrebu?
Studentica: Ne, **nisam**.

9. Stavite odgovarajući nastavak genitiva.

1. čaša – vod**e**, piv**a**, mlijek**a**
2. list – knjig**e**, kupus**a**, salat**e**
3. boca – vin**a**, liker**a**, vod**e**
4. šalica – čaj**a**, kav**e**, juh**e**
5. noga – stol**a**, stolc**a**, ormar**a**

10. Stavite riječi u genitiv.

1. torta od **voća**
2. kolač od **sira**
3. kaput od **vune**
4. košulja od **platna**
5. cipela od **kože**
6. sok od **ananasa**
7. salata od **paprike**
8. juha od **mesa**

II. Rješenja zadataka 4.

UNIT
UNITÉ
UNTERRICHTSEINHEIT
UNITÀ
UNIDAD

4. cjelina

1. Stavite imenice u akuzativ.

1. Ti imaš **prijatelja**.
2. Ja imam **brata**.
3. Ti imaš **stan**.
4. Ona ima **muža**.
5. Mi imamo **mjesto**.
6. Vi imate **profesora**.
7. Oni imaju **dijete**.
8. On ima **vino**.
9. Ona ima **automobil**.
10. Vi imate **susjeda**.

2. Dopunite rečenice prezentom glagola imati.

Ja **imam** stan. Moja prijateljica ima auto.
Njihova teta **ima** kuću. Vi **imate** papir.
Studenti **imaju** olovku. Ti **imaš** prijateljicu.
Ivan ima sestru. Vi **imate** nastavu.
Mi **imamo** vremena. Ti **imaš** tetu u Splitu.
Ja **imam** dobru knjigu. Ivan i Ana **imaju** prijatelje.

3. Stavite imenice u akuzativ.

1. Oni imaju **kuću**.
2. Ona ima **kćerku**.
3. On ima **sestru**.
4. Mi imamo **dijete**.
5. Ja imam **stan**.
6. One imaju **knjigu**.
7. Ti imaš **pivo**.
8. Mi imamo **sobu**.
9. Ti imaš **olovku**.
10. Ona ima **računalo**.

4. Odgovorite na pitanja.

1. Studenti su u kafiću.
2. Knjige su na stolu.
3. Ana je u sobi.
4. Ivan je na ulici.
5. Inga i Ivan su u kinu.
6. Računalo je u učionici.
7. Flomaster je na prozoru.
8. Olovka je u torbi.
9. Branka i Marko su u restoranu.
10. Davor i Maja su kod kuće.

5. Postavite pitanja.

1. Imaju li oni stan?
2. Imaš li kuću?
3. Jesu li oni u kinu?
4. Jesmo li studenti?
5. Jeste li u učionici?
6. Ima li on auto?
7. Jesam li ja profesorica?
8. Je li računalo na stolu?
9. Je li Marko iz Dubrovnika?
10. Imate li stan?

Odgovorite na pitanja!

RAZGOVARAJMO!

1. Studenti su u kafiću.
2. Paul nije iz Zagreba.
3. Ivan i Ana imaju stan kod tete.
4. Paulov stan je udoban, čist i topli.
5. Inga ima samo sobu.

6. U kafiću imaju sve.
7. Inga želi kavu i čašu vode.
8. Ivan želi Tuborg pivo.
9. Paul nema više cigareta.
10. Djevojke ne puše.

Pitalica

Zagreb nema **metro**.

6. **Dopunite rečenice prijedlozima.**

1. Lijepo je **u** Zagrebu.
2. Marko je **iz** Dubrovnika.
3. Branka i Marko su **kod** kuće.
4. Olovka je **na** stolu.
5. Knjiga je **u** torbi.
6. Mi smo **u** kafiću.
7. Oni imaju stan **u** Zagrebu.
8. Papir je **na** stolcu.

7. **Imenice u zagradi stavite u odgovarajući padež.**

Ti imaš stan na **Trgu bana Jelačića**.
Hotel je blizu **trga**. Vi ste u **učionici**.
Knjige su na **stolu**. Olovka je u **torbi**.
Hotel je kraj **parka**. Studenti su **na trgu**.
Moj stan je blizu **kina**. On je iz **Italije**.
Ana je u **sobi**. Studenti su u **razredu**.

Napišite kratak sadržaj 4. cjeline.

Ivan, Ana, Paul i Inga su u kafiću. Oni imaju malo vremena i sada razgovaraju. Paul ima stan u Zagrebu. Njegov stan nije velik, ali je udoban, čist i topao. Ivan i Ana imaju stan kod tete. Inga ima samo sobu, ona je još samo studentica. U kafiću Ana želi kavu bez šećera. Inga želi kavu i čašu vode. Paul želi sok od naranče, a Ivan Tuborg pivo. Paul nema više cigareta, a Ivan ima kutiju. Oni imaju dovoljno vremena za piće, ali djevojke ne puše. Nije dobro pušiti.

8. **Rečenice dopunjene subjektom.**

1. **Oni** imaju stan.
2. **Ja** imam sestru.
3. **On /ona/** ima sobu.
4. **Mi** imamo kuću.
5. **On /ona/** ima brata.
6. **Vi** imate auto.
7. **Mi** imamo vremena.
8. **Ti** imaš lijep stan.

9. **Dopunite dijalog.**

Student: Bog, **kako si**?
Studentica: Hvala, **dobro**, a ti?
Student: Imaš **li** malo vremena?
Studentica: Da, **imam**, zašto?
Student: U kafiću **imaju** dobru kavu.
Studentica: Imaš **li** cigaretu?
Student: Imam, **izvoli**.
Studentica: **Hvala ti**.

5. cjelina

RAZGOVARAJMO!

Odgovorite na pitanja!

1. Ana i Paul nisu danas u školi.
2. Paul ima posla u gradu.
3. Paul ne poznaje dobro Zagreb.
4. Peter je Paulov znanac.
5. Peter je iz Engleske.
6. Peter u Zagrebu pozna samo Paula.

7. Ivan i Ana su kod kuće u jedan sat.
8. Ana priprema ručak.
9. Za ručak imaju samo juhu i salatu.
10. Ana zna kuhati.
11. Navečer gledaju televiziju.
12. Trebaju znati dobro gramatiku.

Pitalica

Hrvatsko more je **Jadransko**.

Napišite kratki sadržaj prve situacije 5. cjeline.

Ana i Paul su na ulici. Paulov znanac Peter je također tamo. On je iz Engleske. Paul nije u školi jer ima posla u gradu. Peter ne zna hrvatski, on u Zagrebu zna samo Paula. Paul ne pozna dobro Zagreb, osobito Novi Zagreb. Ana i Ivan su kod kuće u jedan sat. Ana nema vremena pripremati ručak, pa imaju samo juhu i salatu. Za večeru imaju tijesto i umak. Ivan je žedan. Navečer gledaju televiziju. Za zadaću trebaju dobro znati gramatiku.

1. Upotrijebite prezent glagola.

1. Mi **razgovaramo** na ulici.
2. Studenti **imaju** vremena.
3. Ja dobro **znam** francuski.
4. One **pripremaju** ručak.
5. Vi **slušate** radio kod kuće.

6. Ti **poznaš** moju sestru.
7. Ona **čita** dobru knjigu.
8. Vi **pričate** u školi.
9. Mi **moramo** ići u grad.
10. Ja **gledam** film u kinu.

2. Dodajte subjekt.

1. **Mi** slušamo radio.
2. **Vi** znate hrvatski.
3. **On / ona** zna pjevati.
4. **Ti** trebaš stan.
5. **Oni** gledaju film.
6. **Mi** pripremamo večeru.
7. **Vi** slušate profesoricu.
8. **Oni** razgovaraju na ulici.
9. **Mi** prepričavamo sadržaj lekcije.
10. **Vi** gledate sliku.

3. Dopunite rečenice.

1. Mi smo sada **u gradu Zagrebu**.
2. Tvoj auto nije **u garaži**, nego **na ulici**.
3. Oni su **na koncertu**, nisu **u kafiću**.
4. Vi razgovarate **o Ivanu** i **o Ani**.
5. Mi pričamo **o školi**.
6. Čitam dobru knjigu **o moru** i **o prirodi**.
7. On telefonira **u hodniku**.
8. Ana čeka tramvaj **na stanici**.
9. Knjiga je **na stolcu**, a rječnik **na stolu**.
10. Danas imamo ručak **u restoranu**.

4. Gdje je što u ovoj sobi?

1. Igra je **na podu**.
2. Pas je **u kutu**.
3. Kasetofon je **ispred police**.
4. Papuče su **ispred kasetofona**.
5. Čarape su **u polici**.
6. Lampa je **na polici**.
7. Romobil je **pokraj ormara**.
8. Odjeća je **na ormaru**.

5. Postavite pitanja inverzijom.

1. **Znamo li** engleski?
2. **Slušate li** glazbu?
3. **Gledaju li** studenti film?
4. **Je li** Ivan u školi?
5. **Jesmo li** kod kuće?
6. **Imaš li** sestru?
7. **Jeste li** iz Zagreba?
8. **Priprema li** Ana ručak?
9. **Razgledaju li** studentice grad?
10. **Gledaš li** televiziju?

6. Postavite pitanja.

1. **Odakle** je Peter?
2. **Čiji** je Ivan brat?
3. **Gdje** su sada studenti?
4. **Tko** sâm priprema ručak?
5. **Što** imaju za doručak?
6. **Gdje** Paul ima posla?
7. **Tko** mnogo priča?
8. **Kako** Paul i Ana razgovaraju?

7. **Upotrijebite posvojne zamjenice.**

1. Ona je **njegova** sestra.
2. On je **njezin** brat.
3. Marko je **njezin** muž.
4. Branka je **njegova** žena.
5. To je **njegov** prijatelj.
6. Ona nije **njegova** prijateljica.
7. To je **tvoja** knjiga.
8. **Vaš** stan je velik.
9. **Moja** kuća je lijepa.
10. **Vaš** auto je brz.

8. **Imenice u zagradi stavite u odgovarajući padež.**

Knjige su na **stolu**.

Olovka je pokraj **računala**.

Moj stan je blizu **škole**.

Naša škola je u **centru**.

Hotel je pokraj **Trga bana Jelačića**.

Od **Zagreba** do **Pariza** je daleko.

Studenti su u **restoranu**.

Kasetofon je na **stolu** pokraj **knjige**.

Danas studenti nisu u **školi,** oni su u **gradu**.

Ti imaš stan u **Zagrebu,** kraj **parka**.

9. **Dopunite dijalog.**

Student:	Dobar dan, **ni** vi niste u školi?
Studentica:	**Nisam**, žao mi je.
Student:	**Gdje** je vaš brat?
Studentica:	On **je** u kafiću, **nije** u školi.
Student:	Što **imamo** danas za zadaću?
Studentica:	Moj brat **zna**, sigurno.
Student:	**Moram** ići, doviđenja.
Studentica:	Doviđenja u **školi**.

6. cjelina

1. **Stavite u rečenice prezent glagola.**

1. Ona **ima** brata.
2. Vi **slušate** CD.
3. Oni **znaju** dobro hrvatski.
4. Mi **gledamo** film.
5. Ti **čitaš** knjigu.
6. Ja **pripremam** ručak.
7. On **pozna** Paula.
8. Mi **razgovaramo** u kafiću.
9. One **su** u restoranu.
10. Vi **imate** vremena.

2. **Napišite rečenice u niječnom obliku.**

Ti **nisi** student. Ja **nisam** inženjer.
Mi **nismo** u školi. Vi **nemate** lijepu učionicu.
Studentica **nema** knjigu. Oni **nisu** sada u gradu.
Mi **nemamo** vremena.
Ti **nemaš** brata. **On nema** prijatelja.
Ivan i Ana **nisu** u Splitu.
Oni **nemaju** dijete. Ja **nemam** stan u Zagrebu.
Ti **nisi** moj prijatelj. Ona **nije** moja sestra.

RAZGOVARAJMO!

Odgovorite na pitanja!

1. Branka, Davor i Maja su kod kuće.
2. Davor gleda na ulicu.
3. Davor ima nastavu u dva (2) sata.
4. Ručak je gotov u jedan (1) sat.
5. Maja treba postaviti stol.
6. Njihov tata još nije kod kuće.
7. Za ručak imaju juhu, meso, povrće i salatu.
8. Davor u torbi ima knjige i bilježnice.
9. Maja je popodne u parku.
10. Davor treba tatu nešto pitati.

3. **Dopišite prijedloge i stavite imenice u dativ ili lokativ.**

1. Studenti su **u učionici**.
2. Davor je **na balkonu**.
3. Knjiga je **na stolu**.
4. Hajdemo **k prijatelju**.
5. Stan je **u gradu**.
6. Mi smo **u školi**.
7. Dođite **k prozoru**!
8. Ti daješ knjigu **bratu**.
9. On ima stan **u centru**.
10. Ti telefoniraš često **prijateljici**.

4. **Upišite odgovarajuće posvojne zamjenice.**

1. Ja sam **njegova** sestra.
2. To je **tvoja** torba.
3. **Njihov** stan je velik.
4. Davor je **njihov** sin, a Maja je **njihova** kći.
5. Ona je **njegova** jedina sestra.
6. On je **njezin** brat, a ne bratić.
7. Marko je **njihov** otac, a Branka je **njihova** majka.

5. **Postavite odgovarajuća pitanja.**

1. **Kada** si kod kuće?
2. **Kamo** sada trebaš ići?
3. **Gdje** je Davor svaki dan?
4. **Kada** je Branka u školi?
5. **Kamo** Davor treba ići?
6. **Gdje** su studenti?
7. **Kamo** oni trebaju ući?
8. **Gdje** su oni večeras?
9. **Kamo** vi trebate ići?
10. **Komu** večeras trebaš ići?

Pitalica

Park Maksimir je **u Zagrebu**.

Pitalica

1. Studenti imaju dobru profesoricu.
2. Moj prijatelj je popodne u školi.
3. Vi znate dobro hrvatski.
4. Branka je sada kod kuće.
5. Za ručak imamo krumpir, meso i salatu.
6. Vi pripremate večeru za goste.
7. Moja mama sprema stan svaki dan.
8. Večeras trebate ići u grad.
9. Oni slušaju glazbu kod kuće.
10. Mi gledamo film u kinu.

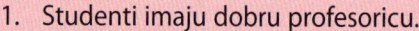

6. Odgovorite na pitanja niječno.

1. Nemam.
2. Nisam.
3. Nisu.
4. Nemam.
5. Nismo.
6. Nije.
7. Nemam.
8. Nemaju.
9. Nismo.
10. Nema.

7. Upotrijebite pravilan padež imenica.

1. Branka je iz **Zagreba**.
2. Knjige su na **stolu**.
3. Ivan je danas u **školi**.
4. Olovka je pokraj **aparata**.
5. Vi ste blizu **prozora**.
6. Ti imaš stan u **centru**.
7. Hotel je blizu **škole**.
8. Ovo je knjiga za **studenta**.
9. Marko još nije kod **kuće**.
10. Maja treba ići k **prijateljici**.

8. Umetnite u rečenice glagole.

1. Djeca moraju **slušati** tatu i mamu.
2. Danas idem **gledati** dobar film.
3. Sada trebaš **kuhati** ručak.
4. Davor treba mnogo **čitati**.
5. Mi trebamo **spavati** dugo.
6. Vi trebate dobro **znati** hrvatski.
7. Ti trebaš sobu **spremati** sam.
8. Ja trebam **pričati** sadržaj lekcije.

7. cjelina

1. **Izaberite pravilan oblik povratno-posvojne zamjenice.**

Imaš li moju knjigu? Ne, imam **svoju**, i ne znam gdje je tvoja.

Mi imamo **svoj** razred i **svoju** profesoricu. Vi imate **svog** profesora.

Branka i Marko imaju **svog** sina i **svoju** kćerku. Oni imaju i **svoj** stan i **svoj** auto.

2. **Uvrstite posvojnu ili povratno-posvojnu zamjenicu.**

Maja ne zna gdje Davor ima kartu za tramvaj. Ona ima samo **svoju** kartu.

Njihov prijatelj ima dvije karte, jednu za Davora.

Ja imam **svoj** sat. Imate li vi **svoj**?

Maja ima **svoju** torbu.

Maja i Davor imaju tatu i mamu. **Njihov** tata je inženjer, a **njihova** mama je profesorica.

Davor ima **svog** prijatelja. **Njegov** prijatelj je u parku.

Maja ima **svoju** prijateljicu.

Njezina prijateljica je dobra učenica.

3. **Stavite prezent glagola ići.**

1. Studenti **idu** na fakultet.
2. Ja danas **idem** u kino.
3. Mi **idemo** zajedno u školu.
4. Ti **ideš** večeras k prijateljici.
5. On **ide** u grad pješice.
6. Vi **idete** svi na koncert.

4. **Upotrijebite prezent glagola moći.**

1. **Možeš** li ti ići pješice?
2. Da, **mogu**, ali ne daleko.
3. Oni **mogu** zajedno biti u parku.
4. Mi sada **možemo** slušati radio.
5. Ona **može** pripremiti dobru kavu.
6. Vi **možete** doći odmah u razred.

5. **Odgovorite na pitanja.**

1. Ujesen i u proljeće.
2. Zimi.
3. Ujesen i u proljeće.
4. Ljeti.
5. Ujesen i u proljeće.
6. Ujesen i zimi.

6. **Kakvo je vrijeme na slici?**

1. kišovito
2. maglovito
3. hladno
4. sunčano
5. snježno
6. oblačno

7. **Stavite glagole u prezent.**

Vi **idete** pješice u školu? Da, **idem** pješice, naš stan nije daleko.

Teško je **naći** stan u Zagrebu, ali ja ga **nađem** bez problema.

Mi večeras **idemo** u kino. **Idete li i vi? Nađete** li karte prije kina? Da, ako **dođemo** u 7 sati.

Ja ne mogu uvijek **naći** tvoju adresu, ali kuću **nađem** odmah.

Oni **idu** zajedno u kino. Mi često **idemo** u restoran i uvijek **nađemo** mjesto kraj prozora.

RAZGOVARAJMO!

Odgovorite na pitanja!

1. Maja i Davor idu u grad.
2. Vrijeme je oblačno i hladno.
3. Trebaju uzeti kišobran i vjetrovku.
4. Davor uvijek nešto zaboravlja.
5. Davor na stanici sretne svog znanca Josipa.
6. Josip ide k teti.
7. Josip nema svoj kišobran.
8. Branka noću ne može spavati jer je jako umorna.
9. Ujesen i u proljeće ljudi trebaju više odmora i vitamina.
10. Zimi u Zagrebu ima snijega.

8. **Upišite pravilan oblik prezenta glagola pisati.**

1. Ja **pišem** pismo mami.
2. Ona **piše** u bilježnicu.
3. Ja u školi dosta **pišem**.
4. Mi sada **pišemo** diktat.
5. Oni **pišu** zadaću.
6. Vi **pišete** na ploču.

9. **Upišite pravilan oblik prezenta glagola uzeti.**

1. Ja uvijek **uzmem** svoju olovku.
2. U restoranu mi **uzmemo** najprije jelovnik.
3. Ti **uzmeš** kišobran kad pada kiša.
4. One **uzmu** svoju torbu kad idu kući.
5. Vi **uzmete** kavu i sok u kafiću.
6. Ona **uzme** svoju kartu kad ide u grad.

10. **Odgovorite na pitanja.**
Odgovori na pitanja su osobni.

Pitalica

Klima u Zagrebu je **kontinentalna**.

11. **Dopunite povratno-posvojnom zamjenicom.**

1. Ona ima tvoj kišobran? Nije moj. Ona ima **svoj** kišobran.
2. Vi i vaši roditelji imate kuću na moru? Ne, oni imaju **svoju** kuću, a mi **svoju**.
3. Muž i ja imamo dva auta. Kad ide na put, on uzme **svoj** auto, a moj je u garaži.
4. Ja katkad uzmem njegov kišobran jer ne mogu naći **svoj**.
5. Davor sprema **svoju** sobu, a Maja **svoju** sama.

12. **Dopunite dijalog.**

Gospodin: Evo, gospođo, izvolite **sjesti**!
Gospođa: Hvala, ali ne **idem** daleko. Svejedno **mogu** sjesti.
Gospodin: Danas je velika **gužva**.
Gospođa: Svaki dan je tako kad **idem** tramvajem.
Gospodin: Osobito kad **pada** kiša.
Gospođa: Još ne **pada**, ali ja **imam svoj** kišobran. Ovdje trebam **sići**.
Gospodin: **Izvolite**, gospođo!
Gospođa: **Hvala** Vam puno.

II. Rješenja zadataka 8.

UNIT
UNITÉ
UNTERRICHTSEINHEIT
UNITÀ
UNIDAD

8. cjelina

1. **Dopunite rečenice prezentom glagola.**

1. Ona često **kasni** na sastanak.
2. Davor dobro **uči**.
3. Maja **žuri** u posjet prijateljici.
4. Vi uvijek **završite** posao na vrijeme.
5. Ja **odlazim** rano u grad.
6. Mi navečer **dolazimo** kasno kući.
7. Branka **radi** u školi.
8. On dobro **govori** engleski.
9. Studenti dosta **uče** za ispit.
10. Oni uvijek **misle** pozitivno.

Pitalica

Iz centra grada možemo na aerodrom **autobusom**.

2. **Dopunite rečenice prezentom glagola.**

1. Mi sada **živimo** u Zagrebu.
2. On **leti** avionom u Dubrovnik.
3. Oni **vole** slušati dobru glazbu.
4. Mi **želimo** ići na izlet.
5. Ti **šutiš** kad profesor govori.
6. Ja **živim** sa sestrom.
7. Ti **voliš** ići u kazalište.
8. Ona **voli** vidjeti svoga brata.

3. **Stavite imenice u instrumental.**

1. Dječak se u parku igra **loptom**.
2. Djevojčice se vole igrati **lutkom**.
3. Na more idemo **vlakom**.
4. Davor ide u školu **tramvajem**.
5. Profesor piše **kredom**.
6. Ja pišem zadaću **olovkom**.
7. Moja mama piše **strojem**.
8. Marko često leti **avionom**.
9. Juhu jedemo **žlicom**.
10. Tenis igramo **reketom**.

4. **Odaberite točan odgovor.**

1. c) autobusom
2. b) lopticom
3. b) olovkom
4. a) vlakom
5. c) žlicom
6. c) s prijateljem
7. a) s mužem
8. a) pješice

5. **Dopunite pravilnim oblikom prezenta sljedećih glagola.**

1. Ja **živim** u gradu.
2. Ti **letiš** avionom na more.
3. On **voli** svoju djevojku.
4. Ona dobro **vidi** i bez naočala.
5. Mi **volimo** slušati glazbu.
6. Ptica **leti** zrakom.
7. Studenti **vole** ići u kino.
8. Vi **želite** kavu ili čaj?

6. **Upotrijebite pravilni oblik imenica.**

1. Avion leti **zrakom**.
2. Ona šeta **šumom**.
3. Riba pliva **morem**.
4. Davor trči **parkom**.
5. Mi šećemo **gradom**.
6. Brod plovi **rijekom**.
7. Vi hodate **obalom**.
8. Ja vozim bicikl **ulicom**.

7. **Upotrijebite instrumental imenica.**

1. Profesor razgovara **sa studentom**.
2. Često idem u kino **s prijateljicom**.
3. Živiš li sama ili **s prijateljem**?
4. Ona kasni na sastanak **s momkom**.
5. Dođite večeras **sa sestrom**!
6. Mama priča **s djecom**.
7. On odlazi **sa ženom**.
8. Ti ideš na koncert **s djevojkom**.
9. On priča **sa studenticom**.
10. Tata igra šah **sa sinom**.

RAZGOVARAJMO!

Odgovorite na pitanja!

1. Davor još radi zadaću.
2. Zadaću piše olovkom.
3. Obično u školu ide tramvajem.
4. Maja je gladna, a Davor je samo žedan.
5. Meso trebaju jesti nožem i vilicom.
6. Davor dolazi iz škole oko sedam.
7. Ivan i Ana idu na kolodvor.
8. Oni idu tramvajem.
9. U tramvaju je uvijek gužva.
10. Oni izlaze navečer.
11. Ivan želi ići u disko.
12. Može se ići u kino, u restoran, u kazalište, u disko.

8. Upotrijebite pravilan padež.

1. Molim kavu bez **šećera**.
2. On želi čaj sa **šećerom**.
3. On jede sendvič sa **šunkom**, ali bez **sira**.
4. Molim čaj s **limunom**.
5. Ja želim vino bez **leda**.
6. Molim kavu sa **šlagom**, bez **mlijeka**.

9. Stavite odgovarajući prijedlog.

1. Stolac je **ispod** prozora.
2. Knjige su **pod** stolicom.
3. Njegov auto je **ispred** kuće.
4. Djeca su **pred** kućom.
5. Slika je na zidu **iznad** stola.
6. Lampa je **nad** stolom.

10. Postavite pitanja na ove rečenice.

1. **S kim** živite?
2. **Kako** on ide u školu?
3. **Kamo** odlazite?
4. **Gdje** ptice lete?
5. **S kim** razgovaraš?
6. **Kamo** žurite?
7. **Čime** jedemo salatu?
8. **Gdje** oni vole živjeti?
9. **Gdje** on radi?
10. **Kako** govorite hrvatski?

11. Dopunite rečenice infinitivima glagola po smislu.

1. Oni vole **slušati** glazbu.
2. Mi idemo **gledati** ovaj film.
3. Vi možete već **govoriti** hrvatski.
4. Marko mora **raditi** svaki dan.
5. Studenti trebaju **učiti** za ispit.
6. Ja želim **živjeti** na moru.
7. Ne treba **kasniti** na sastanak.
8. Vi trebate **paziti** na svoju djecu.
9. Ja ne mogu **završiti / napisati** ovu zadaću.
10. Trebamo **voljeti** svoj posao.

Razgovarajmo!

Odgovori na pitanja su osobni.

12. Stavite glagole u množinu.

1. Mi **želimo** ići k prijateljici.
2. Svaki dan **radimo** do tri sata.
3. Mi **vidimo** lijepu kuću.
4. Mi **mislimo** često o životu.
5. Oni **žele** mlijeko i kavu.
6. One **vole** svoju djecu.
7. Oni **kasne** na posao.
8. Vi **odlazite** s prijateljem.
9. Vi **volite** gledati dobar film.
10. Vi **dolazite** na vrijeme u školu.

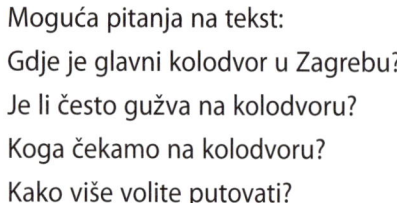

PROČITAJ I KOMENTIRAJ!

Moguća pitanja na tekst:

Gdje je glavni kolodvor u Zagrebu?

Je li često gužva na kolodvoru?

Koga čekamo na kolodvoru?

Kako više volite putovati?

Ima li blizu kolodvora mjesta za parkiranje?

Volite li imati goste?

Što pokazujete svojim gostima u Zagrebu?

Idete li s gostima u restoran?

13. Dopunite dijalog.

Gospodin:	Mogu li na Trg bana Jelačića **tramvajem** broj 9?
Gospođa:	Nisam **sigurna**, ali **mislim** da možete.
Gospodin:	Ne **dolazim** često u Zagreb pa ne **znam** dobro.
Gospođa:	Blizu je taksi **stanica**. Ako **želite**, možete **ići** taksijem.
Gospodin:	Ja **živim** na selu.
Gospođa:	A ja u **gradu**, ali **ne volim** gužvu. Evo vam **tramvaja**, požurite!
Gospodin:	Hvala vam, **gospođo**!

II. Rješenja zadataka | 9.

UNIT
UNITÉ
UNTERRICHTSEINHEIT
UNITÀ
UNIDAD

9. cjelina

1. **Uvrstite u rečenice prezent glagola stanovati.**

1. Gdje vi **stanujete**?
2. Ja **stanujem** blizu Trga P. Preradovića.
3. Ona **stanuje** s bratom.
4. Oni **stanuju** zajedno.
5. Ti **stanuješ** sama?
6. Mi **stanujemo** u centru.

2. **Uvrstite u rečenice prezent glagola putovati.**

1. Ja često **putujem** na more.
2. On **putuje** avionom.
3. Ti **putuješ** autobusom.
4. Vi **putujete** vlakom u Rijeku.
5. Oni **putuju** u Ameriku.
6. Mi sutra **putujemo** u Dubrovnik.

Odgovorite na pitanja!

1. Marko i Branka popodne idu na aerodrom.
2. Markov brat dolazi iz Francuske.
3. Marko danas nema svoj auto.
4. Gordanov posao je dosta putovati.
5. Prije izlaska treba obaviti carinsku kontrolu.
6. Gordan nema ništa prijaviti, ima samo poklone za djecu.
7. Policajac kontrolira valjanost putovnice.
8. Christine ima francusku putovnicu.
9. Gordan ostavlja darove za djecu u njihovoj sobi.
10. Davor i Maja nisu još kod kuće.
11. Gordan ostaje u Zagrebu nekoliko dana zbog posla.
12. Marko nudi za piće neki aperitiv ili nešto toplo.

3. Uvrstite u rečenice prezent glagola kupovati.

1. **Kupuješ** li često cigarete?
2. Ona **kupuje** kruh svaki dan.
3. One **kupuju** knjige za školu.
4. Vi **kupujete** cvijeće za prijateljicu.
5. Ja **kupujem** poklon za mamu.
6. Mi uskoro **kupujemo** novi auto.

Pitalica

Hrvatska zrakoplovna kompanija je **Croatia airlines**.

4. Uvrstite prezent glagola vjerovati.

1. Ja **vjerujem** u ljubav.
2. Ona **vjeruje** svojoj mami.
3. Mi **vjerujemo** profesoru.
4. Ti **vjeruješ** samo tati.
5. Oni **vjeruju** u istinu.
6. Vi **vjerujete** u prijateljstvo.

5. Uvrstite prezent glagola razumjeti.

1. **Razumiješ** li ti sve što on govori?
2. Ja **razumijem** dobro što misliš.
3. Oni **razumiju** samo engleski.
4. Vi ne **razumijete** matematiku.
5. Mi **razumijemo** profesorova predavanja.
6. On ne **razumije** tvoje razloge.

6. Posvojni genitiv zamijenite posvojnim pridjevom.

1. To je **sestrina** knjiga.
2. To je **Verina** kuća.
3. To je **Davorovo** mjesto.
4. To je **Majin** brat.
5. To je **Ivanova** sestra.
6. To je **mužev** prijatelj.
7. To je **Ingina** torba.
8. To je **studentov** stol.

7. Istaknute imenice zamijenite pridjevima.

1. **Hrvatski** studenti dobro uče.
2. **Američki** gradovi su lijepi.
3. **Pariški** metro je brz.
4. **Dubrovački** aerodrom je izvan grada.
5. **Slovenski** sport je skijanje.
6. **Londonski** promet je gust.
7. **Sarajevski** stadion je velik.
8. **Europske** zemlje su različite.
9. **Morska** riba je izvrsna.
10. **Šumske** životinje su plahe.

8. Odaberite točan odgovor.

1. b) Brankina
2. b) u sobu
3. b) prijateljev
4. c) kod prijatelja
5. a) profesoru
6. c) svakako
7. c) rano ujutro
8. b) 3 mjeseca

9. Dopunite rečenice prezentom glagola.

1. Njegova žena **kupuje** svaki dan mlijeko.
2. One **putuju** svako ljeto na more.
3. Za doručak ja **pijem** samo kavu.
4. Ona uvijek **kupuje** talijanske cipele.
5. Ti **stanuješ** s prijateljem.
6. Oni **očekuju** ljeto s nestrpljenjem.
7. Oni često **ljetuju** u planinama.
8. Ona **ostaje** u Parizu godinu dana.
9. Vi **razumijete** malo hrvatski.
10. Mi **očekujemo** brata iz Londona.
11. On **duguje** prijatelju novac.
12. Oni **čuju** buku s ulice.

10. Upotrijebite posvojni pridjev.

1. **Gordanov** automobil je na ulici.
2. **Majina** torba je na stolu.
3. **Ivanovo** pivo je jako hladno.
4. **Mamin** ručak je ukusan.
5. **Mužev** posao je težak.
6. **Anina** olovka je u torbi.

11. Napravite pridjeve od imenica.

1. **Paški** sir je vrlo poznat.
2. On je **talijanski** građanin.
3. Ja volim **bečke** kavane.
4. Volim jesti **kinesku** hranu.
5. **Brazilska** kava je odlična.
6. **Japanski** radnici su vrlo marljivi.
7. **Londonski** parkovi su lijepi.
8. **Egipatske** piramide su stare i poznate.
9. **Gradski** promet je gust i bučan.
10. **Školska** ploča je zelena.

12. Napravite pridjeve od geografskih imena.

1. **pariški** toranj
2. **zagrebački** parkovi
3. **američki** hamburger
4. **kineska** kuhinja
5. **paški** sir
6. **berlinski** zid
7. **japanski** jezik
8. **meksički** začini
9. **bečki** odrezak
10. **afrička** vrućina
11. **londonska** magla
12. **praško** ljeto

13. **Rečenice dopunjene prezentom glagola:**

1. Oni **ostaju** u Zagrebu mjesec dana.
2. Ona **razumije** sve što govorim.
3. Ja **dugujem** prijatelju novac.
4. Naši prijatelji **zimuju** u Sloveniji.
5. Ja uvijek **vjerujem** u čovjeka.
6. Oni **prijateljuju** već dugo.
7. Vi **umirujete** svoju djecu.
8. Ona **izmjenjuje** pisma s prijateljem.
9. Ona **očekuje** prvo dijete.
10. Trener **smiruje** svoje igrače.

RAZGOVARAJMO!

Odgovori na pitanja su osobni.

14. **Dopunite dijalog.**

Carinik: Dobar dan. Imate li što **prijaviti**?

Putnik: Ne, **nemamo**, imamo samo **poklone** za djecu.

Carinik: Možete li mi pokazati Vašu **putovnicu**?

Putnik: Izvolite. Ovo je **moja** putovnica, a ovo je od moje **žene**.

Carinik: Zar ona nije iz Hrvatske?

Putnik: Ne, ona je iz Švicarske. Ali dobro **razumije** hrvatski.
           Naša djeca govore **hrvatski** i **francuski**.

Carinik: Vaša djeca sigurno vole i **švicarsku** čokoladu!
           Izvolite proći!

Putnik: **Hvala i do viđenja**!

10. cjelina

1. **Napišite rečenice u množini.**

1. **Djeca** su u parku.
2. **Ljudi** šetaju ulicom.
3. **Djevojke** čitaju knjigu.
4. **Jezera** nisu daleko.
5. **Studenti** sjede u učionici.
6. **Žene** žure kući.
7. **Tramvaji** voze prugom.
8. **Torbe** su na stolici.
9. **Knjige** su na stolu.
10. **Studentice** uče u knjižnici.

2. **Napišite rečenice u množini.**

1. **Brodovi** su udobni i lijepi.
2. **Parkovi** su puni djece.
3. **Vlakovi** često kasne.
4. **Stolovi** su kraj prozora.
5. **Stanovi** su u gradu.
6. **Muževi** rade u uredu.
7. **Noževi** su na stolu.
8. **Zidovi** su visoki.
9. **Vrtovi** su iza kuće.
10. **Mostovi** su široki.

3. **Upotrijebite prezent glagola.**

1. Mi jednom tjedno **pišemo** pisma.
2. Kad ona **dođe** na posao, **nađe** njihovu poruku.
3. Oni **mogu** kupiti novi auto.
4. Ja sada **idem** kući.
5. Moja mama nedjeljom **peče** kolače.
6. Oni **siđu** niz stube.
7. Mi **možemo** napraviti ovaj posao.
8. Vi **uzmete** torbu kad idete na put.
9. Vlak **stiže** na drugi kolosijek.
10. Ona **kaže** uvijek istinu.

4. **Upotrijebite prezent glagola.**

1. Ja **žurim** na posao.
2. Ti dobro **voziš** auto.
3. Studenti **sjede** u učionici.
4. Ljudi **izlaze** iz tramvaja.
5. Ona uvijek **sjedi** u tramvaju.
6. Pilot **vozi** avion.
7. Ti **izlaziš** večeras s djevojkom?
8. Ljudi **ulaze** u dvoranu 10 minuta ranije.
9. On i ona **izlaze** zajedno.
10. Vi sjedite **pred** televizorom.

Pitalica

Hrvatska ima oko **4,5 milijuna** sta-novnika.

5. **Od sljedećih elemenata sastavite nekoliko rečenica.**

Ana **spava** u sobi.

Mi **učimo** hrvatski.

Ivan **čita** knjigu u sobi.

Žena **sprema** ručak.

Vi **čekate** tramvaj.

Mi **pišemo** zadaću.

Oni **razgovaraju** o školi.

Oni **idu** u kino.

6. **Stavite imenice u odgovarajući padež.**

1. Ja idem pred **školu**.
2. Čekam muža pred **kinom**.
3. Dođi večeras pred **školu**.
4. On čeka prijatelja pred **hotelom**.
5. Pas je pod **stolom**.
6. Knjige su ispod **stola**.
7. Studenti sjede oko **stola**.
8. Park je iza **kuće**.
9. Prozor je iznad **balkona**.
10. Knjiga je pod **stolicom**.
11. Čekam prijatelje pod **satom**.
12. Ona stoji ispod **sata**.

7. **Stavite pravilne genitive.**

dva **studenta** – osam **studenata**

tri **momka** – sedam **momaka**

dva **stabla** – pet **stabala**

jedan **koncert** – pet **koncerata**

tri **djevojke** – sedam **djevojaka**

četiri **kruške** – devet **krušaka**

jedna **lutka** – šest **lutaka**

tri **olovke** – deset **olovaka**

RAZGOVARAJMO!

Odgovorite na pitanja!

1. Prijatelji su na kolodvoru.
2. Ivan i Ana čekaju rođake iz Splita.
3. U Hrvatskoj vlakovi često kasne.
4. Inga i Paul čekaju vlak iz Berlina.
5. Ivan i Ana imaju mnogo rođaka u Americi.
6. Ana voli što u Zagrebu ima mnogo studenata.
7. Vlak iz Splita kasni 20 minuta.
8. Ana ne voli putovati za praznike.
9. Njihovi susjedi odlaze rođacima na selo.
10. Lijepo je imati rođake u blizini.

8. **Stavite rečenice u množinu.**

1. Moji **rođaci** žive u Zagrebu.
2. **Pješaci** hodaju ulicom.
3. **Putnici** su na kolodvoru.
4. **Momci** vole sport.
5. **Liječnici** rade u bolnici.
6. **Izlozi** su veliki.
7. Tvoji **prijedlozi** su dobri.
8. Vaši **razlozi** nisu važni.
9. **Uzdasi** znače brigu.
10. **Orasi** su u kolaču.

9. **Upotrijebite imenice u dativu, lokativu ili instrumentalu množine.**

1. Ja volim palačinke s **orasima**.
2. Sutra odlazimo **rođacima** na more.
3. Katkad razgovaram s **prolaznicima** na ulici.
4. Djevojke često govore o **momcima**.
5. **Službenicima** je teško raditi cijeli dan.
6. O **razlozima** ne treba diskutirati.
7. On često ide k **liječnicima**.
8. U **izlozima** ima uvijek nešto zanimljivo.
9. **Pješacima** nije teško hodati.
10. S **rođacima** često razgovaram telefonom.
11. Djevojke plešu s **momcima**.
12. Ljudi katkad nisu zadovoljni **uspjesima**.

10. **Upotrijebite imenice u odgovarajućem padežu množine.**

1. Za vikend idem **rođacima** na more.
2. Ti imaš mnogo **rođaka** u Hrvatskoj.
3. Kondukteri brinu **o putnicima** u vlaku.
4. Vozač ne smije razgovarati s **putnicima**.
5. U bolnici radi mnogo **liječnika**.
6. Na ulici srećem mnoge **prolaznike**.
7. Kroz prozor gledam **pješake**.
8. Mnogo **radnika** radi prijepodne.

Pitalica

1. Vikendom obično odlazimo prijateljima na selo.
2. Na kolodvoru je gužva jer mnogo ljudi odlazi iz grada.
3. Sutra imam sastanak s liječnikom u ambulanti.
4. Ulicom žure mnogi pješaci.
5. Momci i djevojke često razgovaraju o školi.
6. Ivan i Ana čekaju rođake iz Dalmacije.
7. Inga i Paul imaju auto pred kolodvorom.
8. Vlak iz Splita kasni pola sata.
9. Liječnici brinu o bolesnicima.
10. Putnicima treba dati dobru informaciju.

Opišite kolodvor u svome gradu.

Opis kolodvora je individualan.

11. Upišite prijedlog koji nedostaje.

1. Ljudi idu **u** grad.
2. Naša kuća je **blizu** parka.
3. Mi idemo **u** restoran **na** ručak.
4. John je **iz** Amerike.
5. Ovo je poklon **za** Anu.
6. Ja spavam **bez** problema.
7. Ti ideš **na** sastanak **u** ured.
8. Park je **ispred** kuće.
9. Je li ovo autobus **za** Split?
10. **Od** Zagreba **do** Beča ima oko 400 km.
11. Prozor je **iznad** stola.
12. Oni su **ispred** televizora jer gledaju film.

12. Postavite pitanja uz ove rečenice.

1. **Čime** on voli putovati?
2. **Kamo** odlazimo vikendom?
3. **S kim** djevojke plešu?
4. **Čime** jedemo meso?
5. **Gdje** on ima rođake?
6. **Koga** oni čekaju na aerodromu?
7. **Kako** naši prijatelji stižu u Split?
8. **Kada** idemo u posjet rođacima?
9. **Gdje** službenici rade?
10. **Gdje** je uvijek gužva?

II. Rješenja zadataka 11.

UNIT
UNITÉ
UNTERRICHTSEINHEIT
UNITÀ
UNIDAD

11. cjelina

Odgovorite na pitanja!

1. Inga, Ivan, Paul i Ana su gosti Branke i Marka.
2. Branka treba pomoć i Maje i Christine.
3. Christine želi pripremiti francuski kolač.
4. Branka priprema pečeno meso, priloge i salate.
5. Imaju salatu od rajčice, zelenu salatu i ciklu.
6. Maja postavlja stol.
7. Jesen u Zagrebu je često kišovita.
8. Inga i Ana više vole toplo vrijeme.
9. Marko voli noću čitati.
10. Inga i Paul su samo prijatelji.
11. Gordan ima problema s linijom.
12. Ivan želi još malo vina.

1. **Stavite istaknute imenice u odgovarajući padež.**

1. Ova je bolest neugodna. U **bolesti** treba uzimati lijek.
2. Jedna vijest me brine. Nisam zadovoljan tom **viješću**.
3. Moraš mi reći novost. O toj **novosti** svi pričaju.
4. Ova je stvar dobra. Volim dobre **stvari**.
5. Tvoja je riječ uvijek posljednja. Jednom **riječju**, ti si uvijek u pravu.
6. Tvoja pomoć mi je velika. Hvala ti na **pomoći**.

2. **Upotrijebite instrumental imenica.**

1. Čitam tvoje pismo s **radošću**.
2. Dajem ovaj poklon s **ljubavlju**.
3. Nismo zadovoljni sa **zaposlenošću**.
4. Želim to reći jednom **riječju**.
5. Sjećam se roditelja sa **zahvalnošću**.
6. Ljudi često nisu zadovoljni sa **starošću**.
7. Gripa dolazi sa **slabošću** tijela.
8. To možeš učiniti samo s **hrabrošću**.
9. Smatram to svojom **dužnošću**.
10. Moram to reći sa **žalošću**.

3. **Stavite rečenice u množinu.**

1. Njezine riječi mnogo vrijede.
2. Ove ljubavi su zaista velike.
3. To su velike opasnosti.
4. Vaše nesigurnosti nemaju razloga.
5. Imaš li vijesti od brata?
6. Vrijednosti stana rastu svaki dan.
7. Imate velike mogućnosti za uspjeh.
8. Ljetne noći su tople.
9. Sličnosti su isključene.
10. Ove okolnosti su povoljne.

Pitalica

Sava teče kroz **Zagreb**.

4. **Pronađite imenice ženskog roda na suglasnik i napravite nekoliko rečenica. Moguće rečenice su:**

1. Pomoć je uvijek dobrodošla.
2. Smrt je iznenadna i neugodna.
3. Učimo iz povijesti.
4. Sličnosti su isključene.
5. Imamo nekoliko mogućnosti.
6. Riječi su pokatkad ubitačne.
7. Volim modernu umjetnost.
8. Ne mogu razgovarati o toj stvari.

5. **Upotrijebite prezent glagola jesti.**

1. Vi često **jedete** ribu.
2. Ja **jedem** salatu svaki dan.
3. Oni **jedu** dosta povrća.
4. Nedjeljom mi **jedemo** u restoranu.
5. Ona **jede** samo sir i salatu.
6. Vi **jedete** triput na dan.

Napišite recept za palačinke!

Jedno jaje, dvije šalice brašna, malo soli, šalica mlijeka, pola šalice šećera.
Nadjev: po želji

Objasnite pripremu jela koje najviše volite!

Odgovori su individualni.

6. **Dopunite rečenice.**

Dopuna rečenica je individualna.

Pitalica

1. Za goste uvijek imamo kave i kolača.
2. Slavim rođendan s prijateljima u restoranu.
3. Navečer volim samo popiti čaj.
4. Oni ne vole jesti kolače jer su slatki.
5. Često pripremam juhu nedjeljom za ručak.
6. Kad slavim rođendan, spremam sendviče i piće.
7. Od voća najviše volim grožđe i breskve.
8. Uz ribu obično pijemo bijelo vino.
9. Volim jesti salate zbog vitamina.
10. Kad jedem laganu hranu, nemam problema s linijom.

7. Stavite riječi suprotna značenja.

1. radost – žalost
2. život – smrt
3. dan – noć
4. večer – jutro
5. svjetlost – tama
6. ljubav – mržnja
7. prošlost – budućnost
8. moć – slabost
9. sličnost – razlika
10. riječ – šutnja

8. Imenicama dodajte odgovarajući pridjev.

1. **oštar** kontrast
2. **velika** hrabrost
3. **tanka** kost
4. **mali** prst
5. **svjetska** javnost
6. **pravedan** protest
7. **prirodna** znanost
8. **bliski** kontakt
9. **dugački** most
10. **gradska** četvrt

Kakva je moda (odjeća i boje) ove sezone?

Odgovor je individualan.

Križaljka

12. II. Rješenja zadataka

UNIT
UNITÉ
UNTERRICHTSEINHEIT
UNITÀ
UNIDAD

12. cjelina

RAZGOVARAJMO!

Odgovorite na pitanja!

1. Maja na ulici susreće Višnju.
2. Višnja ide kupovati.
3. Maja sebi treba kupiti blok i pribor za crtanje.
4. Višnja kupuje za sebe.
5. Sve djevojke vole moderne stvari.
6. Moderni su predmeti obično skupi.
7. Ivan se brije ujutro.
8. Ivan se brije i tušira u kupaonici.
9. Ana strpljivo čeka svoj red.
10. Ana se ne šminka mnogo.
11. Ivan ne može naći čiste ručnike.
12. Ana ima mnogo strpljenja s bratom.

1. **Dopunite rečenice zamjenicom sebe /se u odgovarajućem padežu.**

1. Kad je jako hladno, imam kaput na **sebi**.
2. Imate li lijepo mišljenje o **sebi**?
3. Ne mogu **se** sjetiti vašega imena.
4. Ja volim red oko **sebe**.
5. Ovaj CD želim za **sebe**.
6. Dosadno je. Ne znam što ću sa **sobom**.
7. Stavite knjigu pred **sebe**!
8. Vraćam **se** kasno kući.

2. **Opišite sliku tako da upotrijebite povratnu zamjenicu s prijedlozima.**

Muškarac **ispred sebe** drži tenisice i sandale.
Pokraj sebe ima mnogo odjeće.
Ispred sebe ima garderobu.
Na sebi ima šarenu košulju, majicu i hlače.
Oko sebe gleda i odjeću i obuću.
U sebi možda nosi tajnu.

3. **Odaberite točan odgovor.**

1. Mi se veselimo **suncu**.
2. Oni se kupaju u **bazenu**.
3. Vi se smijete **šali**.
4. Ti se spremaš **na koncert**.
5. Ona vodi psa **sa sobom**.
6. Vi imate tajnu **u sebi**.
7. Kad je hladno, imate rukavice **na sebi**.
8. On se brije **aparatom**.

4. **Napišite rečenice bez osobnih zamjenica.**

1. **Češljam se** sama.
2. **Veselite se** vikendu.
3. **Smiju se** vicu.
4. **Šališ se** s prijateljem.
5. **Igraju se** zajedno.
6. **Kupamo se** u moru.
7. **Brije se** aparatom.
8. **Veseliš se** ljetu.
9. **Oblače se** moderno.
10. **Tušira se** ujutro i navečer.

5. **Napišite niječne rečenice.**

1. **One se ne vesele** kraju semestra.
2. **Mi se ne igramo** s djecom.
3. **Vi se ne češljate** pred zrcalom.
4. **Oni se ne igraju** u parku.
5. **Vi se ne kupate** u moru.
6. **On se ne oblači** moderno.
7. **Vi se ne veselite** praznicima.
8. Studenti **se ne šale** međusobno.
9. Djevojčice **se ne igraju** autima.
10. **Oni se ne smiju** šali.

6. **Napišite niječne rečenice, ali bez subjekta.**

1. **Ne vesele se** kraju semestra.
2. **Ne igramo se** s djecom.
3. **Ne češljate se** pred zrcalom.
4. **Ne igraju se** u parku.
5. **Ne kupate se** u moru.
6. **Ne oblači se** moderno.
7. **Ne veselite se** praznicima.
8. **Ne šale se** međusobno.
9. **Ne igraju se** autima.
10. **Ne smiju se** šali.

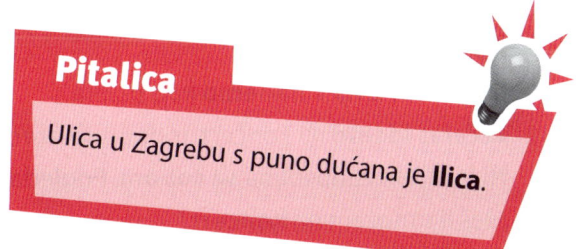

Pitalica

Ulica u Zagrebu s puno dućana je **Ilica**.

7. **Postavite pitanja inverzijom.**

1. Veseliš li se ljetu?
2. Sprema li se u školu?
3. Smijemo li se šali?
4. Igraju li se momci na stadionu?
5. Češljaju li se one već dugo?
6. Spremate li se u kazalište?
7. Oblači li se ona dugo?
8. Tuširate li se svaki dan?
9. Šališ li se s prijateljima?
10. Svlačimo li se prije spavanja?

8. **Sastavite rečenice sa sljedećim glagolima.**

Rečenice sa zadanim glagolima su individualne.

9. **Umetnite prezent glagola bojati se.**

1. Oni **se boje** rata.
2. Mi **se bojimo** bolesti.
3. **Bojiš** li **se** ti injekcije?

4. Kad grmi, svatko **se boji** za sebe.
5. Ona **se boji** voziti avionom.
6. Ja **se** ne **bojim** posla.

10. **Ispravite red riječi i od zadanih elemenata sastavite rečenice sa i bez subjekta.**

1. Mi se večeras spremamo u kazalište.
   Spremamo se u kazalište.
2. Oni se rado sjećaju svoje bake.
   Sjećaju se rado svoje bake.
3. Svako jutro ti se tuširaš u kupaonici.
   Tuširaš se svako jutro u kupaonici.
4. Vi se uvijek veselite suncu i ljetu.
   Veselite se uvijek suncu i ljetu.

RAZGOVARAJMO!

Odgovori na pitanja su individualni.

11. **Dopunite dijalog.**

Marina:	Dobar dan, Marija.
Marija:	Bog, mi se uvijek **nađemo** kod frizera.
Marina:	Večeras **idemo** na koncert, moram se **urediti** za taj izlazak.
Marija:	Ni ja nisam zadovoljna **sa sobom**. Pogledaj moju kosu!
	Ideš li s mužem na **koncert**?
Marina:	Da, i s **našim** prijateljima.
Marija:	Misliš li **obući** nešto posebno?
Marina:	Ja se uvijek **oblačim** jednostavno.
Marija:	Ali sada imaš na **sebi** vrlo lijepu suknju.
Marina:	Sviđa ti se?
Marija:	Jako. Kupuješ sama za **sebe**?
Marina:	A ti ne? Pa ja najbolje znam što volim **nositi**.
Marija:	Evo, ti si na redu. Ja se još **moram** strpjeti.

13. cjelina

1. **Imenicama dopišite odgovarajući pridjev.**

1. jaka bol
2. morska sol
3. obična laž
4. državna vlast
5. svjetska javnost
6. humana misao

7. nova riječ
8. velika stvar
9. prava odgovornost
10. temeljita pozornost
11. crvena krv
12. dobra zamisao

2. **Stavite imenice u odgovarajući padež.**

1. U tim **okolnostima** to je nemoguće.
2. Soba je puna blage **svjetlosti**.
3. Za fizičke **aktivnosti** treba volja.
4. U **obitelji** je mnogo članova.
5. Volim meso bez **kosti**.
6. Nismo zadovoljni tom **novosti**.
7. Nemam velike **koristi** od tebe.
8. Ti si jak na **riječima**.

3. **Postavite pitanja na sljedeće rečenice.**

1. **O čemu** oni razgovaraju?
2. **Kamo** često odlazimo?
3. **Što** radiš?
4. **Što** on ne voli jesti?
5. **Čemu** se ona veseli?
6. **Kakav** je tvoj prijatelj?
7. **Kakve** ona ima oči?
8. **Gdje** on studira?
9. **Čiju** ona ima torbu?
10. **Kamo** gledaš?

Križaljka

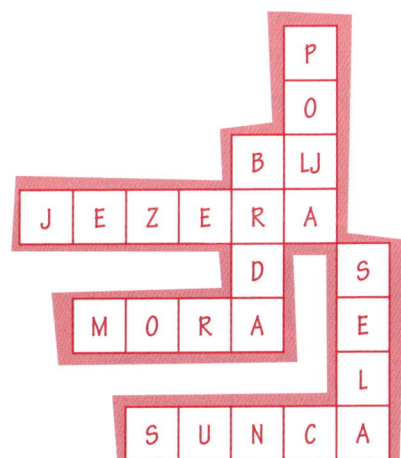

4. **Stavite imenice u instrumental jednine.**

1. Oni idu na izlet **autom**.
2. Mi jedemo juhu **žlicom**.
3. Ona piše zadaću **olovkom**.
4. Ti često razgovaraš **s bratom**.
5. On putuje **sa ženom**.
6. Ti ideš u kino **s prijateljem**.
7. Oni putuju **avionom**.
8. Branka živi **s mužem**.

5. **Stavite imenice u množinu.**

1. Novi su **stanovi** udobni.
2. Zagrebački **parkovi** su puni djece.
3. Knjige su po **stolovima**.
4. One vole svoje **muževe**.
5. Daleko obično putujemo **vlakovima**.
6. Ja volim velike **brodove**.
7. Zimi u **vrtovima** nema snijega.
8. Meso režemo **noževima**.

6. **Napišite rečenice u niječnom obliku.**

1. Mi se ne veselimo snijegu.
2. Oni se ne kupaju u bazenu.
3. Ja se ne spremam u kazalište.
4. On se ne igra s prijateljem.
5. Vi se ne smijete svakoj šali.
6. Ti se ne kupaš često u moru.
7. Mi se ne vraćamo kasno kući.
8. Ona se ne šminka u kupaonici.

Pitalica

Najveći stadion u Hrvatskoj je **Poljud**.

7. **Napišite rečenice s imperativom glagola biti.**

1. **Budi** poslušan!
2. **Budite** uvijek sretni!
3. **Neka** svakako **budu** na sastanku.
4. **Budimo** svjesni odgovornosti!
5. **Neka** ona **bude** s bratom popodne.
6. **Ne budi** sada smiješan!
7. **Nemojte biti** žalosni, nije to ništa!
8. **Neka ne budu** svaki dan u parku.
9. **Budimo** uspješni u poslu!
10. **Budimo** zadovoljni da je tako!

8. **Stavite istaknute glagole u imperativ.**

1. **Zatvori** knjigu!
2. **Govorite** glasnije!
3. **Slušajte** profesoricu!
4. **Dođi** točno u školu!
5. **Idi**, već je kasno!
6. **Pijte** topli čaj!
7. **Gledaj** ovu emisiju!
8. **Obucimo** kapute!
9. **Uzmite** kišobran!
10. **Napišimo** zadaću!

9. Upotrijebite imperativ za treće lice.

1. **Neka** studenti **uče** svaki dan.
2. **Neka** ona **pripremi** večeru.
3. **Neka** Marko **ide** na posao.
4. **Neka** Maja **požuri** u dućan.
5. **Neka pročitaju** ovaj tekst.
6. **Neka** on **ispriča** sadržaj.
7. **Neka jedu** dosta voća.
8. **Neka putuje** sam.
9. **Neka kupi** sve za ručak.
10. **Neka siđu** ovdje.

10. Napišite niječni oblik rečenica.

1. **Ne idi** na utakmicu!
2. **Ne pričajte** stalno!
3. **Ne gledaj** moju sliku!
4. **Ne razgovarajmo** sada!
5. **Ne sjedaj** tamo!
6. **Ne idite** zajedno!
7. **Ne putujte** avionom!
8. **Ne mislimo** sada na budućnost!

RAZGOVARAJMO!

Odgovorite na pitanja!

1. Gordan se pokatkad bavi tenisom i plivanjem.
2. Paul voli igrati košarku.
3. Marko ima dobar prijedlog.
4. U novinama mogu vidjeti raspored utakmica.
5. Važno je sudjelovati.
6. Važno je igrati, a ne pobijediti.
7. Markov prijatelj Mladen telefonira Branki.
8. Mladen traži Marka.
9. Marko nije trenutačno kod kuće.
10. Mladen ima poruku za Marka.
11. Branka treba zapisati njegov telefon.
12. Mladen pozdravlja sve dečke.

11. Napišite niječni oblik imperativa.

1. **Nemojte pušiti** toliko!
2. **Nemoj ići** s prijateljem!
3. **Nemojte zatvoriti** prozor!
4. **Nemojte govoriti** tiho!
5. **Nemoj se igrati** sa psom!
6. **Nemoj staviti** puno šećera u kavu!
7. **Nemojte uzeti** moju knjigu!
8. **Nemoj tražiti** olovku!
9. **Nemojte doći** kasno kući!
10. **Nemoj** mi **reći** sve o tome!

12. Pravilno upotrijebite imenice dio i djelo.

1. Ovo je jedan **dio** moga automobila.
2. To je **djelo** poznatog pisca.
3. Ovo su **dijelovi** našeg **računala**.
4. Danteova **djela** su poznata u svijetu.
5. Molim vas **dio** ovoga sira!
6. Njegova **djela** volim i rado čitam.
7. Možete prodati stari auto u **dijelovima**.
8. Ovo **djelo** naivne umjetnosti treba vidjeti.
9. Nedostaje jedan **dio** mozaika.
10. Vaša **djela** su plemenita.

Pitalica

1. Sada sam kod kuće, a jučer sam bila u školi.
2. Ti si moja prijateljica, a nisi njezina.
3. Ona zna moj telefonski broj i zato može telefonirati.
4. Danas dolazim kući u 7, a jučer u 10 sati.
5. Možete sada ići, ali prije trebate završiti vježbu.
6. Ona ne zna matematiku, ali zna dobro čitati.
7. Vi ne trebate Branku, nego trebate jednu studenticu.
8. Danas ne može doći zato što ima posla.
9. Večeras idemo u kino, a poslije u restoran.
10. Ti ne slušaš dobro, zato ne možeš točno odgovoriti.

Razgovarajmo!

Odgovori su individualni.

14. cjelina

1. **Napišite perfekt glagola biti.**

1. On **je bio** u školi.
2. Oni **su bili** djeca.
3. Maja **je bila** djevojčica.
4. Davor **je bio** dječak.
5. Mi **smo bili** u kinu.
6. One **su bile** u Americi.
7. Ti **si bio** dobar učenik.
8. Vi **ste bili** moji studenti.

2. **Stavite glagole u perfekt.**

1. Branka **je radila** u školi.
2. Davor **je igrao** nogomet.
3. Marko **je ostao** na sastanku.
4. Ja **sam mislio / mislila** na ljeto.
5. Oni **su stanovali** zajedno.
6. Vi **ste gledali** film.
7. Ti **si slušao** muziku.
8. Mi **smo znali** vaš broj.
9. One **su razgovarale** o modi.
10. Momci **su pričali** o sportu.

3. **Napišite iste rečenice u perfektu, ali bez subjekta.**

1. **Radila je** u školi.
2. **Igrao je** nogomet.
3. **Ostao je** na sastanku.
4. **Mislio / mislila sam** na ljeto.
5. **Stanovali su** zajedno.
6. **Gledali ste** film.
7. **Slušao si** muziku.
8. **Znali smo** vaš broj.
9. **Razgovarale su** o modi.
10. **Pričali su** o sportu.

4. **Stavite glagole u perfekt.**

1. Ja **sam mogao** doći u 10 sati.
2. Oni **su izašli** zajedno iz kina.
3. Ti **si pekla** palačinke.
4. Mi **smo došli** zajedno na sastanak.
5. Ona **je išla** s bratom na izlet.
6. Vi **ste sišli** dizalom u prizemlje.
7. Mi **smo išli** pješice na Sljeme.
8. Ja **sam otišla** sama na koncert.
9. On **je pošao** polako u grad.
10. Mi **smo rekli** samo istinu.

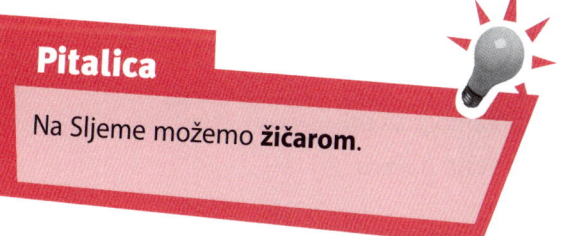

Pitalica

Na Sljeme možemo **žičarom**.

5. **Napišite što su osobe na slikama radile jučer.**

1. Ona je crtala sliku.
2. Djevojka je pjevala.
3. Oni su se šetali ulicom.
4. Ona je sjedila i razmišljala.
5. On je plivao u bazenu.
6. Žena je spavala / sanjala.
7. Djevojčica je svirala gitaru.
8. Sudac je lupao u sudnici.

6. **Pitanja inverzijom su:**

1. **Je li** ona **došla** kasno?
2. **Jeste li našli** mjesta u vlaku?
3. **Jesu li sišli** na trgu?
4. **Jesi li** nešto **rekla**?
5. **Jeste li mogli** doći?
6. **Jesi li rekao** istinu?
7. **Je li** on **pošao** autobusom?
8. **Je li** ona **pekla** kolač?
9. **Jesi li mogla** učiti?
10. **Jesu li išle** na koncert?

7. **Stavite glagole u perfekt.**

1. Ja **sam voljela** klasičnu glazbu.
2. Mi **smo živjeli** u Zagrebu.
3. Ti **si vidio** lijepe stvari.
4. Vi **ste vidjeli** prijateljicu na ulici.
5. Oni **su** dobro **razumjeli** hrvatski.
6. On **je razumio** samo engleski.
7. Ona **je željela** bijelu kavu za doručak.
8. On **je želio** samo čaj.
9. On **je živio** u centru grada.
10. Avion **je letio** svaki dan.

8. **Stavite rečenice u perfekt.**

1. Oni **su željeli** putovati na more.
2. Mi **smo voljeli** knjige i često smo išli u knjižnicu.
3. Ti **si stanovao** u centru tri godine.
4. Oni **su letjeli** avionom dvaput mjesečno.
5. Darko više **nije vjerovao** Goranu, jer **nije govorio** istinu.
6. Gdje **si** ti **živio**?
7. Marko **je mogao** doći ako je želio.
8. One **su** uvijek **došle** kasno.
9. Zašto **niste ušli**?
10. Ti **si kazao** da moramo požuriti.
11. Ivan **je dugovao** sestri novaca.
12. Zašto **niste sjeli**?

9. **Stavite glagole u perfekt.**

1. On **je** jučer **putovao** vlakom.
2. Mi **smo** sve **razumjeli** što kaže.
3. Vi **ste** sigurno **mislili** dobro.
4. Ja **sam** uvijek **govorio / govorila** glasno.
5. On **je** sada **zakasnio** prvi put.
6. One **su** brzo **napisale** zadaću.
7. Vi **ste** najprije **radili** u uredu.
8. Ti **si** dobro **znao** matematiku.
9. Mi **smo** uvijek **imali** dosta vremena.
10. Oni **su** sinoć **pili** vino uz večeru.

10. **Odgovorite niječno na pitanja.**

1. Ne, nismo zaboravili.
2. Ne, nije bila.
3. Ne, nismo našli.
4. Ne, nisu došli.
5. Ne, nije išao.
6. Ne, nismo trebali.
7. Ne, nije bio.
8. Ne, nismo došli.
9. Ne, nisi govorio.
10. Ne, nisam sjedila.

RazGOVARAJMO!

Odgovorite na pitanja!

1. Paul nije bio na rođendanu.
2. Djevojka je slavila 23. rođendan.
3. Nije bilo previše ljudi.
4. Slušali su najviše plesnu glazbu.
5. Ugodno su pričali i plesali.
6. Ivan je odlučio više ne pušiti.
7. Helga ponovno dolazi u Zagreb.
8. Prijatelji žele ići na izlet.
9. Ivan i Ana su prošle nedjelje bili u Samoboru.
10. Vrijeme je bilo krasno.
11. Samobor je poznat po kremšnitama (kolači).
12. Muzej nije popodne bio otvoren.

11. **Dopunite rečenice infinitivima glagola po smislu.**

1. Ti nisi mogla **govoriti** hrvatski.
2. Mi smo željeli **slušati** glazbu.
3. Ona nije znala **naći** tvoju kuću.
4. Ja sam mogao **doći** oko 10 sati.
5. Vi ste znali **odgovoriti** na moja pitanja.
6. Marko nije volio **ostajati** na sastanku.
7. Maja je trebala **pomoći** svojoj mami.
8. Davor se trebao **sastati / naći** s prijateljima.
9. Mi smo voljeli **stanovati** blizu centra.
10. On je želio **gledati** taj film.

Napišite u nekoliko rečenica što ste radili jučer!

Opis je individualan.

UNIT
UNITÉ
UNTERRICHTSEINHEIT
UNITÀ
UNIDAD

15. cjelina

RAZGOVARAJMO!

Odgovori na pitanja su individualni.

Pitalica

Kada pregledavamo vid idemo **okulistu**.

1. **Stavite glagole u perfekt.**

1. Maja **se odjenula** prije izlaska u grad.
2. Ona **se bojala** duhova.
3. Ja **sam se sjetio / sjetila** ljeta i mora.
4. Oni **su se spremili** na izlet.
5. Ti **si se šalio** sa sestrom.
6. On **se veselio** novom autu.
7. Vi **ste se umorili** od učenja.
8. Majka **se ljutila** na sina i kćerku.
9. Oni **su se dogovorili** o svemu.
10. Mi **smo se vratili** kasno kući.

2. **Uz fotografije napišite rečenice u perfektu.**

1. Ona se smijala šali.
2. One su razgovarale na kavi.
3. On se brijao.
4. Oni su se rukovali.
5. Svađali su se.
6. Ona se češljala četkom ujutro.

3. **Napišite rečenice bez osobnih zamjenica, odnosno bez subjekta.**

1. **Smijala se** šali.
2. **Sreli smo se** na trgu.
3. **Vratio se** u 10 sati.
4. **Dogovorili ste se** o svemu.
5. **Ljutio si se** na prijateljicu.
6. **Svađali ste se** zbog gluposti.
7. **Veselile su se** izletu.
8. **Umorili smo se** od posla.
9. **Brijao se** svako jutro.
10. **Sjetio sam se** svog djeda.

4. **Napišite niječne rečenice.**

1. **Nismo se smijali** toj priči.
2. **Niste se vratili** kasno.
3. **Nije se veselio** vikendu.
4. **Nisu se srele** na ulici.
5. **Nismo se dogovorili** za sutra.
6. **Nisam se veselila** poklonu.
7. **Nije se to dogodilo** prošli mjesec.
8. **Nije se umorila** od hodanja.
9. **Nisu se svađali** bez razloga.
10. **Nije se spremao** na put.

Pitalica

1. potišten – radostan
2. šaljiv – ozbiljan
3. vitak – debeo
4. vrijedan – lijen
5. hrabar – plašljiv

6. dubok – plitak
7. jak – slab
8. nježan – grub
9. odvratan – divan
10. sebičan – nesebičan

5. **Dopišite riječi suprotnog značenja.**

1. mladost – starost
2. radost – žalost
3. proljeće – jesen
4. noć – dan
5. ljubav – mržnja
6. jutro – večer
7. zima – ljeto
8. glupost – pamet
9. bolest – zdravlje
10. grad – selo

11. sjediti – stajati
12. pisati – čitati
13. sići – popeti se
14. piti – jesti
15. otići – doći
16. stići – otići
17. pričati – šutjeti
18. veseliti se – žalostiti se
19. spavati – biti budan
20. imati pravo – imati krivo

6. **Uvrstite u rečenice glagol sviđati se.**

1. Ona **se sviđa** znancima.
2. Momci **se sviđaju** Vesni.
3. Naš grad **se sviđa** turistima.
4. Film **se sviđa** Ivanu.
5. Zabavna glazba **se sviđa** mladima.
6. Naša djeca **se sviđaju** prijateljima.
7. Ova izložba **se sviđa** posjetiteljima.
8. Moji studenti **se sviđaju** mome mužu.

7. **Uvrstite prezent glagola sviđati se.**

1. Ja **se sviđam** svome mužu.
2. On **se sviđa** svojoj ženi.
3. Vi **se sviđate** svojoj mami.
4. Ona **se sviđa** prijatelju.
5. Mi **se sviđamo** roditeljima.
6. Ti **se sviđaš** meni.
7. Ja **se sviđam** svojoj sestri.
8. Oni **se sviđaju** profesoru.

8. **Uvrstite u rečenice glagol boljeti.**

1. Ivana **boli** noga.
2. Maju **bole** leđa.
3. Davora **bole** oči.
4. Branku **boli** grlo.

5. Marka **bole** noge.
6. Vesnu **boli** uho.
7. Marinu **bole** zubi.
8. Ingu **boli** trbuh.

9. **Napišite tekst u perfektu.**

Ja **sam bio** kod kuće. **Sjedio sam** i **čitao. Trebao sam** također napisati pismo. Moj brat **je bio** u sobi i **slušao je** glazbu. On **je volio** džez. Moja mama je **bila** u dućanu i **kupovala je** hranu. U podne **smo ručali** zajedno. Popodne **sam išao** na fakultet, a moj brat **je išao** u grad gdje **je imao** posla. On **je** navečer **išao** u kino s prijateljima. **Željeli su** gledati jedan novi film. Navečer **smo se vratili** kući dosta kasno.

Opišite u perfektu što su radili ljudi na plaži.

Opis je individualan.

10. **U drugom dijelu rečenice upotrijebite niječni oblik istaknutih glagola.**

1. Danas sam bila kod liječnika, a jučer **nisam bila**.
2. Jutros ste došli na posao, a jučer **niste došli**.
3. Prije podne si radio dobro, a jučer **nisi radio** dobro.
4. Danas smo vidjeli dobar film, a jučer **nismo vidjeli** film.
5. Popodne ste čitali knjigu, a jutros **niste čitali**.
6. Noćas ste spavali dobro, a prošle noći **niste spavali**.
7. Jutros sam mogao raditi, a jučer **nisam mogao**.
8. Danas sam željela spavati, a sinoć **nisam željela**.
9. Sada ste sve razumjeli, a jučer **niste razumjeli** sve.
10. Jutros si pio topli čaj, a noćas **nisi pio** čaj.

Razgovarajmo!

Odgovori na pitanja su individualni.

16. cjelina

Odgovorite na pitanja!

1. Dvorac Brezovica je oko dvadeset kilometara daleko od Zagreba.
2. Danas je u dvorcu muzej, restoran i disko.
3. Da, dvorac ima disko i restoran.
4. Današnji oblik ima od XVIII. stoljeća.
5. Dvorac ima barokno obilježje.
6. Dvorac je okružen parkom.

1. **Napravite zbirne imenice i napišite rečenice.**

1. kamenje   Na moru ima **kamenja**.
2. cvijeće   Volim bijelo **cvijeće**.
3. grmlje   Zec je u **grmlju**.
4. granje   **Granje** je puno plodova.
5. lišće   Na **drveću** ima mnogo lišća.
6. zrnje   Ptice jedu **zrnje**.
7. bilje   Ljekovito **bilje** je korisno za zdravlje.
8. drveće   U šumi ima raznog **drveća**.

2. **Napišite zbirne imenice.**

1. janjad
2. dugmad
3. telad
4. magarad
5. momčad
6. siročad

3. **Stavite imenice u odgovarajući padež.**

1. Cesta je poravnata **kamenjem**.
2. Na **granju** su ptice.
3. U **grmlju** su ptice.
4. Na moru ima mnogo **kamenja**.
5. U ovoj **momčadi** igraju dobri igrači.
6. Na kaputu nema zlatne **dugmadi**.
7. Na zemlji ima suhog **lišća**.
8. Zadovoljni smo **cvijećem** u vrtu.

Odgovorite na pitanja!

1. Prijatelji odlaze autom u zagrebačku okolicu.
2. Ujesen je priroda lijepa i raznobojna.
3. Lišće više nije na drveću, granje je golo.
4. Ujesen u vrtu nema cvijeća.
5. Oko Zagreba ima zanimljivih dvoraca.
6. Na jugu ima kamenja i tamo je more. Na sjeveru ima šuma, drveća i ravnica.
7. Inga više voli šume.
8. Djevojke trebaju ići u WC.
9. Prijatelji žele razgledati dvorac.
10. Oni sjede ispred dvorca, lijepo je vrijeme.
11. Momci nisu naručili i za djevojke.
12. U dvorcu imaju prospekte.

---

4. **Uvrstite osobnu zamjenicu ja u odgovarajućem padežu.**

1. Dolaziš **k meni** na večeru?
2. Oni dobro govore **o meni**.
3. Ona **me** pita imam li njezinu knjigu.
4. Ti voliš ići **sa mnom** u kino.
5. Molim, dajte **mi** čašu vode!
6. Danas **mi** nije dobro, boli **me** glava.
7. **Na meni** je red da platim piće.
8. Navečer **me** nikad nema kod kuće.
9. Zar je ovo cvijeće **za mene**?
10. Recite **mi** što vas muči.

5. **Uvrstite osobnu zamjenicu ti u odgovarajućem padežu.**

1. Molim **te** da govoriš glasno.
2. Telefonira li **ti** ona često?
3. Tko je bio s **tobom** u kinu?
4. Imam nešto lijepo za **tebe**.
5. O **tebi** ovisi želim li to napraviti.
6. Svi smo zadovoljni s **tobom**.
7. Zvala sam **te** jučer telefonom.
8. Ona **ti** govori svaki dan isto.
9. Nisam **te** dugo vidio.
10. Tko igra s **tobom**?

6. **Uvrstite osobne zamjenice on, ona u odgovarajućem padežu.**

1. Recite **mu / joj** da odmah dođe.
2. Ona **mu** daje svoju olovku.
3. On **joj** pokazuje zadaću jer ona ne zna.
4. Ona s **njim** uvijek razgovara.
5. On ima o **njoj** lijepo mišljenje.
6. On je kupio cvijeće za **nju**.
7. Ona je večeras išla k **njemu**.
8. Oni su dobri, s **njom** i s **njim** nema problema.
9. Ideš li sestri, reci **joj** da **je** pozdravljam.
10. Kad vidiš brata, reci **mu** da **ga** trebam.

7. **Uvrstite osobne zamjenice mi i vi u odgovarajućem padežu.**

1. Recite **nam**, što **vam** smeta.
2. Oni su **nam** donijeli poklon.
3. S **vama** volim pričati o svemu.
4. O **vama** ovisi kamo idemo večeras.
5. To je dar za **vas**.
6. S **nama** ne možete imati problema.
7. Molimo **vas** da **nas** posjetite uskoro.
8. Za **vas** imamo jednu novost.

8. **Dopunite rečenice osobnim zamjenicama oni i one.**

Djevojke i momci idu zajedno u disko. Oni **ih** čekaju pred klubom.
One **im** zahvaljuju na tomu. Plešu zajedno. Momci **ih** časte pićem, a djevojke **im** se smiješe i pričaju s **njima**. Momci o **njima** misle sve dobro, a djevojke pokatkad za **njih** pripremaju kolače. Poslije diska momci **ih** prate kući, a djevojke s **njima** razgovaraju kako je bilo. Za **njih** je važno da su se zabavili.

9. **Osobne zamjenice po padežima.**

Nominativ	Genitiv	Dativ	Akuzativ	Lokativ	Instrumental
ja		meni	ih	o njima	s njim
mi		njemu	je		s njima
on		mi	mene		
		im	njega		
			njih		

10. **Postavite pitanja na sljedeće rečenice.**

1. **Kada** idete na izlet?
2. **Kamo** vozi ovaj tramvaj?
3. **Za koga** si kupila knjigu?
4. **S kim** ona voli razgledavati grad?
5. **Kada** se budite nedjeljom?
6. **Kada** oni gledaju televiziju?
7. **O komu** ovise mala djeca?
8. **Odakle** se lijepo vidi park?
9. **Kako / čime** oni dolaze u grad?
10. **Kada** putujete?

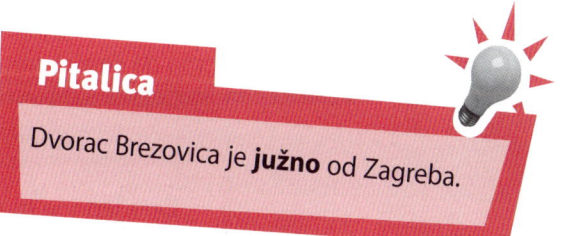

Pitalica

Dvorac Brezovica je **južno** od Zagreba.

11. **Stavite u rečenice osobne zamjenice.**

1. Čuvala sam njezinu djecu. Uvijek **ih** čuvam kad **ona** izlazi.
2. Zvala sam tebe i tvog muža. Nije **vas** bilo kod kuće.
3. Večeras idemo k prijateljima. Oni su **nas** posjetili prošli tjedan.
4. Vidjela sam Mariju u dućanu. Rekla sam **joj** da **me** nazove kad ima vremena.
5. Oni su naši prijatelji. Upoznali smo **ih** još u gimnaziji.
6. Ivan dobro zna matematiku. Molila sam **ga** da **mi** pomogne.
7. Imam gripu. Liječnik **mi** je rekao da ostanem u krevetu.
8. Loše izgledaš. Boli li **te** glava?
9. Jesi li danas kod kuće? Želim **te** posjetiti i donijeti **ti** knjigu koju si **mi** posudio.
10. Bili ste u kinu? Je li **vam** se svidio film?

12. **Ispravite red riječi i napišite rečenice.**

1. Svidjeli su im se tvoji kolači.
2. Rekle smo im da dođu.
3. Poslali su nam novac.
4. Tanja mi je pokazala fotografiju.
5. Roditelji su vam kupili televizor.
6. Pred nama niste nikada govorili o problemima.
7. Vidjeli su te na Trgu bana Jelačića.
8. Njemu se knjiga nije svidjela.
9. Napisala sam joj razglednicu.
10. Jučer popodne ga je nazvao Ivan.

13. **Dopunite dijalog.**

Momak:	Molim **vas, znate** li gdje je Filozofski fakultet?
Djevojka:	Kako **ne**, kolega. Mogu **vas** i otpratiti. I ja idem tamo.
Momak:	Hvala **vam**. Meni baš nije **lako** jer **nisam** iz Zagreba.
Djevojka:	**Mogu** li pitati odakle ste?
Momak:	Ja sam **iz** Dubrovnika, poznajete moj **grad?**
Djevojka:	Poznam, to je vrlo **lijep** grad.
Momak:	Drago **mi** je da **vam** se sviđa. Hvala **vam**.
Djevojka:	Nema na **čemu**, sretno!

RAZGOVARAJMO!

Opis jednog izletišta je osobni izbor.

II. Rješenja zadataka | 17.

UNIT
UNITÉ
UNTERRICHTSEINHEIT
UNITÀ
UNIDAD

17. cjelina

Odgovorite na pitanja!

1. Prijatelji putuju u Hrvatsko zagorje.
2. Za Stubičke toplice treba skrenuti kod Zaboka.
3. U Zagorju ima dosta toplica: Stubičke, Krapinske, Tuheljske...
4. Brda u Zagorju su niska i slikovita.
5. U Zagorju ima mnogo izletišta.
6. Tamo se mogu dobiti zagorski specijaliteti: purica s mlincima, zagorski štrukli.
7. Gupčev kraj je u Stubici.
8. U Mariji Bistrici je svetište Majke Božje.
9. 15. kolvoza svake godine u Mariji Bistrici održava se proštenje.
10. Kip Majke Božje je crni.
11. Antun Mihanović je autor hrvatske himne.
12. Prijatelji žele vidjeti dvorac Trakoščan.

1. **Postavite pitanja na rečenice.**

1. **Kada** je Ana danas ustala?
2. **Koga** si upoznao?
3. **Kako** si odgovorio na pitanje?
4. **Kada** su oni imali goste?
5. **Gdje** ste šetali?
6. **Gdje** je Ivo ručao?
7. **Kada** je Marko radio?
8. **Koliko** su Maja i Davor spavali?
9. **Što** ste razgledali?
10. **Kamo** ste išli za vikend?

2. **Zamijenite jedninu množinom.**

1. **Mi ustajemo** ujutro u 8 sati.
2. **Mi se umivamo** toplom vodom.
3. **Mi peremo** zube i odijevamo se.
4. Zatim **pripremamo** doručak.
5. Uvijek **jedemo** sendvič i voće.
6. Poslije **obuvamo** cipele.
7. **Idemo** na posao autobusom.
8. **Radimo** do 4 sata.
9. **Vraćamo se** kući oko 5 sati.
10. Navečer **čitamo i slušamo** radio.

3. **Usporedite osobine ovih osoba.**

1. Djevojčica je **niska**. Ona je **niža** od djevojke.
2. Djevojka je **visoka**. Ona je **viša** od djevojčice.
3. Čovjek je **star**. On je **stariji** od momka.
4. Momak je **mlad**. On je **mlađi** od čovjeka.
5. Gospodin je **debeo**. On je **deblji** od mladića.
6. Mladić je **mršav**. On je **mršaviji** od gospodina.

4. **Rečenice dopunjene komparativima:**

1. Ti nisi star, ali si **stariji** od mene.
2. Moj brat je mlad, on je **mlađi** od tebe.
3. Ti si dosta visoka, ali ja sam **viša**.
4. Danas je vrijeme dobro, ali je jučer bilo **bolje**.
5. Zagreb je lijep grad, ali za mene je Dubrovnik **ljepši**.
6. Papir je mek, a spužva je još **mekša**.
7. Engleski je lak, a talijanski je **lakši**.
8. Tramvaj je dug, a vlak je **duži**.
9. Sljeme je visoko, a Velebit je još **viši**.
10. Mladen je loš đak, a njegov prijatelj je **lošiji**.

5. **Uvrstite komparative istaknutih pridjeva.**

1. Nemam dosta veliku olovku. Imaš li ti **veću?**
2. Imam dobru prijateljicu, ali tvoja je **bolja** nego moja.
3. Njezin brat je mali, ali tvoj je još **manji**.
4. Draga mi je ova slika, ali ona tamo mi je **draža**.
5. Ana je vesela djevojka, ali je Vesna još **veselija**.
6. Danas je loše vrijeme, a jučer je bilo **gore**.
7. Lijepo je ovo cvijeće, ali su ruže još **ljepše**.
8. Kava nije dosta slatka, ja volim **slađu** od ove.
9. Jučer sam kupila svježi kruh, ali je danas još **svježiji** u dućanu.
10. Moji roditelji su još mladi, ali su tvoji ipak **mlađi**.

6. **Napišite superlative istaknutih pridjeva.**

1. Ivan je **dobar** student, ali je Paul **najbolji**.
2. Tvoj razlog mi je **jasan**, ali njegov je **najjasniji**.
3. Vrijeme je ujesen **loše**, ali je **najgore** zimi.
4. Ovaj zadatak je **jednostavan**, ali je tvoj **najjednostavniji**.

5. Vlak je **brz**, ali je avion **najbrži**.
6. London je **velik** grad, ali je Tokio **najveći**.
7. Mont Blanc je **visok**, ali je Everest **najviši**.
8. Hrvatski jezik je **lak**, ali gramatika nije **najlakša**.

7. Uvrstite superlative odgovarajućeg pridjeva.

1. Zagreb je **najveći** grad u Hrvatskoj.
2. Dubrovnik je **najljepši** grad na Jadranskom moru.
3. Oni su moji **najbolji** studenti.
4. Triglav je **najviša** planina u Sloveniji.
5. Moj brat je **najmlađi** u našoj obitelji.
6. On misli da je **najpametniji** momak.
7. Ova je knjiga meni **najdraža**.
8. Nisam zadovoljan njime, on je **najgori** student.
9. Koji je **najveći** grad na svijetu?
10. Vaš auto je ipak **najbrži**.

8. Uvrstite kratki oblik osobne zamjenice uz glagol boljeti.

1. Boli **ga** noga.
2. Bole **ih** uši.
3. Bole **je** leđa.
4. Boli **te** zub?
5. Boli **je** grlo.
6. Boli **ga** ruka.
7. Bole **je** noge.
8. Bole **ih** oči.
9. Bole **vas** ruke.
10. Boli **je** trbuh.

9. Rečenicu napišite s osobnom zamjenicom u kratkom obliku.

1. Ništa **me** ne pitaj!
2. Nisam **te** već dugo vidio.
3. Uopće **ga** se ne sjećam.
4. Nisu **ih** pozvali na večeru.
5. Nitko **joj** ne treba.
6. Ne želim **mu** to reći.
7. Možete **mi** sve pokazati.
8. Nemojte **je** nikako smetati.
9. Nije **vam** to potrebno.
10. Možete **nam** vjerovati.

RAZGOVARAJMO!

Odgovori na pitanja su osobni.

10. **Istaknute riječi zamijenite osobnim zamjenicama.**

1. Nisam **joj** rekao.
2. Što misliš o **njima**?
3. Idete li s **nama**.
4. Jesi li s **njom** već razgovarao?
5. Reci **mu** da **je** vrati.
6. S **tobom** je vrlo teško.
7. Odnesi **mu** ovu ploču.
8. Da, **njoj** sam **je** kupio.
9. Reci **im** da **ih** čekam večeras.
10. Ideš li sa **mnom**?

Pitalica

Najkraći put od Zagreba do Maribora je **Zagorska magistrala**.

PROČITAJ I KOMENTIRAJ!

1. Ima šest osoba.
2. ja, ona, on, oni
3. crveni, stara, mlada, siva, smeđa, lijepa, plava, bijelo, žute, crna, sljedeća, nasmijana, prazno, šarena, sijeda, zeleni, crvena
4. crvena, siva, smeđa, plava, bijela, crna, šarena, zelena

Pitalica

Poznati zagorski specijalitet su **štrukli**.

18. cjelina

Razgovarajmo!

Odgovorite na pitanja!

1. Marko i Gordan su sa ženama na koncertu.
2. Dvorana „Vatroslav Lisinski" je najveća i najljepša u Hrvatskoj.
3. Na koncertu svira poznati hrvatski pijanist.
4. Nije obvezno nositi duge haljine na koncertu.
5. One su vrlo elegantne.
6. Gordan nema tamno odijelo, ali ima lijepu, novu kravatu.
7. Branka misli da je u zadnjem dijelu tempo bio malo usporen.
8. Zagrepčanke su lijepe i moderne žene.
9. Gordanu se sviđaju Zagrepčanke jer su uvijek elegantne.
10. U pauzi je gužva u kafiću.
11. Marko večeras časti pićem.
12. Popili su kavu, sok i topli čaj.

1. Smislite i upišite uz imenice odgovarajuće pridjeve.

1. **svilena** haljina
2. **vuneni** kostim
3. **kožne** rukavice
4. **mekana** marama
5. **tamno** odijelo
6. **pamučna** košulja

7. **svilena** kravata
8. **vunene** hlače
9. **vuneni** šal
10. **sive** čarape
11. **elegantni** kaput
12. **moderni** šešir

2. Dodajte odgovarajuće pridjeve.

1. Kad ideš u kazalište, stavi **lijepu** kravatu.
2. Na **novoj** haljini ima jedna mrlja od kave.
3. Jako sam zadovoljna **dobrim** odgovorom.
4. Jučer ste šetali **jesenskom** šumom.
5. Slušala sam **nove** vijesti.

6. **U svijetlom** stanu je ugodno stanovati.
7. Ne volim sjediti na **tvrdom** stolcu.
8. Zagreb ima dosta **velikih** parkova.
9. Volim **marljive** studente.
10. **Dobrim** ljudima ništa nije teško.

3. Dopišite odgovarajuće nastavke pridjevima.

Moja **nova** haljina je plave boje. Za **novu** haljinu trebam i **nove** cipele.
Na **novoj** haljini su **dugi** rukavi. Ja ne volim **duge** rukave.
Ne osjećam se ugodno u **dugim** rukavima. **Novoj** je haljini cijena dosta visoka.
Ipak sam zadovoljna **novom** haljinom.

4. **Dopišite odgovarajuće nastavke pridjevima.**

Sve zemlje svijeta nisu **slobodne**. Lijepo je živjeti u **slobodnim** zemljama. **Slobodnih** zemalja ima mnogo. Sa svim **slobodnim** zemljama Hrvatska ima dobre odnose. **Slobodne** zemlje su dobri poslovni partneri.

5. **Dopišite padežne nastavke istaknutim riječima.**

1. U **Markovom** uredu izrađuju programe.
2. **Gordanovom** prijatelju se žuri jer ima posla.
3. **Brankinoj** sestri ime je Vera.
4. Danas nema u školi **Davorovog** prijatelja.
5. Telefonirala sam **maminom** bratu.
6. Branka cijeni **Verinog** muža.
7. **Aninom** bratu jučer nije bilo dobro.
8. Zadovoljni smo **Majinim** učenjem.
9. Na **Davorovom** stolu smo našli tvoju knjigu.
10. **U Majinoj** torbi je ključ auta.
11. Ovdje nema **Ivanovog** znanca.
12. U ormaru nema **Brankinog** kaputa.

6. **Dopunite rečenice pridjevima.**

1. Volim čitati o **staroj** povijesti.
2. On osjeća prema tebi **veliku** ljubav.
3. U našoj **velikoj** obitelji svi se slažu.
4. Ujesen ima dosta **zaraznih** bolesti.
5. Ona je osjetljiva na **jaku** bol.
6. Govori se o **pravoj** ravnopravnosti muškarca i žene.
7. Oni su u **dubokoj** žalosti, izgubili su rođaka.
8. Sada tek znamo što smo imali u **ranoj** mladosti.
9. S **posebnom** radošću vam kažem da mi je to drago.
10. Ona se ponosi svojom **veselom** mladošću.

7. **Pravilni oblici pridjeva i imenice:**

1. Djeca su za rođendan dobila **malenog psa**.
2. Šetali smo **širokom ulicom**.
3. Zadovoljni smo **novim stanom**.
4. Pričali smo s **pametnim mladićem**.
5. Putuju na more **brzim automobilom**.
6. Ovo je knjiga **poznatog hrvatskog pisca**.

7. Piješ kavu **iz velike šalice**.
8. Volim pričati o **zanimljivom događaju**.
9. On je uvijek u blizini **lijepe djevojke**.
10. Veselimo se **sljedećem blagdanu**.

Napišite sažetak 18. cjeline!

Opis cjeline je indivudualan.

Pitalica

Najveća koncertna dvorana u Zagrebu je dvorana „**Vatroslav Lisinski**".

Pitalica

1. Kad smo bili na izletu, trebali smo imati udobne cipele.
2. Ona ima lijepu haljinu, ali joj crvena boja ne pristaje.
3. Kupili su divno cvijeće za svoju staru baku.
4. Mi se uvijek jako veselimo izložbi naivne umjetnosti.
5. Jučer smo bili u muzeju i vidjeli mnogo zanimljivih stvari.
6. Na zagrebački aerodrom slijeću avioni iz cijelog svijeta.
7. Na prošlom koncertu susreli smo stare znance.
8. Želimo kupiti više novih i dobrih knjiga.
9. Ako trebate novi kaput, razmislite o cijenama.
10. Starom autu ne vrijedi motor, moram ga dati popraviti.

8. **Uvrstite u rečenice infinitive glagola po smislu.**

1. Djeca mogu brže **rasti** ako dosta jedu.
2. Ne naginji se kroz prozor, možeš **pasti**!
3. Ako požurite, možete ih **stići** na stanici.
4. Tamo možete **naći / uzeti** nešto za čitanje.
5. Možeš li **staviti** ovo cvijeće u vazu?
6. Volite li **šetati** šumom kad je toplo?
7. Kako se treba **obući** kad je hladno?
8. Volite li **pisati / slati** pisma znancima?
9. Na sljedećoj stanici trebam **sići**.
10. Idemo zajedno **popiti** kavu!

RAZGOVARAJMO!

Opis koncerta je individualan.

Opišite odgovarajućim pridjevima ženu. Opis je individualan.

19. cjelina

RAZGOVARAJMO!

Odgovorite na pitanja!

1. Gordan i Christine trebaju promijeniti devize.
2. To se može učiniti u banci ili u mjenjačnici.
3. Christine želi kupiti sitne darove za rođake u Parizu.
4. Za skupe darove treba dosta novca, ali ima i jeftinijih.
5. Gordan želi još jednu svilenu kravatu.
6. On jest skroman čovjek.
7. Marko je u banci.
8. Želi provjeriti je li mu stigao novac na žiro-račun.
9. Na računu je samo jedna mala stara doznaka.
10. Partneri su mu obećali doznačiti novac.
11. On može banku nazvati ako je linija slobodna.
12. U čekanju uvijek treba biti strpljiv.

Pitalica

Kroz Zagreb teče **Sava**.

1. **Uvrstite prezent glagola plakati i plaćati.**

1. **Plaćate** li vi čekom ili gotovinom?
2. Ne, ja **plaćam** karticom.
3. Zašto **plačete,** zar se nešto ružno dogodilo?
4. Djeca **plaču** bez razloga.
5. Izvolite, **plaćate** na blagajni.
6. Vi **plaćate** svoje račune sa zakašnjenjem.
7. Danas oni **plaćaju** kavu.
8. Kad gleda tužan film, ona **plače**.
9. Muškarci ne **plaču** često kao žene.
10. Dijete **plače** kad je bolesno.

2. **Upotrijebite riječi knjižara i knjižnica ovisno o kontekstu.**

1. Bio sam jutros u **knjižari** i kupio novu knjigu.
2. U **knjižnici** sam posudio Proustove romane.
3. Na Trgu bana Jelačića je velika **knjižara** „Školska knjiga".
4. Zagrebačke **knjižnice** su pune knjiga koje možete posuditi.
5. Pokraj ove **knjižnice** je i čitaonica.
6. U **knjižari** možete kupiti i pribor za pisanje.
7. Ako volite čitati, knjige možete posuditi u **knjižnici**.
8. Tražio sam jednu stručnu knjigu u **knjižarama** oko Preradovićeva trga.

Pitalica

pomoć – ponoć	plakati – plaćati
kupati – kupiti	bol – sol
nož – nos	ili – ali
reći – peći	soba – roba
ako – oko	pisati – pitati
lijep – lijen	rad – pad
prelaziti – prolaziti	kada – sada
doći – poći	kopati – kupati
ruka – buka	kosa – koža
pasti – rasti	raditi – roditi

3. **Uvrstite gradivne pridjeve.**

1. O, imaš novu **kožnu** torbu!
2. Sviđaju mi se tvoje **vunene** hlače.
3. On uvijek nosi **pamučne** košulje.
4. Ja ne volim **stakleno** posuđe.
5. U razredu su **drveni** stolovi.
6. Ona uvijek nosi **svilene** bluze.
7. U dućanu uzmem **plastičnu** vrećicu.
8. On dobro izgleda u **pamučnom** odijelu.
9. Ne mogu nositi **vunene** pulovere.
10. Dobro se osjećam u **svilenoj** haljini.
11. Ona ima krasan **zlatni** sat.
12. Ti ne voliš **metalne** predmete.

4. **Dopunite tekst odgovarajućim oblicima pridjeva.**

Na tržnici ima mnogo **platnenih, drvenih, metalnih** i **kožnih** predmeta. Neki ljudi ih kupuju kao suvenire. Ulični prodavači nude i odjeću. Ljudi kupuju **pamučne** majice, bluze koje su navodno **svilene, vunene** šalove i rukavice, čak i **kožne** jakne. Malo je vjerojatno pronaći **zlatni** sat, ali zato ima mnogo **plastičnih** satova. Bez obzira jesu li predmeti na tržnici **drveni, stakleni, srebrni** ili **kožni**, svi su jeftini.

5. **U rečenice uvrstite posvojne zamjenice moj, tvoj.**

To nije **moj** student. **Mojega** studenta nema ovdje. **Mojemu** bratu ime je Darko. Ovo je knjiga za **mojega** brata. Ona me pita nešto o **mojemu** bratu. Volim putovati autom samo s **mojim** bratom.

Tvoj prijatelj Ivan, je li on dobar vozač? **Tvojem** prijatelju je drago kad si s njim.

S **tvojim** prijateljem je uvijek veselo. To je dar **za tvojega** znanca.

O **tvojemu** znancu misle svi da je lijep. **Tvojega** znanca teško je naljutiti, on je uvijek dobre volje. Slušam **tvojega** znanca, zaista dobro svira.

6. **Uvrstite pravilne oblike posvojnih zamjenica njegov i njezin.**

Poslali su telegram **njegovoj** ženi. Jučer sam razgovarao s **njegovom** ženom. Što vi mislite o **njegovoj** ženi? **Njegova** žena danas nije ovdje. Jeste li vidjeli **njegovu** ženu? **Njegovo** dijete dobro uči.

Njezino dijete je bolesno. Sjećate li se **njezinog** djeteta?

Ne, ali se sjećam **njezine** majke. Ima lijepu kuću. **Njezinoj** kući nedostaje samo vrt.

Pred **njezinom** kućom je park, a iza **njezine** kuće je dvorište.

U **njezinoj** kući ima mjesta za veliku obitelj.

7. **Uvrstite odgovarajući oblik posvojne zamjenice naš, vaš.**

Našem profesoru nije teško raditi s nama. S **našim** profesorom često razgovaramo. Idemo u posjet **našemu** profesoru. O **našem** profesoru ne znate baš sve. Danas ovdje nema **našega** profesora.

Vaše dijete više nije bolesno. **Vašemu** mužu danas je rođendan.

Idemo li na izlet s **vašim** mužem? S **vašom** kćerkom sam razgovarao telefonom.

U **vašoj** kući je ugodno. Jeste li zadovoljni **vašim** stanom?

Ovo je adresa **vašega** stana, a ovo **vaše** škole.

8. **Upotrijebite odgovarajuću posvojnu zamjenicu njihov.**

Ona sada stanuje u **njihovom** stanu.

Njihov ured je u centru. Jeste li zadovoljni **njihovim** odgovorima?

O **njihovom** mišljenju možemo razgovarati. Ovdje sada nema **njihovog** prijatelja, on je na putu. Viđate li često **njihovu** sestru?

Njihove žene su često zajedno, jer **njihovi** muževi rade u istoj firmi.

Kod mene nema **njihovih** knjiga, ne znam gdje su.

9. **Upotrijebite odgovarajuću povratno-posvojnu zamjenicu svoj.**

1. Uzeo sam **svoju** kartu za tramvaj.
2. Imaš li sliku u **svojemu** indeksu?
3. Mi smo zadovoljni **svojim** rezultatima.
4. Ide li on u kino sa **svojom** sestrom?

5. Često telefoniram **svojim** roditeljima.
6. Ona ne dopušta **svojemu** sinu da ide u park.
7. On sve dopušta **svojoj** kćerki.
8. Radim dosta sa **svojim** studentima.
9. Nemam **svojih** rukavica, hladno mi je.
10. Ideš li večeras **svojim** prijateljima u posjet?

10. Upotrijebite odgovarajuće oblike posvojnih zamjenica.

1. Ovaj momak je stanovao u **našoj zgradi**.
2. Često mislim na **tvoga brata**.
3. Rođeni ste u **mojem rodnom gradu**.
4. Igrali smo se s **njihovom kćerkom**.
5. Stavio je papire u **njezinu ladicu**.
6. Čekali smo ga pokraj **njegova auta**.
7. U **vašem** je **interesu** završiti posao što prije.
8. Sreli ste se s **našim prijateljima**.
9. Nazvali su **mojega muža** rano ujutro.
10. Pričali smo o **tvojim sinovima**.

11. Upotrijebite odgovarajući padež uz prijedloge.

1. Mi nismo došli **zbog bolesti**.
2. On je ostao **bez novca**.
3. Oni su se sreli **s prijateljima**.
4. Vi ste razgovarali **o modi**.
5. Ona je došla **iz Rima**.
6. Kupio sam cvijeće **za sestru**.
7. Ovaj stol treba staviti **pod prozor**.
8. Čekam te u 7 sati **pred školom**.
9. Bilo je puno ljudi **u banci**.
10. Imam lijep pogled **s balkona**.

12. Dopunite dijalog.

Stranka: Molim vas, **želim** unovčiti ovaj ček. Gdje to **mogu** učiniti?
Službenik: Idite na **šalter** broj tri, tamo možete.
Stranka: Što tebam **učiniti**?
Službenik: Izvolite napisati **svoje** podatke na ovaj obrazac.
Stranka: Ali nemam sa **sobom** osobnu kartu.
Službenik: E, onda ne možete ništa, **žao** mi je!
Stranka: Baš sam **sretan**!

20. cjelina

Razgovarajmo!

Odgovorite na pitanja!

1. Paul i Inga susreli su se na ulici.
2. Inga žuri na poštu.
3. Inga treba poslati telegram.
4. Paul je telefonirao svojim roditeljima.
5. Oni tada nisu bili kod kuće.
6. Brzojav uvijek treba pisati čitko.
7. U drugoj kabini je slobodan telefon.
8. Paul zna cijeli broj napamet.
9. Paul je razgovarao s mamom.
10. Paul voli pisati razglednice.
11. Zimsko je doba godine, pred blagdane.
12. Ona dvojica nisu njihovi znanci.

1. **Zamijenite istaknute riječi brojnom imenicom.**

1. Njih **trojica** nisu ovdje.
2. Ona je **jedinica**.
3. Njih **dvojicu** poznajem.
4. Sva **desetorica** su došli.
5. Da, poznam svu **petoricu**.
6. Sva **četvorica** su naši susjedi.
7. Sva **trojica** su brzi.
8. Sva **osmorica** su radili dobro.

2. **Upotrijebite odgovarajući padež.**

1. Mi smo putovali **jednim brodom**.
2. Oni su došli s **jednim prijateljem**.
3. Razgovarala sam **s jednom prijateljicom**.
4. Sreli su **jednog znanca**.
5. Vidjela sam **jednu djevojku**.
6. Pričamo o **jednom selu**.
7. Oni nisu zadovoljni **jednim odgovorom**.
8. Ona je zadovoljna **jednom haljinom**.
9. Profesor nije zadovoljan **jednim studentom**.
10. Ovdje nema **jedne studentice**.

3. **Napišite zadane riječi u odgovarajućem padežu.**

1. Ne možeš više? Pa nosi u **drugoj ruci**.
2. Mi stanujemo na **trećem katu**.
3. On je na **četvrtoj godini** studija.
4. Idite desno poslije **druge ulice**.
5. Mi smo na redu nakon **drugih ljudi**.
6. Pao je na **petom pitanju**.
7. Naše je mjesto u **trećem redu**.

8. Rođen je **petnaestog dana** ovoga mjeseca.
9. Ti stanuješ na **sedmom katu**.
10. Tvoje su stvari ispod **drugog prozora**.
11. Njezine knjige su na **petoj stolici**.
12. Ona je imala problema s **trećim djetetom**.

4. Napišite riječima datume rođendana.

1. Ona je rođena **sedamnaestog osmog**.
2. Ti si rođen **drugog desetog**.
3. Vi ste rođeni **dvanaestog trećeg**.
4. On je rođen **dvadesettrećeg dvanaestog**.
5. Ja sam rođena **dvadesetprvog prvog**.
6. Oni su rođeni **dvadesetšestog jedanaestog**.
7. Ti si rođena **petog sedmog**.
8. Ja sam rođen **tridesetprvog četvrtog**.

5. Napišite riječima brojeve u rečenicama.

1. Već ti **deseti** put govorim da to ne radiš.
2. Oni su završili **osamnaestu** lekciju.
3. Čekao je vlak na **petom** kolosijeku.
4. Uzmi knjigu s **treće** police.
5. On je naše **drugo** dijete.
6. Oni su zadovoljni **prvim** mjestom.
7. Sjedili smo u **sedmom** redu.
8. Odgovorite na moje **drugo** pitanje.
9. Ovo je na **prvom** mjestu za mene.
10. Pričali smo o njihovom **četvrtom** autu.

6. Napišite riječima datume.

1. dvadesetprvi prvi tisućudevetstočetrdesetpete
2. dvadesetšesti jedanaesti tisućudevetstodevedesetprve
3. dvadesetsedmi šesti tisućudevetsoosamdesetpete
4. peti sedmi tisućudevetstoosamdesetprve
5. deveti deseti tisućudevetstosedamdesetšeste
6. sedamnaesti dvanaesti tisućudevetstočetrdesetdevete
7. prvi peti tisućudevetstopedesete
8. tridesetprvi treći dvijetisućeprve
9. osamnaesti deseti dvijetisućite
10. trideseti četvrti tisućudevetstoosamdesettreće

7. Stavite istaknute imenice u genitiv množine.

1. U školi ima mnogo **djevojaka**.
2. Vi imate dosta **zadataka**.
3. Oni poznaju puno **studenata**.
4. Ne, jer imaš puno **znanaca**.
5. Nemam uopće **novaca**.
6. Imaš li još **olovaka**?
7. Ljeti ima dosta **stranaca**.
8. Oko Zagreba ima starih **dvoraca**.
9. Ima puno hrabrih **boraca**.
10. Ima još **staraca** njegovih godina.

8. **Dopunite rečenice odgovarajućom riječi.**

1. **Skupina** liječnika je otkrila novi lijek.
2. **Nitko** ne želi čuti lošu vijest.
3. **Neki** moji kolege su već otišli na more.
4. **Mnogi** Zagrepčani subotom idu na Dolac.
5. **Desetero** studenata je izašlo na ispit.
6. **Mnogo** djevojaka prolazi ulicom.
7. **Sva** djeca se vesele snijegu.
8. **Trojica** dječaka trče ulicom.
9. **Svi** su se iznenadili kad su to čuli.
10. **Netko** iz moje zgrade je razbio prozor na stubištu.

9. **Uvrstite pravilan oblik pridjeva.**

1. **Mnogo** ljudi koje poznajem je za Novu godinu bilo na Trgu bana Jelačića.
2. **Mnoge** škole u Zagrebu imaju previše učenika.
3. **Mnoga** dalmatinska vina popularna su u svijetu.
4. **Mnogi** ljudi žele iz centra preseliti na mirnije mjesto.
5. **Mnogo** članaka u novinama govori o tom događaju.
6. **Mnoge** moje prijateljice kupuju odjeću u tom dućanu.
7. **Mnogi** članci u ovom časopisu govore o zanimljivim stvarima.
8. **Mnogo** dalmatinskih jela je popularno u svijetu.

10. **Uvrstite prezent glagola htjeti.**

1. Ja **hoću** kavu, a ti?
2. On **hoće** još malo kolača.
3. Ona **hoće** samo voće.
4. Studenti sada **hoće** pauzu.
5. Mi **hoćemo** sjesti, umorni smo.
6. H**oćete** li vi kavu ili čaj?
7. A ti, što **hoćeš**?
8. One **hoće** biti s momcima.

11. **Napišite niječne rečenice.**

1. Ja **neću** čaj.
2. Ti **nećeš** cigaretu.
3. Mi **nećemo** pauzu.
4. Ona **neće** čašu vode.
5. Oni **neće** u restoran.
6. Vi **nećete** kući.
7. On **neće** auto.
8. Mi **nećemo** nove cipele.

12. **Postavite pitanja inverzijom.**

1. **Hoće li** studenti odgovor?
2. **Hoću li** ja tvoju olovku?
3. **Hoće li** moja kćerka u kino?
4. **Hoćete li** popiti čaj?
5. **Hoće li** naši prijatelji sutra u muzej?
6. **Hoćeš li** čašu vina?
7. **Hoće li** on čašu mineralne vode?
8. **Hoće li** ona dugo telefonirati?
9. **Hoću li** ja tvoju sliku?
10. **Hoćete li** ići na Sljeme?

Pitalica

Najstarija gradska četvrt u Zagrebu je **Kaptol**.

Razgovarajmo!

Odgovori na pitanja su individualni.

Pošaljite brzojav prijateljima ili rođacima.

Brzojav prijateljima ili rođacima je osoban.

Pošaljite razglednicu iz Zagreba prijatelju ili prijateljici.

Tekst je individualan.

13. Dopunite dijalog.

Ana:	Želim poslati **telegram** u Ameriku.
Službenica:	Izvolite ispuniti **obrazac** za brzojav.
Ana:	Moram li pisati štampana **slova**?
Službenica:	Molim vas, **pišite** čitko; ja ne znam dobro engleski.
Ana:	Adresa je na **engleskom**, a tekst je na hrvatskom.
Službenica:	Imate rođake u **Americi**?
Ana:	Da, rođak ima rođendan. Kada će **stići** brzojav?
Službenica:	Sutra tijekom dana. Nadam se da **neće** biti kasno.
Ana:	Ne, u redu **je**. **Mogu platiti.**

Pitalica

Pozivni broj za Hrvatsku je **00385**.

21. cjelina

RAZGOVARAJMO!

Odgovori na pitanja su individualni.

Napišite kratak sadržaj druge situacije ove cjeline!

Žena pita muža kada će doći kući. On nije siguran jer ima mnogo posla.

Obećao je nazvati, ali uvijek tako kaže, a onda zaboravi.

Žena ga podsjeća da navečer imaju goste i da bude točan. On moli ženu da ne potroši previše novaca kao i obično. Ona mu kaže da će baš rado kupiti nešto za sebe.

Muž joj kaže da može jer je to i zaslužila.

Žena misli da muškarci samo govore, a da misle drukčije.

Oni se poljube i muž odlazi na posao.

1. **Pretvorite tekst u dijalog između liječnika i gospodina Horvata.**

Horvat: Dobar dan, doktore. Ne osjećam se dobro.

Doktor: Što nije u redu? Gdje vas boli?

Horvat: Nemam apetita i osjećam se umorno.

Doktor: Čime se bavite? Puno radite?

Horvat: Ja sam direktor jedne izvozne firme i imam puno posla.

Doktor: Pušite li? Spavate li dobro?

Horvat: Pušim dvije kutije dnevno i loše spavam.

Doktor: Ne smijete toliko pušiti. Zašto niste došli ranije?

Horvat: Nisam imao vremena.

Doktor: Nije ništa ozbiljno, samo ste preumorni. Pokušajte raditi manje i više se odmarati. I dođite ponovno za mjesec dana.

Horvat: Hvala vam i doviđenja.

2. **Uvrstite osobne zamjenice u odgovarajućem obliku.**

Kad idem k **njima**, mi razgovaramo o našoj obitelji. Moj je brat inženjer. Volim s **njim** pričati o životu. **On** mnogo zna i o autima. Kad je na putu, pokatkad **mi** telefonira da

me pita što ima novo. On dosta brine o **meni**. Jako **ga** volim. Njegova žena je također inženjer. Pokatkad **je** sretnem kod naših roditelja kad **im** dođemo u posjet. I s **njom** rado razgovaram o modi i o djeci. **Nju** jako zanima obitelj, putovanja, a voli i cvijeće kao i **ja**. S **njom** je ugodno razgovarati.

3. **Uvrstite osobne zamjenice u tekst.**

Davor i Maja su brat i sestra. Oni žive zajedno. On s **njom** često ide u kino, a ona s **njim** radi zadaće. Ona **mu** uvijek pomogne kad **on** ne zna. On **joj** priča sve o školi. Ona **ga** čeka kod kuće, a on **nju** pokatkad sačeka pred školom. Davor **je** zaista voli, a Maja **ga** sluša i uvijek **mu** vjeruje. Oni imaju jednu tetu. Katkad idu k **njoj** i paze na **nju.** Često **joj** telefoniraju kad **je** ne mogu posjetiti.

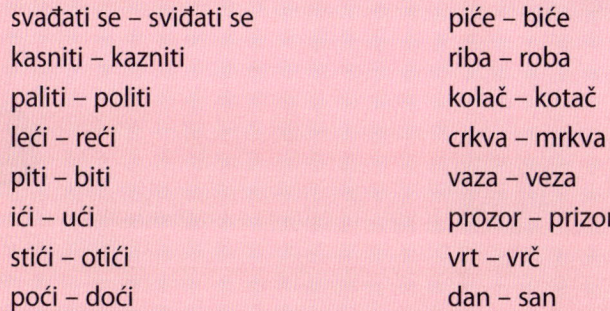

Pitalica

svađati se – sviđati se	piće – biće
kasniti – kazniti	riba – roba
paliti – politi	kolač – kotač
leći – reći	crkva – mrkva
piti – biti	vaza – veza
ići – ući	prozor – prizor
stići – otići	vrt – vrč
poći – doći	dan – san

4. **Pronađite u tekstu osobne zamjenice i ispišite ih u tablicu.**

Nominativ	Genitiv	Dativ	Akuzativ	Lokativ	Instrumental
ja	je	joj	njega	po nju	
on		mi	je		
ona		mu	me		
mi		mu	je		
ona		k nama			
ja					

Komparativi su: starija, veselije, starija.

Zamislite dijalog između Lane i Željka.

Rješenje je individualno.

5. Postavite pitanja na istaknute riječi.

1. **Odakle** se lijepo vidi cijeli grad?
2. **Kamo** sutra idemo pješice?
3. **S kim** je ona razgovarala?
4. **Za koga** ste kupili poklon?
5. **Čime** su putovali?
6. **Kada** ste se sinoć vratili iz grada?
7. **Koliko** je kave danas popila?
8. **Zašto** jučer nije radio?
9. **Zbog** čega tramvaji nisu vozili?
10. **Do kada** su ostali u disku?

6. Napišite rečenice u obliku upravnog govora.

1. „Kada se vraćaš kući?" pitala ga je žena.
2. „Koliko je sati?" upitao me je čovjek na ulici.
3. Maja je rekla Davoru: „Idem pješice u školu."
4. „Za ručak imamo juhu", rekla ti je mama.
5. „Nemoj zakasniti", upozorili su me prijatelji.
6. „Večeras idemo u kino", rekla nam je Ana.
7. Vikao je za nama: „Kupite kruha!"
8. „Imaš li temperaturu?" pitao me je liječnik.

PROČITAJ I KOMENTIRAJ!

Rješenje zadatka je individualno.

Pitalica

Gorski kotar ima puno **šuma**.

RAZGOVARAJMO!

Odgovori na pitanja su individualni.

7. Rečenice u neupravnom govoru:

1. Mama me upozorila da uzmem šal i rukavice.
2. Konobar nas je pitao želimo li nešto popiti.
3. Prijatelji su mi zaželjeli sretan rođendan.
4. Kolegica mi je rekla da su se vratili i da žele sa mnom razgovarati.
5. Pitao sam prijatelje imaju li Markov broj telefona.
6. Ana je rekla da će sutra posjetiti djeda i baku.
7. Vi kažete da biste više radili da imate više posla.
8. Šef mi je rekao da dođem k njima.
9. Slavko se žali da ga boli glava.
10. Ti mi govoriš da ću sigurno završiti ovaj posao do kraja tjedna.

Opišite jedan svoj radni dan upotrebljavajući neupravni govor.

Opis dana je individualan.

22. cjelina

Odgovorite na pitanja!

1. Prijateljice će ići na Gornji grad.
2. Ne idu uspinjačom, idu pješice stubama.
3. Najprije će razgledati kulu Lotršćak.
4. S te se kule svaki dan u podne čuje top.
5. Na krovu crkve sv. Marka je grb Hrvatske.
6. U Klovićevim dvorima danas je izložbeni prostor.
7. U Tkalčićevu ulicu ići će kroz Kamenita vrata.
8. Kraj Kamenitih vrata danas je jedna od najstarijih ljekarni.
9. Tržnica Dolac poznata je po ručnim radovima i velikom izboru robe.
10. U Tkalči će djevojke popiti kavu ili sok.
11. Na Dolcu se mogu kupiti ručni radovi od platna, drva, kože...
12. Kad kupuje hranu, Ana misli na zdravu prehranu.

1. **Stavite glagole u futur.**

1. **Ti ćeš znati** dobro hrvatski.
2. **Oni će gledati** dobar film.
3. **Mi ćemo slušati** radio.
4. **Ti ćeš odlaziti** u grad.
5. **On i ona će razgovarati** o školi.
6. **Ja ću jesti** sendvič.
7. **Vi ćete živjeti** u gradu.
8. **Ona će putovati** avionom.
9. **Ja ću kupovati** novine.
10. **On će razgledati** tu izložbu.

2. **Napišite niječne rečenice.**

1. **Neće moći** sve razumjeti.
2. **Neće znati** sve odgovore.
3. **Nećeš doći** rano iz škole.
4. **Nećemo pričati** o tome.
5. **Neće misliti** na nas.
6. **Nećete putovati** vlakom.
7. **Neću ići** autom na more.
8. **Nećete upoznati** moga prijatelja.
9. **Nećeš pomoći** mami oko ručka.
10. **Nećemo** sutra **pisati** pisma.

3. **Napišite rečenice bez osobnih zamjenica.**

1. **Doći ćeš** u školu.
2. **Srest će** prijatelja.
3. **Saznat ćemo** vaše mišljenje.
4. **Ići ću** s vama u restoran.
5. **Pitat ćete** njihovu adresu.
6. **Vidjet će** novi stan.
7. **Moći ćeš** sve sam učiniti.
8. **Bit ćemo** večeras kod kuće.
9. **Srest ćete** se na ulici.
10. **Vratit će se** autobusom.

5. **Postavite pitanja na istaknute riječi.**

1. **Kada** čitaš novine?
2. **Gdje** je stajao dugo?
3. **Kamo** on sutra putuje?
4. **Odakle** je ona došla?
5. **S kim** oni razgovaraju?
6. **Čime** profesor piše na ploči?
7. **Za koga** je cvijeće?
8. **Gdje** ima lijepih izletišta?
9. **Čija** je ona žena?
10. **Čiju** knjigu imaš?

6. **Napišite rečenice u futuru bez subjekta.**

1. **Smijat će se** filmu.
2. **Susrest ćemo se** na koncertu.
3. **Brijat će se** poslije doručka.
4. **Obući ćeš se** lijepo večeras.
5. **Bojat ćete se** ispita.
6. **Veselit će se** tvom dolasku.
7. **Snaći ću se** sama.
8. **Vratit ćete se** iz kina zajedno.
9. **Naći ćemo se** poslije škole.
10. **Dogovorit ćeš se** s njima.

4. **Postavite pitanja inverzijom.**

1. **Hoće li spavati** dugo?
2. **Hoću li ustati** na vrijeme?
3. **Hoće li oni doći** sa mnom?
4. **Hoćeš li piti** čaj?
5. **Hoće li ona putovati** autom?
6. **Hoćemo li pričati** s njima?
7. **Hoćete li se veseliti** uspjehu?
8. **Hoće li se oni obući** za izlazak?
9. **Hoćeš li se smijati** komediji?
10. **Hoću li se spremiti** za ispit?

Pitalica

Najduža ulica u centru Zagreba je **Ilica**.

7. **Postavite pitanja inverzijom.**

1. **Hoće li** ti **pokazati** svoju sliku?
2. **Hoćemo li** vam **dati** broj telefona?
3. **Hoćeš li** joj **pokazati** zadatak?
4. **Hoćemo li** vam **poslati** slike?
5. **Hoće li** vas ona **pozvati** na večeru?
6. **Hoćeš li** mi **pričati** o svom putu?
7. **Hoćete li** nam **doći** u posjet?
8. **Hoćemo li** ih **vidjeti** večeras?
9. **Hoće li** mi ona poslije **telefonirati**?
10. **Hoćeš li** ga **čekati** kod kuće?

8. **Stavite glagole u futur.**

1. **Nećemo se vidjeti** često.
2. **Nećeš se vratiti** kasno kući.
3. **Nećemo se smijati** samo nespretnima.
4. **Nećete se viđati** svaki dan.
5. **Nećete se moći** naći u gužvi.
6. **Neću se kupati** zimi u moru.
7. **Nećeš se brijati** aparatom.
8. **Neće se sjećati** boravka ovdje.
9. **Neću se češljati** u sobi.
10. **Nećemo se tuširati** svaki čas.

9. **Stavite rečenice u perfekt.**

1. **On je htio** vidjeti tvoju sliku.
2. **Mi smo htjeli** zajedno ručati.
3. **Ti si htio** večeras doći k meni.
4. **Ja sam htjela** svoju knjigu.
5. **Vi ste htjeli** pješice na Sljeme.
6. **Ona je htjela** s tobom u kino.
7. **Oni su htjeli** za vikend na izlet.
8. **On je htio** s nama razgovarati.

10. **Stavite u odgovarajući padež.**

1. Oni stanuju u **novom stanu**.
2. Često pričam s **dobrom prijateljicom**.
3. Šetali su **ugodnim parkom**.
4. Oni nemaju **slobodnog vremena**.
5. Kupujem dar **dobrom prijatelju**.
6. Ona nema **stariju sestru**.
7. Ja volim **mlađeg brata**.
8. Razgovaramo o **hrvatskom sportu**.
9. Telefonirao je **bolesnoj sestri**.
10. Ona putuje **brzim automobilom**.

11. **Stavite u odgovarajući padež u množini.**

1. Ona radi s **odličnim studentima**.
2. Zadovoljni su **novim cipelama**.
3. Ovo su znanci **novih studenata**.
4. On telefonira **lijepim djevojkama**.
5. Često pričaju o **prošlim danima**.
6. Oni se raduju **sljedećim blagdanima**.
7. Bili su na **velikim otocima**.
8. Ona ne voli živjeti u **starim gradovima**.
9. Volim stanovati u **velikim kućama**.
10. Upoznali smo mnogo **modernih djevojaka**.

12. **Stavite riječi u odgovarajući padež.**

1. On se veseli **jednom dobrom filmu**.
2. Ti si kupio **novu knjigu**.
3. Oni slušaju **njegovu prvu pjesmu**.
4. Mi smo kupili **drugi novi auto**.
5. Oni žive u **velikom lijepom stanu**.
6. Oni brinu o **malom bolesnom djetetu**.
7. Ja sam razgovarala s **jednom novom studenticom**.
8. Ona je išla u kino s **nekim novim prijateljem**.
9. To je dar za **moju dragu sestru**.
10. Mi šećemo **starim Gornjim gradom**.

Pitalica

1. Koliko godina ima tvoj otac?	6. Što se dogodilo?
2. Kada ćete doći na večeru?	7. Gdje su moje naočale?
3. Želite li nešto popiti?	8. Zašto ne želiš razgovarati s njima?
4. Kamo idete danas navečer?	9. Kako se zove njegova žena?
5. Tko je napisao najbolji test?	10. Do kada ostaješ u uredu?

13. **Ispravite red riječi i napišite rečenice.**

1. Je li tvoja sestra udana?
2. Vozit ćemo prema Sloveniji.
3. Recite mu da ga trebam.
4. Hoćete li kupiti novi stan?
5. Sreo ga je pokraj svoje kuće.
6. Nisam imala dosta novaca za kino.
7. Pozvali smo ih na proslavu zbog rođendana.
8. Moj prijatelj želi upoznati Aninu prijateljicu.
9. S njih dvoje uvijek ima problema.
10. Avion iz Pariza će kasniti pola sata.

PROČITAJ I KOMENTIRAJ!

Pitanja na tekst su individualna.

23. cjelina

Razgovarajmo!

Odgovorite na pitanja!

1. Prijatelji žele iskoristiti blagdane za putovanje.
2. Ivan i Ana su bili u Istri.
3. Istra je najveći poluotok Hrvatske, ima puno malih gradova i crkvica oslikanih freskama.
4. Gradići su smješteni na brežuljcima.
5. Specijaliteti te regije su tartufi – gomolj gljive.
6. Inga i Helga su bile na Plitvičkim jezerima.
7. Plitvička jezera su nacionalni park.
8. Spavale su u hotelu „Jezero".
9. Voda jezera je kristalno čista, a okolina su šume.
10. Večerale su ličke specijalitete u „Ličkoj kući".
11. Mladen i Paul su bili u Slavoniji.
12. Najprije su razgledali đakovačku katedralu.
13. Tu katedralu vrijedi vidjeti.
14. U Osijeku je zanimljiva osječka tvrđava.
15. Osječani su svoju plažu nazvali Kopakabana.

Pitalica

Arena se nalazi u **Puli**.

1. **Sastavite definiciju ovih imenica.**

1. okolina   To je sve ono što nas okružuje.
2. okoliš   To je prostor koji okružuje mjesto našeg stanovanja.
3. okolica   To su mjesta i prostori koji su oko naselja.

2. **Ispravite pogreške u sljedećim rečenicama.**

1. Probudio sam se kasno i nisam stigao na vlak.
2. Čovjek je skinuo šešir s glave.
3. Čime pišeš pisma?
4. Vi niste imali vremena za razgovor.
5. Obrijao se prije izlaska.
6. Stižu blagdani kojima se veselimo.
7. Iznenadio si se pismu iz Italije.
8. Šetali smo po gradu cijelo popodne.
9. Napravit ćeš što ti kažem.
10. Oni nisu slušali predavanje.

3. **Stavite u rečenice oblike pokaznih zamjenica taj, taj, to.**

1. Jesi li vidio **tog** čovjeka?
2. **Taj** stan je zaista lijep.
3. **To** dijete mi zadaje brige.
4. Ne volim misliti o **tom** problemu.
5. **Tim** tramvajem doći ćete na Trg.
6. Reci **tom** studentu da dođe kasnije.
7. **Toj** studentici smeta galama.
8. Knjige su ti na **tom** stolu, zar ne vidiš?
9. Sjednite na **tu** stolicu, udobna je.
10. **Tom** sastanku nikad kraja!
11. **Toj** ženi treba pomoć.
12. Idite **tim** putem i doći ćete na **tu** adresu.

4. **Upotrijebite pravilne oblike pokaznih zamjenica ovaj, ova, ovo.**

1. Pogledaj **ovaj** kaput!
2. Baš je lijepa **ova** kuća.
3. **Ovo** vrijeme mi smeta, naročito magla.
4. Uzmite malo **ovog** jela, dobro je!
5. **Ova** olovka lijepo piše.
6. U **ovom** selu treba nova pošta.
7. Zagreb je lijep grad, ali **ovaj** promet!
8. U **ovom** stanu želim stanovati.
9. Na **ovoj** kravati imaš jednu mrlju.
10. **Ovom** bluzom sam zadovoljna.
11. Radite li s **ovim** čovjekom?
12. Daj jabuku **ovom** djetetu!

5. **U rečenicama upotrijebite odnosne zamjenice ženskog roda.**

1. Vrati mi knjigu **koju** sam ti posudio.
2. Ne mogu ti dati sliku **koje** nemam.
3. Pročitajte rečenicu **koju** ste napisali.
4. To je žena o **kojoj** sam ti pričala.
5. Terasa na **kojoj** je cvijeće zaista je lijepa.
6. To je haljina **kojoj** sam dodala ovratnik.
7. To je osoba **koju** sam nedavno upoznala.
8. Žena **koju** ti šaljem je moja prijateljica.

9. Djevojka s **kojom** on živi njegova je sestra.
10. Studentica **koje** danas nema bolesna je.

6. Upotrijebite odnosne zamjenice muškog roda.

1. Dobila sam pismo od brata **kojeg** sada nema u Zagrebu.
2. Čovjek **koji** je jutros telefonirao tražio je vas.
3. Dječak **kojemu** sam kupila poklon je njezin sin.
4. Daj mi papir **na kojem** ću pisati.
5. Muškarac **kojega** gledam čini mi se poznat.
6. Ovo je zimski kaput **koji** mi se sviđa.
7. To je stan **u kojem** oni zajedno žive.
8. To je student s **kojim** imam najviše posla.
9. Znanac **kojega** sam susreo na ulici pitao je za tebe.
10. Prijatelj **kojemu** često telefoniram je sada bolestan.

7. Upotrijebite odnosne zamjenice za srednji rod.

1. Selo u **kojem** žive njihovi roditelji nije daleko.
2. To je polje na **kojem** raste krumpir.
3. Vrijeme **kojeg** nemam dovoljno, vrlo je dragocjeno.
4. Boli ga srce **koje** je već staro i umorno.
5. Grlo **kojemu** treba lijek, nije zdravo.
6. To je brdo **kojim** pokatkad šetamo.
7. Dijete s **kojim** nisam zadovoljna je ono **koje** ne jede dosta.
8. Jadransko more je ono **koje** najviše volim.
9. Mjesto u **kojem** živim je moj rodni grad.
10. Voće **koje** jedemo treba dobro oprati.

8. Stavite u rečenice odnosne zamjenice u množini.

1. Momci **kojima** smo išli u posjet slušali su glazbu.
2. To su knjige o **kojima** sam ti govorila.
3. Brda na **koja** se penjemo su visoka.
4. Djevojke s **kojima** ste se upoznali moje su susjede.
5. To su studenti s **kojima** volim raditi.
6. Oni **kojih** sada nema ovdje neće dobiti poklon.
7. Ne volim haljine na **kojima** su dugi rukavi.
8. Obuci one hlače **koje** ti dobro stoje.
9. Pogledajte slike na **kojima** su zagorski krajolici.
10. Žene **kojih** sada nema kod kuće sigurno rade.

Pitalica

Najstarije sveučilište u Hrvatskoj je u **Zagrebu**.

9. **Objasnite značenje riječi pomoću odnosnih zamjenica.**

1. Sat je mehanizam **koji** pokazuje vrijeme.
2. Olovka je predmet **kojim** pišemo.
3. Čaj je pripravak od sušenog bilja **koji** pijemo.
4. Kuća je građevina **u kojoj** živimo.
5. Naočale su pomagalo **kojim** bolje vidimo.
6. Vikend su subota i nedjelja **koji** su neradni dani.
7. Zubar je specijalist **koji** nam popravlja zube.
8. Tržnica je mjesto **na kojemu** kupujemo hranu.

10. **Stavite u odgovarajući padež.**

1. Na ulici se srećemo s **velikom opasnošću**.
2. Treba vjerovati u **bolju budućnost**.
3. Čekali su nas s **velikom radošću**.
4. Ne možemo živjeti bez **prave ljubavi**.
5. Maja uvijek živi u **ovoj realnosti**.
6. Ne treba se igrati s **tim stvarima**.
7. Djecu treba upoznati sa **svim opasnostima**.
8. Molim malo **morske soli**!
9. Ti razmišljaš o **svim mogućnostima**.
10. Hvala ti na **tvojoj pomoći**.

11. **Stavite glagole u futur.**

1. **Znat ćeš** sve napamet.
2. **Moći će** doći na vrijeme.
3. **Doći ćemo** kasno.
4. **Jest ćete** u restoranu.
5. **Bit će** dobra studentica.
6. **Naći ću** tvoju sliku.
7. **Reći ćeš** pravu istinu.
8. **Putovat će** autobusom.
9. **Peći će** kolače.
10. **Uzet ćemo** kavu sa šlagom.

12. **Stavite glagole u perfekt.**

1. Ona **je htjela** kavu.
2. Ti **si živio** s roditeljima.
3. Mi **smo stanovali** zajedno.
4. Oni **su** često **putovali** vlakom.
5. Ja **sam željela** čitati dobru knjigu.
6. Oni **su voljeli** šetati šumom.
7. Vi **ste** često **vidjeli** svoje prijatelje.
8. Mi **smo jeli** kod kuće.
9. Oni **su pomagali** jedni drugima.
10. Vi **ste pisali** olovkom.

Opišite jedan svoj izlet u neko mjesto Hrvatske.

Opis izleta je individualan.

13. **Dopunite dijalog.**

Gost:	Molim vas, **imate** li slobodnih soba?
Recepcionarka:	Jeste li **rezervirali** sobu?
Gost:	Nisam **znao** da imate puno gostiju.
Recepcionarka:	Ovdje ima dosta **turista,** zato nema slobodnih **soba**.
Gost:	Znači, trebalo je **rezervirati** sobu unaprijed.
Recepcionarka:	Da, **telefonom** ili faksom, svejedno je.
Gost:	I što da sada **radim**?
Recepcionarka:	Dat ću vam **jednu** privatnu adresu, pokušajte **tamo**.
Gost:	Hvala **vam**, vrlo ste **ljubazni**.
Recepcionarka:	A drugi put rezervirajte sobu na **vrijeme**.
Gost:	Imate **pravo,** mislim da **hoću**.
Recepcionarka:	Doviđenja i – **sretno**!

Pitalica

Najstariji hotel visoke kategorije u Zagrebu je **The Regent (Esplanade)**.

24. cjelina

Odgovorite na pitanja!

1. Zagreb se smjestio južno od Zagrebačke gore – Medvednice.
2. Kroz Zagreb teče rijeka Sava.
3. Najstariji dijelovi grada su Grič i Kaptol.
4. Zrak u gradu se zagađuje ispušnim plinovima iz auta, centralnim grijanjem iz tvornica.
5. Najljepši zagrebački parkovi su Tuškanac i Maksimir.
6. Okoliš možemo sačuvati da ne bacamo otpad gdje mu nije mjesto.
7. Zagrepčani su brižni građani, ali bi grad mogao biti uredniji.
8. Vikendom Zagrepčani odlaze na Sljeme ili u okolicu na izlet.
9. Ujesen na Sljemenu možemo skupljati kestenje i gljive.
10. S vrha Medvednice, kad je lijepo vrijeme, vidi se cijeli grad.

Čistoću grada može se sačuvati da se pazi kamo se baca smeće i da se mlade uči kulturi življenja.

Zagađenost se može smanjiti da se grijanje zamijeni energijom koja ne zagađuje zrak, da se smanji ispuh iz auta.

Svaki građanin može pridonijeti čistoći grada da ne baca smeće po parkovima i ulicama.

---

1. **U sljedeće rečenice uvrstite glagole.**

Pitalica

Sljeme je **sjeverno** od Zagreba.

1. On se **(je) upisao** na fakultet.
2. Ona je uvijek dobro **izgledala**.
3. Oni su **prepisali** lekciju.
4. Vi ste mogli **pregledati** moj rad.
5. Išao sam ulicom i odjednom sam **ugledao** nju.
6. Oni su **iznosili** stvari iz kuće.
7. Ona je svaki dan **donosila** kući cvijeće.
8. On se **(je) ispisao** iz tečaja.
9. Ona je **pogledala** kroz prozor.
10. Jeste li **zapisali** moj telefonski broj?

2. **Sastavite rečenice s glagolskim parovima.**

Rješenje je individualno.

3. **Dodanim prefiksima dobili ste svršene glagole. Sastavite rečenice.**

Rješenja su individualna.

4. **Odgovorite na pitanja niječno.**

1. **Nismo se posvađali**.
2. **Nije se veselila** poklonu.
3. **Nismo** odmah **krenuli**.
4. **Nisam se naljutio** na tebe.
5. **Nije se sreo** s njom na ulici.
6. **Nije se** danas **obrijao**.
7. **Nismo se dogovorili**.
8. **Nismo se složili** s tobom.
9. **Nisam se spremila** za izlazak.
10. **Nisu se vratili** zajedno.

5. **Stavite glagole u futur.**

1. Ona **neće znati** dobro matematiku.
2. Mi **nećemo spavati** dugo ujutro.
3. Ti **nećeš moći** ostati ovdje.
4. Ja **neću vidjeti** dobro bez naočala.
5. Vi **nećete dolaziti** često ovamo.
6. Mi **nećemo zaboraviti** vaš savjet.
7. Ja **neću stanovati** u velikom stanu.
8. Ona **neće imati** svoj auto.
9. Vi **nećete odlaziti** često izvan grada.
10. Oni **neće slušati** klasičnu glazbu.

6. **Stavite glagole u prezent.**

1. **Mi znamo** odgovor.
2. **Oni slušaju** radio.
3. **Vi dolazite** k nama.
4. **Razgledavaju** lijepu kuću.
5. **Živiš** u Zagrebu.
6. **Stanujem** u centru.
7. **Ona ide** u školu.
8. **Možete** sve reći.
9. **Ona voli** svoga muža.
10. **Želimo** samo kavu.

7. **Postavite pitanja inverzijom.**

1. **Jesmo li bili** zajedno na putu?
2. **Jesu li pričale** o svemu?
3. **Jeste li razgovarali** o tom filmu?
4. **Jesi li** jučer **išla** na tržnicu?
5. **Jeste li željeli** popiti kavu?
6. **Jesi li imao** puno posla?
7. **Jeste li mogli** sve zapamtiti?
8. **Jesu li živjeli** dugo u Americi?
9. **Jesi li upoznao** moju sestru?
10. **Jesmo li htjeli** ići kući?

8. **Dopunite rečenice prijedlozima na, za.**

1. Molim te, posudi mi olovku **na** pet minuta!
2. Dolazim **za** trenutak, pričekaj me.
3. **Za** blagdane idemo u Pariz **na** 7 dana.
4. **Za** dva dana moram platiti račun.
5. Djeca se vraćaju **za** 10 dana.
6. Profesor dolazi tek **za** pola sata.

7. Zašto ne svratite **na** pet minuta?

8. Evo, dolazim **za** 5 minuta.

9. Mogu li posuditi tvoj auto **na** dva tjedna?

10. Možeš, ali mi ga vrati **za** dva tjedna.

11. Ona stiže iz Londona **za** nekoliko dana i ostaje ovdje tri mjeseca.

12. Kada počinje nastava? **Za** dva tjedna.

9. **Evo nekoliko rečenica s glagolima sjećati se i sjetiti se, a vi dovršite niz.**

Rješenje je individualno.

Pitalica

1. Ja sam pregledavala zadaće, a on je gledao televiziju.

2. Mi smo pisali pismo, a vi ste zapisali jednu rečenicu.

3. Ti si ga čuo samo jednom, a ja ga slušam svaki dan.

4. Mi smo pogledali sve slike, a vi ste dugo gledali jednu sliku.

5. Ona je zakasnila samo jedanput, a ti kasniš svaki dan.

6. Dok ste vi slušali radio, mi smo čuli nešto s ulice.

7. Ti si kupovala kaput, a ja sam brzo kupila novine.

8. Dok su oni sjedili u restoranu, mi smo prošetali ulicom.

9. Oni su pili kavu, a mi smo popili čaj.

10. Ona je ugledala prijatelja preko puta, a on je gledao izloge.

Napišite svoje planove za sljedeće praznike.

Planovi za praznike su individualni.

Razgovarajmo!

Odgovori na pitanja su individualni.

Likovno-grafička urednica
Željka Sambolek Mikota

Lektorica
Adela Pavičić

Korektorice
Božena Pavičić
Ljiljana Cikota

Tisak
Grafički zavod Hrvatske, d.o.o., Zagreb

Tiskanje dovršeno u listopadu 2011.

ISBN 978-953-0-21923-6
CIP zapis dostupan u računalnom katalogu
Nacionalne i sveučilišne knjižnice u Zagrebu
pod brojem 781122.